上：ペンブローク・カレッジの内部と紋章
中：事前研修における学習連絡会の風景
下：現地研修の室内の授業風景

上：現地研修の野外での授業風景（背景は大学の古い天文台）
中左：晩餐会前に芝生でレセプション
中右：カレッジの部屋は重厚
下：さらばケンブリッジ，ついに別れの日が

ケンブリッジ大学
英語・学術研修への招待

名門校で学ぶ，暮らす，国際人になる

鈴木右文［著］

九州大学出版会

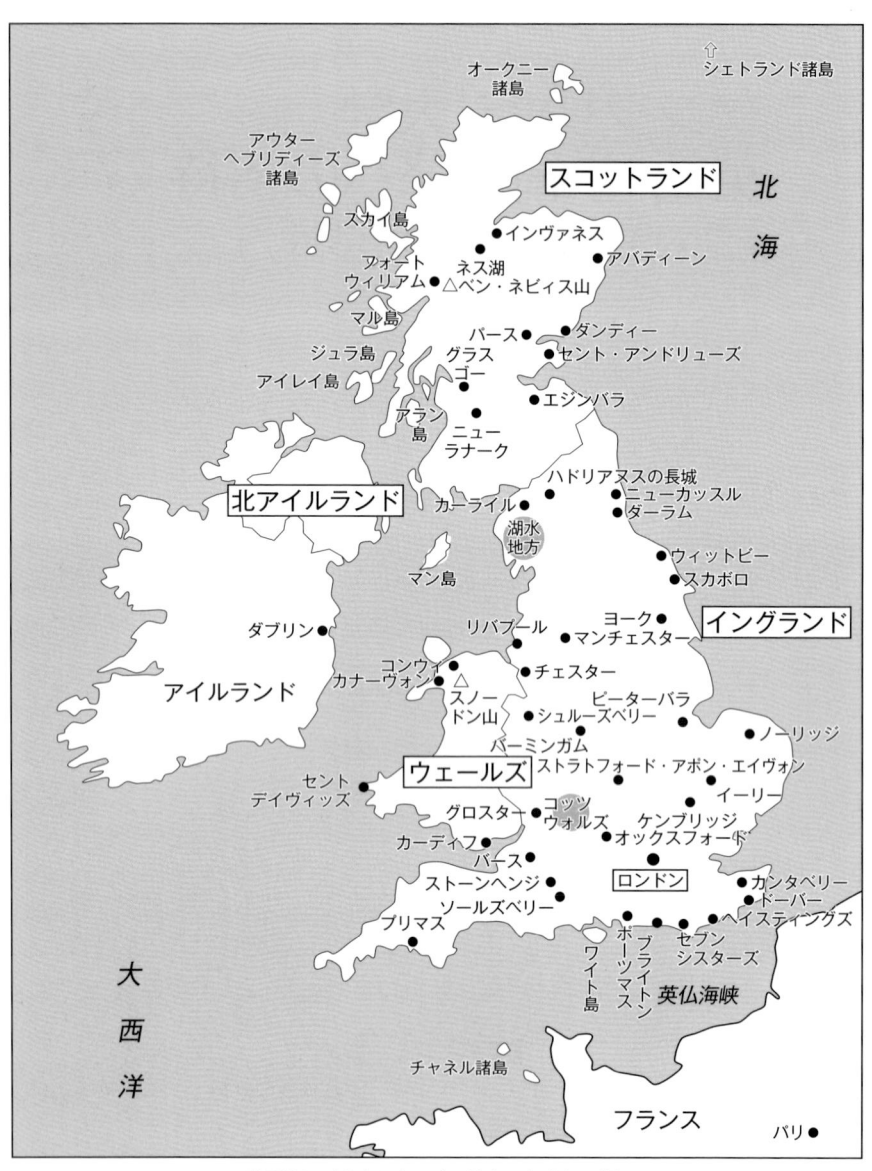

英国地図（本書に出てくる地名の多くを記載）

まえがき

　まえがきとして，本書執筆の経緯をまとめておきたい。本書は，筆者が世話教員を務めている「ケンブリッジ大学英語・学術研修」に関する初めての書籍である。この研修は，筆者の勤務校である九州大学の学生を主対象に，筆者が世話教員を担当しているものであるが，研修生からの反応がよく，それが世話教員に改善の努力を促し，それがさらに研修生の満足感を高めるという好循環に恵まれ，世話教員である筆者が，研修生を含む関係者を代表して，現時点での記録を残そうと考えて本書を企図した。

　記録と言っても，大学の紀要や学科彙報のようなものに掲載する報告書のようなものではなく，筆者に万一のことがあっても誰かが後を継ぐことができるように，また類似の研修を創設しようとする方々にとって何らかの参考になるように，さらに将来の研修生が学習に利用できるように，個別具体的なことも含めて，公表できることは公表しようというスタンスで，悪く言えばごった煮的に研修の全体像をまとめたものである。焦点が定まらないように感じられるかもしれない点をお許しいただきたい。

　筆者が1996年に始まったこの研修に関わるようになったのは，1999年夏の現地研修に同行してからである。やがて創設者である廣田稔九州大学名誉教授が2003年に九州大学を去られ，筆者が企画運営を引き継いだが，試行錯誤を繰り返すうちに，一人の世話教員が扱う研修の運営に現実的な限界がある中で，落としどころとしての形が定着してきたと2010年近くになって感じるようになり，そろそろ研修について外部にアピールすべき頃合いであると考えたのが，執筆の直接のきっかけであった。それに加えて，健康に不安がないこともない年齢にさしかかり，自分自身に万一のことがないとも限らないと考える中で，緊急の場合は誰かが研修の世話教員を引き継いでくださることを期待して，そのためのマニュアル的な項目を，文脈のよくわかる形で著しておきたい

とも願った。さらに，同種の研修を創設しようとする方々に役に立つものにもなればよいと考えている（特に事前研修の必要性を強調したい）。こうした様々の性格を持つ書籍であるので，記述は網羅的であり，わかりやすさ，面白さはある程度犠牲になっていて，読者層によっては余計な項目が長々と語られていると感じられる箇所もあるものと思われる。その点もまたお詫びしておかねばならない。

　以前からこのような著書を考えていたわけではなく，十分な資料が残っているとは言い難い中でいろいろと調査を行ったが，なお残る不備があり，大変申し訳ないと感じている。それはすべて筆者の責任である。

　本書の執筆にあたり，直接に間接に情報の提供をいただいた方々の御氏名を記して感謝を表したい。特に格別の感謝を申し上げたいのは，研修創始者の廣田稔九州大学名誉教授である。この方の努力がなければ，そもそもこの研修が誕生することはなかったのである。また，筆者が現地研修に完全には随行できない場合に引率業務をお願いしている同僚の志水俊広九州大学准教授にも格別の御礼を申し上げなければならない。その他，ケンブリッジ大学ペンブローク・カレッジ（Pembroke College, the University of Cambridge）の元シニア・チューター（貴族の名誉職に近いカレッジ長のマスター（Master：学寮長と訳すこともある）を除けば当時は事実上のナンバーワン的存在）の故クライブ・トレビルコック氏（Mr Clive Trebilcock），ケンブリッジ大学ペンブローク・カレッジの国際プログラム主事（Director of the International Programmes）であるアラン・ドーソン博士（Dr Alan Dawson），ロンドン大学と同カレッジ兼任で，九州大学グループのプログラム・ディレクター（Programme Director）を長年務めてこられ，たびたび福岡にもおいで願ったジャクリーヌ・トーマス先生（Ms Jacqueline Thomas），2012年にプログラム・ディレクターを務められたヒラリー・デイ先生（Ms Hillary Day），同カレッジ国際プログラム・オフィスのリンディ・ヒルトン氏（Ms Lyndy Hilton）とチェシー・ウッドバーン氏（Ms Cessi Woodburn）とペニー・ビンクス氏（Ms Penny Binks）とニック・ゴドフリー博士（Dr Nick Godfrey），現地研修で長年「芸術と建築」の専門科目で御世話になっているサラ・ベイリス博士（Dr Sarah Baylis），現地研修で長年九州大学グループの専属プログラム・アシスタントを務めてこられ，最近は英国史に関する専門科目を担当されているアレックス・ミドルトン博士（Dr Alex

まえがき

Middleton），科学の専門科目で御世話になっているポール・エリオット博士 (Dr Paul Elliott），寮のことで御世話になっている House Keeping Office のキャロライン・アダムズ氏（Ms Caroline Adams），新型インフルエンザの時を始め健康問題で本当によく御世話になったカレッジ・ナース（College Nurse）のジャン・ブライティング氏（Ms Jan Brighting），現地研修で毎夏一緒になり楽しく交流させていただいている明治大学のジェームズ・ハウス教授（Prof. James House）にも感謝申し上げたい。また，御名前はひとりひとり記すことはできないが，何より過去現在の研修生の方々に御礼を申し上げなければならない。この他にも歴代の担当の先生方，歴代のプログラム・アシスタント（PA：programme assistants）の方々，守衛室の係員の方々など，挙げればきりがないほど，御世話になりいろいろと教えをいただいた方々がおられる。

　また，刊行にあたり各方面にわたりお力添えをいただいた九州大学出版会の野本敦氏にも感謝の意を表したい。さらに，九州大学出版会からの委嘱で有益なコメントを下さった匿名の査読者の方々に御礼を申し上げる。

　なお，本書の出版にあたっては，著者の所属先である九州大学大学院言語文化研究院から財政的支援を受けている。関係者の方々の御尽力に感謝したい。特に，支援に値するかどうかの審査で査読をしてくださった同僚の志水俊広准教授には，大変貴重なコメントを多数いただき，いくら感謝してもしきれない。これらのコメントがなかったらと思うと恐ろしい部分が数多くある。加えて，徳見道夫研究院長，太田一昭副研究院長，福元圭太副研究院長からも御配慮をいただいたことに対して御礼を申し上げたい。また，編集その他で九州大学出版会の永山俊二氏，野本敦氏にも大変御世話になり，感謝に絶えない。

　最後に，本書はまず廣田稔先生に捧げたい。また，筆者が大学の世界に身を置くことを可能にしてくださった東京都立大学大学院博士後期課程時代の恩師中島平三先生（現在学習院大学教授）と，研修業務で家庭に相当なしわ寄せが生じて苦労しながらも，2009 年には自ら研修生として参加するなど，3 度にわたり渡英してくれた妻鈴木久仁子にも，本書を捧げたい。

2012 年 10 月

筆　者

目　次

まえがき……………………………………………………………… i

第 1 章　本書の概略

1.1　研修の概略 …………………………………………………… 2
1.2　本書のねらい ………………………………………………… 3
1.3　本書の構成 …………………………………………………… 4

第 2 章　研修の歴史

2.1　研修の位置付け ……………………………………………… 8
2.2　研修の創設 …………………………………………………… 9
2.3　研修のこれまで ……………………………………………… 10

第 3 章　ケンブリッジ大学とペンブローク・カレッジ

3.1　大学の構成 …………………………………………………… 16
3.2　大学の創立 …………………………………………………… 19
3.3　大学の歴史と諸カレッジ …………………………………… 20
3.4　ノーベル賞受賞者 …………………………………………… 22
3.5　ペンブローク・カレッジの創立と歴史 …………………… 23

第 4 章　研修の準備

4.1　募集内容の策定 ……………………………………………… 28
4.2　研修 HP 掲載事項 …………………………………………… 28
　　4.2.1　先輩たちからのメッセージ　4.2.2　研修概要・費用・全体の流れ
　　4.2.3　申込方法・参加条件・参加決定

目　次

4.3　広報活動 …………………………………………………………… 50
　　4.3.1　チラシ　4.3.2　説明会　4.3.3　口伝　4.3.4　その他
4.4　募集 ………………………………………………………………… 54
　　4.4.1　書類による申込み　4.4.2　申込票記載事項　4.4.3　書類審査
　　4.4.4　面接の準備　4.4.5　面接　4.4.6　最終合格者の決定
　　4.4.7　最終合格者の資質
4.5　外部との協議 ……………………………………………………… 72
　　4.5.1　現地研修日程・内容の交渉と宿舎の予約　4.5.2　現地研修時間割の
　　策定　4.5.3　航空券の手配　4.5.4　交流協定と契約

第5章　事前研修

5.1　事前研修のメニュー ……………………………………………… 80
5.2　合格発表後 ………………………………………………………… 80
　　5.2.1　連絡体制の確立　5.2.2　課題の通知
5.3　第1回学習連絡会 ………………………………………………… 84
　　5.3.1　参加の準備　5.3.2　会合　5.3.3　英語学習について
　　5.3.4　旅行先案内　5.3.5　週末旅行の準備　5.3.6　過去の研修生の講話
　　5.3.7　次回への課題　5.3.8　懇親会
5.4　第1〜2回学習連絡会間の業務 ………………………………… 140
5.5　歴史学習の効果 …………………………………………………… 147
　　5.5.1　英国通史学習の意義　5.5.2　おさえるべき英国史の内容
5.6　英国に関する課題 ………………………………………………… 154
　　5.6.1　英国に関する課題の意義　5.6.2　英国に関する課題の内容
5.7　第2回学習連絡会 ………………………………………………… 166
　　5.7.1　会合　5.7.2　過去の研修生の講話　5.7.3　次回への課題
　　5.7.4　懇親会
5.8　第2〜3回学習連絡会間の業務 ………………………………… 175
　　5.8.1　現地との連絡　5.8.2　次年組関係業務

v

5.9 第3回学習連絡会 …………………………………………………… 176
　　5.9.1 会合　5.9.2 現地研修への持ち物について　5.9.3 過去の研修生の講話　5.9.4 次回への課題　5.9.5 懇親会
5.10 第3〜4回学習連絡会間の業務 ……………………………………… 180
5.11 第4回学習連絡会 …………………………………………………… 182
　　5.11.1 会合　5.11.2 現地での注意　5.11.3 過去の研修生の講話
　　5.11.4 懇親会

第6章　現地研修

6.1 出発日 ……………………………………………………………… 192
6.2 出国日 ……………………………………………………………… 193
6.3 現地到着 …………………………………………………………… 193
6.4 オリエンテーション日 …………………………………………… 196
　　6.4.1 スケジュール　6.4.2 オリエンテーションの内容
6.5 ペンブローク・カレッジの施設・設備・伝統 ………………… 201
6.6 大学の見学のポイント …………………………………………… 207
6.7 ケンブリッジの歴史 ……………………………………………… 216
6.8 ケンブリッジの街 ………………………………………………… 217
6.9 英語科目 …………………………………………………………… 221
6.10 専門科目 …………………………………………………………… 228
　　6.10.1 開講の目的　6.10.2 開講科目と担当教員　6.10.3 人文系専門科目　6.10.4 社会系専門科目　6.10.5 自然系専門科目
　　6.10.6 PAによる復習セッション　6.10.7 試験　6.10.8 過去の専門科目
6.11 その他の公式行事 ………………………………………………… 240
　　6.11.1 レセプション　6.11.2 フォーマル・ホール　6.11.3 ハイ・テーブル　6.11.4 クリーム・ティー　6.11.5 グランチェスター
　　6.11.6 世話教員の行事　6.11.7 PA企画行事

- 6.12 試験およびフィードバック ……………………………………… 254
- 6.13 週末旅行 ……………………………………………………………… 255
- 6.14 現地で感じる異文化 ………………………………………………… 256
- 6.15 研修生にとっての英国の魅力 …………………………………… 262
- 6.16 ビジネス・ミーティング …………………………………………… 269
- 6.17 教員同士の反省会 …………………………………………………… 270
- 6.18 帰国準備 ……………………………………………………………… 272
- 6.19 修了式 ………………………………………………………………… 273
- 6.20 最後のフォーマル・ホール ………………………………………… 275
- 6.21 ディスコ・パーティ ………………………………………………… 277
- 6.22 帰路出発日 …………………………………………………………… 277
  - 6.22.1 さらばケンブリッジ　6.22.2 英国出国
- 6.23 帰国日 ………………………………………………………………… 282

第 7 章　研修の評価

- 7.1 レポート等 …………………………………………………………… 286
- 7.2 現地科目の成績 ……………………………………………………… 286
- 7.3 単位認定 ……………………………………………………………… 287
- 7.4 研修生による評価アンケート ……………………………………… 288
- 7.5 研修の効果測定 ……………………………………………………… 294
- 7.6 記事やラジオ等での言及 …………………………………………… 295
- 7.7 研修生の進路 ………………………………………………………… 296
- 7.8 集団研修とする意義 ………………………………………………… 296
- 7.9 研修の要改善点 ……………………………………………………… 297

第 8 章　帰国後のことおよびまとめ

- 8.1 同期の交流 …………………………………………………………… 300
- 8.2 年度をまたぐ交流 …………………………………………………… 300

8.3　ペンブローク・カレッジ関係者の来福 …………………………………… 300
8.4　その他 …………………………………………………………………… 301
8.5　まとめ …………………………………………………………………… 302

あとがき ………………………………………………………………………… 303
参考文献 ………………………………………………………………………… 304

第1章

本書の概略

ペンブロークカレッジ：右奥はダイニング・ホール
（右の木は現存していない）

1.1 研修の概略

　本書のテーマである研修は「ケンブリッジ大学英語・学術研修」と称する。以前は「ケンブリッジ大学英語研修」と称していたが，現地研修部分の中で，英語科目以外に専門的な講義科目が含まれているため，2009年から，英語・学術研修と名乗るようになった。

　この研修は，大きく分けて，事前研修部分と現地研修部分とに分かれている。事前研修は11月から翌年8月まで，正味9ヵ月にわたって実施されており，4回の学習連絡会（主に土曜日に実施）とメールによる指導をベースに，研修生自身が立案した学習計画に従って英語および英国に関する学習を進めてもらう。学習連絡会では，学習成果の発表や，単語テスト，英語音声のトレーニングなども実施する。事前研修の途中からは，現地で履修する専門科目についての予習を行うことにもなる。同時に，現地研修の週末旅行に対し，グループごとに綿密な準備を進める。

　現地研修は，例年8月のお盆過ぎの16～20日前後に出発し，9月9～13日前後に帰国する（以前の日程については第6章冒頭を参照）。現地への到着日，現地からの出発日，移動や休暇日を除く正味の授業日数は14日間となっている。1週に平日5日間の授業とすると，約3週間ということである。英語科目，専門科目を受講するほか，フォーマル・ホール（formal hall）と呼ばれる晩餐会などの，英国の大学ならではの体験ができ，またケンブリッジ大学の博物館，美術館，その他各種の施設を見学することになる。プログラム・アシスタント（PA：programme assistants）と呼ばれる現地の世話役の学生との交流も見逃せない。

　この研修は単に英語力を伸ばすことだけを目的にしたものではない。英語力そのものだけを問題にするのであれば，単身で日本人のほとんどいない英語圏の環境に飛び込んだり，日本語禁止のスパルタ塾の類の門を叩くのが一番近道であろう。しかしそれ以外にもこの研修の目的が存在する。1つには，ケンブリッジ大学という世界の名門校を舞台に現地研修部分が実施されるという特長を活かすということがある。これまで数々の偉業を成し遂げてきた学問の牙城を経験することは，大いに意義深いものである。また，志高い研修生集団の中で，互いを高めあってもらうことも狙いの1つである。学科のクラスや，サー

▶ここからは本文との重複を恐れず英国滞在に役立つ情報を紹介します。

第1章 本書の概略

クルなどとはまた違った，同じ釜の飯を食う学部横断的な仲間ができるわけだが，帰国後も人生を語り合い，最高の舞台での事業の思い出を共有する仲間というのは貴重である。

1.2 本書のねらい

　この英語・学術研修は，ケンブリッジ大学という良き舞台を得た貴重な事業である。そのことに関係して，いくつか本書を上梓する目的がある。

　まず第1に，参加した学生が表明しているこの研修に対する満足度を内外にアピールする目的がある。現地研修から帰国して数週間後，後期の授業が始まる前の9月末を締切とする研修総括のレポートに書かれる参加学生の研修に対する評価は極めて高い。「人生最高の体験」「志高い仲間とお互いを高め合う実感が胸に響く」など，世話教員としては世話のし甲斐のある言葉を多くいただいている。これほどまでに満足してくれているのであれば，研修の存在意義も高いものと言えよう。

　第2に，世話教員の業績としてのアピールの側面が本書にはある。この研修の企画運営は，世話教員のライフワークとしての位置を占めるに至っているが，筆者の本来の専門分野は英語学であるのに，英語学の研究者としてよりは教育に力を入れる者として振る舞うことが昨今は多くなり，大学人としての評価を教育業務について大いに受けたいという気持ちがある。ところが，この研修にどんなに力を入れても，学術研究としての業績は生まれにくい。そこで，著書をもって研修運営の教育業績をアピールさせていただきたいというわけである。

　第3に，この研修を世話することのできる幸せというものを伝えたいという気持ちがある。九州大学の学生の中で，世界の学問の牙城を経験すること，そのための事前研修に大いに精力を割くことを自ら望む者が応募し，英語力やGPA（学業の平均評定値）その他の基準による厳しい選抜を経た優秀な研修生を，1年間手塩にかけて育てることが生き甲斐でないはずがない。この研修の世話教員は，およそ教育に携わる者の中でもとんでもない幸せ者であろう。己を高めたい学生と教育に力を尽くしたい教員との理想的な関係がそこにはある。

【ビザ】本研修のような短期（約3週間）の夏期講座参加にはビザは不要。

第4に，英語を重要な部分に含む海外研修のあるべき姿を示す意味がある。もちろん様々な大学で英語を中心に据えた海外研修が実施されているわけであるが，その多くが事実上現地研修のみの日程で成り立っている中，現地研修を目標に長期の事前研修を実施してこそ，英語や訪問先の国に対する理解が進むというのが本書の主張である。

　第5に，この研修の様々な側面を記述することによって，こうした研修の運営の全体像を示し，類似の研修の創設を目指す方々，あるいはこの研修の将来の後継者に対して，良き参考書あるいはマニュアルめいたものとしての意味を持たせたいという意図もある。

　第6に，過去の研修生に対し，研修を振り返り，貴重な想い出を形にする機会を提供したいという意図がある。

1.3　本書の構成

　本書は，募集のプロセスと事前研修と現地研修の詳細を中心に，現地研修の舞台となるケンブリッジ大学やペンブローク・カレッジについての記述，研修の評価，帰国後の展開等について扱う。

　第2章では，「研修の歴史」と称して，研修の創設の経緯を語り，簡単に歴史を振り返る。

　第3章では，ケンブリッジ大学を，構成，創立の経緯，歴史，諸カレッジ，ノーベル賞受賞者等の観点から紹介する。また，ペンブローク・カレッジの歴史もたどる。

　第4章「研修の準備」では，研修生の募集プロセスを詳述する。募集内容の策定から始まるそのプロセスを扱うが，募集用HP，広報活動，選抜方法，現地との協議，契約，航空券の手配等に言及する。読者層によっては不要な詳細が含まれているものと思われるが，省略を避けることを優先させていただいた。

　第5章では，事前研修の詳細を述べる。4回に及ぶ学習連絡会を中心に，研修生の行う事前準備について扱う。事前準備の中には，英語力の増強，現地研修での専門科目受講の準備，現地研修中の週末旅行の準備，英国史の学習，英国に関する調査等が含まれる。また，世話教員の事前研修中の諸業務について

【レンタカー】週末休業が多いが，大きな空港の営業所ならOK。

第 1 章　本書の概略

も言及する。この章にも，お読みになる方によっては余計な項目が多々含まれていることをお詫びしておく。

　第 6 章は現地研修について扱う。往復の交通，現地の施設，ケンブリッジの街並み，プログラムの運営，英語科目，専門科目，試験，修了式，現地アシスタント，フォーマル・ホール（晩餐会），オプション行事，週末旅行，異文化体験等，言及する項目は多岐にわたる。4 章 5 章に引き続いて，対象読者層が絞られずに全体的に焦点の定まらない記述になっていることをお断りしておく。

　第 7 章は「研修の評価」と題し，研修後のレポート，現地科目の成績処理，単位認定，評価アンケート，効果測定，研修生の進路等について扱う。

　第 8 章は，帰国後の展開について述べる。研修生の交流が帰国後も続き，同窓会も組織されていることに言及する。最後にまとめを記す。

【車のレバー】ウィンカーとワイパーのレバー配置が日本と逆。

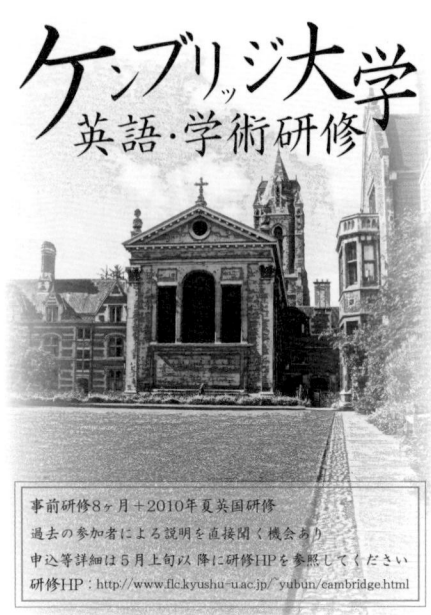

研修生募集のチラシ（表）
芸術工学部からの研修生によるデザイン

研修生募集のチラシ（裏）

第2章

研修の歴史

ペンブローク・カレッジのチャペル（左）とホール（右）
（チャペルの上に突き出て見えるのは向かいのピーターハウスの建物）

2.1　研修の位置付け

　筆者は研究者として九州大学大学院言語文化研究院に所属しており，大学院生時代から取り組んできた本来の研究分野は英語学関係であるが，九州大学に職を得て以降，大学英語教育の改善が社会から要請される中で，大学英語教育におけるコンピュータおよびネットワークの利用に関し，学問的裏付けの乏しいまま，ゼロから始めて自己流に近い取り組みを重ねてきた。それは，就任早々自分が担当している英語教育に疑問を持ち始めたからである。というのは，大学教員には教育実習もなく，当時筆者を含めた大学英語教員は一般に自分の望むままに授業を行うことが多かったので，実際に受講者の英語力開発に貢献しているのかどうかということは二の次という雰囲気が大学英語教育の中にあったからである。

　大学における英語カリキュラムが成果を挙げるためには，効率化が必要であった。英語をものにするために必要な学習時間と精力には莫大なものがあり，その観点から見て少な過ぎる大学英語授業を，せめてなるべく効率化しなければならないということは明らかだった。その問題に対する１つの解が，大学英語教育におけるコンピュータの利用である。筆者は必死に九州大学の英語カリキュラムにおけるウェブ教材の導入に取り組み，また目新しい三次元仮想空間チャット・システムを利用した英語授業にも長年取り組んだ。

　しかしそこからさらに英語学習の成果を期待するとすれば，受講者に英語学習へのより強い動機を持たせることが必要である。どんな学問であっても，習得の必要性に目覚めない限り，献身的に打ち込むことはなかなか難しい。その点では，ケンブリッジ大学英語・学術研修は英語学習の強烈なモティベーションを作り出している。多くの研修生にとってケンブリッジ大学とは雲の上の存在であり，世話教員としては，事前研修を通じて，学問の牙城たる同大学で学ぶ前に，それにふさわしい学生になることの重要性をことあるごとに説き，英語の学習に励ませている。特に将来第一線の研究者として身を立てるつもりのある学生にとって，どの分野でも英語は避けて通れないため，この研修が，低学年のうちにしっかり学習時間を確保していく必要があるということを認識する機会になればよいと思っている。

　この研修は大学の公式行事ではなく，世話教員の個人企画による事業ではあ

▶引き続き英国滞在に役立つ情報を紹介します。

るのだが，上記のような形で，九州大学の英語カリキュラムの一翼を担う立場にあるとも言える。現に，毎年大学の交換留学のプログラムに選ばれる者の中に研修生が含まれることが多い。九州大学の学生（以下，九大生と略すことあり）の中でも平均以下の英語力で，研修生の中でも TOEFL（-ITP）のスコアが最低であった学生が，自己研鑽に目覚め，現地研修科目でトップの成績を収めて，交換留学で見事アメリカの大学へ派遣されることになった例もある。いかに強烈なモティベーションが人間を押し上げるかを示す好例である。

2.2　研修の創設

　執筆時現在のこの研修の詳細な内容は，ある時期から現在の世話教員である筆者の責任で積みあげられてきているのではあるが，廣田稔九州大学名誉教授（2003 年 4 月から 2013 年 3 月まで福岡女学院大学教授）が創設し，軌道に乗せてくださることがなければ今の姿はなかった。

　廣田教授は 1992 年春から 1993 年春まで，英文学の御研究のためにケンブリッジ大学ペンブローク・カレッジ（「ペンブローク」は英国英語の発音に近づけて「ペンブルック」と表記することが多いが，筆者の好みとこれまでの著作での表記との関係により「ペンブローク」で統一する）に訪問研究員として滞在し，英文学の分野で世界的な研究者のもとで勉学され，現地のアカデミズムの荘厳な雰囲気に，ぜひ九州大学の学生にもこれを体感してもらう機会を作れないかとお考えになった。

　当時ペンブローク・カレッジでは，日本大学とカリフォルニア大学が海外研修を実施していたが，学生の個人指導（ケンブリッジ大学では supervision と称する）の長であり，カレッジの教育研究を実質的に統括するシニア・チューター（Senior Tutor）の地位におられたクライブ・トレビルコック先生（Mr Clive Trebilcock：故人）からは，九大生の受け入れは無理との反応が当初はあった。しかし当時，カレッジを財政的に切り盛りする立場にあり，カレッジの事務その他管理行政を掌握する最高職であるバーサー（Bursar）の職にあられたコリン・ギルブレイス氏（Mr Colin Gilbraith）が，偶然廣田教授の滞在されたフラットで隣の部屋であったといった幸運もあり（日本大学の研修の存在を廣田稔教授にお知らせしたのも同氏であった），粘り強い働きかけのもとで，

【制限速度】日本より高めなので違反する車は少ない。

トレビルコック先生に，別件で訪日されたついでに九州大学へ何とかお立ち寄りいただき，当時の杉岡洋一総長との懇談を含め，九州大学がどのようなところであるのかを知っていただくことができた。

その後多少の時間がかかったが，1996年に，15名の九大生を送り込むことができたのである。日本の大学としては，日本大学に続いて，九州大学が2番目にプログラムを持つこととなった。その際は1995年度の法学部の授業で参加を呼びかけ，36名の応募者があったが，ペンブローク側ではもともと試しに10名を受け入れようという話であったので，面接を行って絞り込む必要があったのだが，申込者間にさほどの学力差がなく，15名以下には絞り切れず，交渉によって15名の受け入れが認められることになった。授業は当時英語科目だけで，現在のような専門講義科目はまだなかった。

その結果，九大生の研修成果を見て，トレビルコック先生からは，1997年の研修には30名受け入れようと提案をいただいた。これについては全学を対象に掲示による募集をかけ，70名程度の申込者があり，またも面接による絞り込みが難航したので，交渉の末，36名の受け入れを認めてもらった。当時は九州大学の外国人教師の職にケンブリッジ大学から廣田教授を介して招聘した若手研究者が就任しており（現在ノッティンガム大学（The University of Nottingham）に勤務しているショーン・マシューズ博士（Dr Sean Matthews）），選抜過程での面接等に活躍した。1997年の研修も成功し，トレビルコック先生から1998年には50名受け入れの提案があった。

このようにして本研修は廣田教授の努力により生まれ育ったのである。

2.3 研修のこれまで

1996年の研修創設以来，毎年欠かさず現地研修が実施されてきており，参加人数は表1のように推移してきている。

この人数の上下動にはそれぞれ要因がある。最初の1996年は初回ということもあり，ペンブローク・カレッジ側からの要請で，15名程度ということになったものである。その初回が無事に終わると，次第に参加人数を増やし，50名前後の安定期に入った。1998年から2003年までは募集人員と実際の参加人員がいずれも50名前後である。しかし2004年には為替レート等の諸般の事情

【車優先】横断歩道のない路上は車が優先で車が歩行者に向かって突っ込んでくる。

第2章 研修の歴史

によって契約内容に定員に関する事項を含むこととなり，契約上の最低催行人員を満たすことができない場合にひとり当たりの金銭的な負担が増えることが定められた。その負担増を避けるため，以降募集人員を絞り，最低催行人員を抑制することとした。

しかもこの頃には，日本大学と九州大学の他にもペンブローク・カレッジが運営する研修に参加する日本の大学が現れはじめ，それらの大学が大学の公式行事として研修を実施するために参加人員を固定しておくことができるのに対し，九州大学では公式行事でないため蓋を開けてみないと参加人数がわからなかった。このような状態では，ペンブローク・カレッジとしても大きな受入枠を九州大学のために確保しておくわけにはいかない。万一その人数までの研修希望者がなかった場合，寮に空室が生じてしまい，部屋の稼働率が悪化し，収入の減少につながるからである。従って，2005年度からは安全圏を狙って募集人員を縮小せざるを得なくなった。

表1 研修生数の推移

年度	募集	参加
1996	10	15
1997	30	36
1998	50	52
1999	50	52
2000	50	51
2001	50	53
2002	50	53
2003	50	50
2004	50	44
2005	30	35
2006	30	29
2007	25-35	34
2008	25-35	34
2009	25-35	24
2010	25-35	40
2011	25-35	30
2012	28-33	30
2013	27-32	32

だが，現行の30名前後の参加数は結果的に理想的である。2005年度以降，2009年を除けば，定員を上回る申込者があり，研修生の選抜をしっかりと行うことができるようになった。このため，英語力，GPA（学業の平均評定値），参加の熱意などに優れた点のある候補者から優先して選抜できるようになった。また，世話教員として世話をするのに，30名というのは上限に近い。40名になるとかなり疲弊する。これは義務教育における30人学級と40人学級の差のようなものであり，実感としてこれらの人数の差は極めて大きい。さらに，現地でロンドンのヒースロー空港とペンブローク・カレッジとを結ぶ貸切バスも，30名強というところがちょうどよく，それ以上ではスーツケースや持ち込み荷物をトランクに収め切れない恐れがある。現に，2010年度に40名としたときは，バスが2台となった。それだけコストが余計にかかる上，狭い場所での乗降にも不利である。成田空港～ホテル間の移動についても同じことが言える。ペンブローク・カレッジ側からは，2011年11月頃，宿舎の収容

【横断歩道】日本と違い，歩行者がいれば車は止まってくれる。

人数の変更の関係で2012年夏以降最大33名までとの制約が新たに課される旨連絡があった（2013年以降は32名との連絡がさらにあった）。

　以上は研修生の数に関するこれまでの推移を振り返ったものである。以下では，同行者の交替その他，この研修の歴史の中での重要な出来事について簡単にまとめておきたい。

　筆者が研修の同行を始めたのは1999年からである。そこから年を追うごとに深く関わるようになった。2003年に九州大学を御退官になってからの廣田教授は，ペンブローク・カレッジ国際プログラムオフィスの長であるアラン・ドーソン博士の委嘱により，九州大学グループのプログラムに関わり，同時に日本からの各参加校の橋渡し的役割を果たす立場となられ，実質上九州大学グループのプログラムに継続して関わる形となっている。そしてこの研修は，筆者が世話教員を継承して以降，事前研修を充実させながら，現在の形にたどり着いた。

　その中で，ペンブローク・カレッジ側から，ペンブローク・カレッジと九州大学の間で交流協定を締結して，安定的に夏期講座へ研修生を送ることができれば，九州大学が推薦する学生1名を無条件でペンブローク・カレッジの大学院正規コースへ毎年入学させるというオファーがあったことがある。これは大変魅力的な条件だったのだが，技術的な理由で実現しなかった。それは，ペンブローク・カレッジはケンブリッジ大学の中の1つの部局なので，形式上九州大学全体とは交流協定を締結できないという九州大学当局の判断によるものだった。交流協定には大学間協定と部局間協定しかなく，部局と大学とが交流協定を締結することはありえないというわけである。しかし，ペンブローク・カレッジの説明によると，ケンブリッジ大学というのは，経済的にもほぼ独立しているカレッジの集合体であり，ケンブリッジ大学全体が交流協定の当事者になることはありえないとのことであるから，技術的な壁が交流協定締結による正規プログラムへの留学枠確保への道を閉ざしたことになる。このことをきっかけに，世話教員としては，この研修を九州大学の公式プログラム化することは諦め，世話教員の個人的関与を中心に，部局の同僚の協力を要所要所で仰ぎながら継続していくこととした。但し，ペンブローク・カレッジと九州大学大学院言語文化研究院は，部局間学術交流協定を結び，学術分野での交流を進めることとした。これまでに筆者以外でのべ3名の言語文化研究院教員が研

【ロータリー1】英国にはロータリー式で信号のない交差点（ラウンドアバウト）が多い。

第2章 研修の歴史

究目的でペンブローク・カレッジを訪問し，ペンブローク・カレッジからのものべ7名の研究者が九州大学を訪問している。

　なお，執筆時点での日本からの参加は，日本大学，早稲田大学，明治大学，同志社大学の夏期プログラム，成蹊大学の春期プログラムである。過去に西南学院大学が数年参加していたこともあったが，途絶えてしまっている。この他，日本以外の国の大学としては，九州大学よりも早くからカリフォルニア大学がプログラムを持っていた。また2011年から，北京大学が学生を送ってきており，九州大学のように，英語科目と専門科目を両方実施している。

ペンブローク・カレッジ
（1階のアーチ形の入口から階段室へ入って部屋へ行く）

【ロータリー2】ロータリーにはすべて左折で進入する。

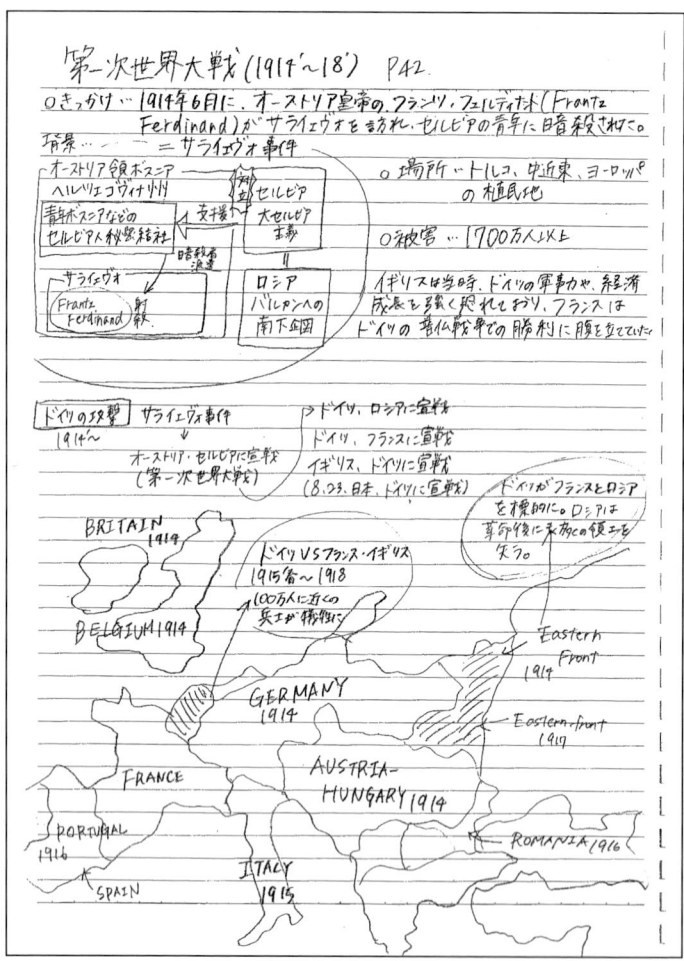

事前研修での歴史学習におけるノートの実例
（短い英文の英国通史を学習してまとめたもの）

第3章

ケンブリッジ大学と
ペンブローク・カレッジ

ペンブローク・カレッジのキャンパス内の寮
（手前の芝生の区画は丁寧に手入れをされ，原則立入禁止）

本章では，筆者の直接の見聞やケンブリッジ大学のHP等をもとに，現地研修の行われるケンブリッジ大学およびペンブローク・カレッジについて述べることにするが，様々な読者層を念頭に，最小公倍数的な記述となっていて，焦点が定まらない記述になっていることをお詫びしておく。お読みになる方々の目的に照らして，必要部分を拾い上げてお読みいただければ幸いである。

3.1 大学の構成

ケンブリッジ大学には，大きく分けてカレッジと学部（Faculty）・大学院（Graduate School）とがある。学部は日本の大学から想像する学部と考えて問題ないが，カレッジというのは独特の組織体である。そもそもケンブリッジ大学はカレッジの創立から始まっている（詳細は3.2を参照）。

まず学部をまとめる大きな括りとして，Arts and Humanities（芸術と人文），Humanities and Social Sciences（人文科学と社会科学），Biological Sciences（生命科学），Clinical Medicine（臨床医学），Physical Sciences（自然科学），Technology（技術）という6つのschoolsがある。「芸術と人文」に含まれる学部は建築美術史学部，アジア中東学部，古典学部，神学部，英文学部，現代中世言語学部，音楽学部，哲学部，「人文科学と社会科学」に含まれる学部は考古学人類学部，経済学部，教育学部，歴史学部，法学部，政治心理社会国際学部，「生命科学」に含まれる学部は生物学部と獣医学部，「自然科学」に含まれるのは地学地理学部，数学部，物理化学部，「技術」に含まれるのは工学部と経営管理学部，コンピュータ科学技術学部，化学工学生物工学部（以上の学部の多くはさらに学科（Departments）に分かれている），「臨床医学」に含まれるのは学部でなく諸学科となっている。

ケンブリッジ大学には2012年現在，31のカレッジがあり，その1つ1つが小さな総合大学のようなものである。教員も学生も，カレッジと学部・大学院との二重戸籍で，学生は入学にあたり，特定のカレッジと学部とに所属する。このカレッジと学部の組み合わせはいろいろありうるので，例えばペンブローク・カレッジと経済学部（Faculty of Economics）に所属する教員や学生がありうるかと思えば，トリニティ・カレッジと数学部（Faculty of Mathematics），

▶引き続き英国滞在に役立つ情報を紹介します。

第3章　ケンブリッジ大学とペンブローク・カレッジ

表2　ケンブリッジ大学の諸カレッジの創立年代

創立年	名　　称	備　　考
1284年	ピーターハウス（Peterhouse）	ケンブリッジ大学で最古のカレッジ
1326年	クレア・カレッジ（Clare College）	庭が有名
1347年	ペンブローク・カレッジ（Pembroke College）	小ピット，エドモンド・スペンサー，J.M. ケインズで有名
1348年	ゴンヴィル・アンド・キーズ・カレッジ（Gonville and Caius College）	スティーブン・ホーキング博士で有名
1350年	トリニティ・ホール（Trinity Hall）	法学を旨として創立
1352年	コーパス・クリスティ・カレッジ（Corpus Christi College）	クリストファー・マーロウで有名
1441年	キングズ・カレッジ（King's College）	BBCのクリスマス・コンサートで有名
1448年	クイーンズ・カレッジ（Queens' College）	エラスムスで有名
1473年	セント・キャサリンズ・カレッジ（St Catherine's College）	会計担当事務長の遺産で大学附属病院が創立された
1496年	ジーザス・カレッジ（Jesus College）	コールリッジやスターンで有名
1505年	クライスツ・カレッジ（Christ's College）	ミルトンやダーウィンで有名
1511年	セント・ジョンズ・カレッジ（St John's College）	ワーズワスで有名
1542年	モードリン・カレッジ（Magdalene College）	前身は1428年から
1546年	トリニティ・カレッジ（Trinity College）	ニュートンで有名
1584年	エマニュエル・カレッジ（Emmanuel College）	ハーバード大学創設者の出身であることで有名
1596年	シドニー・サセックス・カレッジ（Sidney Sussex College）	クロムウェルの頭部が埋められていることで有名
1768年	ホマトン・カレッジ（Homerton College）	ケンブリッジに入ったのは1976年 教員養成に強い
1800年	ダウニング・カレッジ（Downing College）	中心部では最も敷地の広いカレッジ

【ロータリー3】交差点右折ならラウンドアバウト左折進入時に右折のウインカーを出す。

1869 年	ガートン・カレッジ (Girton College)	女性専用
1871 年	ニューナム・カレッジ (Newnham College)	女性専用でエマ・トンプソンが出身
1882 年	セルウィン・カレッジ (Selwin College)	英国国教会とのつながりが深い
1885 年	ヒューズ・ホール(Hughes Hall)	創立当初は女性教師養成が目的
1896 年	セント・エドマンズ・カレッジ (St Edmund's College)	元々はカトリックの学生用
1954 年	マレイ・エドワーズ・カレッジ (Murray Edwards College)	旧称はニュー・ホール(New Hall)
1960 年	チャーチル・カレッジ (Churchill College)	ウィンストン・チャーチルを記念しての創立
1964 年	ダーウィン・カレッジ (Darwin College)	大学院生のみのカレッジ
1965 年	ルーシー・キャヴェンディッシュ・カレッジ (Lucy Cavendish College)	女性専用
1965 年	ウルフソン・カレッジ (Wolfson College)	はじめは大学そのものによって創立
1966 年	フィッツウィリアム・カレッジ (Fitzwilliam College)	1869 年初めに非カレッジとして創立され，1966 年に正式にカレッジに
1966 年	クレア・ホール（Clare Hall）	大学院生のみのカレッジ
1979 年	ロビンソン・カレッジ (Robinson College)	最も新しいカレッジ

注：年代は Taylor（2008）の分類による。

あるいはキングズ・カレッジと経済学部に所属する教員や学生がありうる。ペンブローク・カレッジと経済学部に所属する学生であれば，学期中の昼間を中心に経済学部での授業を受け，ペンブローク・カレッジにも所属する経済学の教員に，ペンブローク・カレッジで個人指導を受けることになる。カレッジには寮があり，原則としてカレッジの敷地の中の寮で卒業までのうちの一定期間（例えば卒業所要年限3年間のうちの2年間）を過ごす。カレッジには専用の図書館やチャペルや食堂やバーが整っており，専属の庭師や黒ずくめの正装を

【ロータリー4】交差点に先に入った右折車が後から進入した対向直進車より優先。

第3章 ケンブリッジ大学とペンブローク・カレッジ

した門衛（porters）がいて，人々のカレッジへの帰属意識が極めて高い。ましてや歴史の長い有名なカレッジではなおさらであり，その舞台を借りることでこの研修が意義深いものになっていると言える。全カレッジを見渡すと年代順に表2のようになっている。

この他，ケンブリッジ大学は各種の研究所や博物館や病院などを擁する。有名な研究所には，天文学研究所（Institute of Astronomy）やアイザック・ニュートン数理科学研究所（Isaac Newton Institute for Mathematical Sciences），キャベンディッシュ研究所（Cavendish Laboratory）などがある。

博物館の類には，大学博物館としてフィッツウィリアム博物館（Fitzwilliam Museum）があり，分野を限ったものとしては，動物学博物館（Museum of Zoology），考古学・人類学博物館（Museum of Archaeology and Anthlopology），古典考古学博物館（Museum of Classical Archaeology），地学博物館（The Sedgwick Museum of Earth Sciences），科学史博物館（Whipple Museum of the History of Science），極地博物館（Polar Museum），ケトルズ・ヤード（Kettle's Yard：家屋を利用したアートギャラリー），植物園（Botanic Garden）がある。大学病院にはアデンブルック病院（Addenbrooke Hospital）がある。

3.2 大学の創立

そもそもケンブリッジ大学の創立は，オックスフォードに関係する。1209年に，オックスフォードで町の人々とうまくいかなかった学者たちが，もともと商業とキリスト教の拠点であったケンブリッジに移ってきた。そして1226年には組織を作るだけの人数が集まり，学長（Chancellor）が学生の世話をする体制ができ，1231年にはプランタジネット朝（Plantagenet Dynasty）のヘンリー3世（Henry III）が学者たちを庇護下に置いた。教員はMasterと呼ばれ，次第に階層化していった。学籍や学位などの整備も，イタリアなどの大陸の例にならい，中世の時代に進んでいった。

このように，オックスフォード大学とケンブリッジ大学はもともと同じ源から発したと言える。それだけに互いのライバル意識は強く，各種の大学ランキングでもデッド・ヒートを繰り広げている。互いをthe other placeなどと呼んでいるのはその表れであろう。各種の交流も盛んで，ボート・レースの対抗

【ロータリー5】ラウンドアバウト内が2車線のとき右折車は一旦内側を走行する。　　19

戦（初回は 1829 年）は，早慶，ハーバード・イェール（Harvard, Yale）とあわせて 3 大レガッタとも言われている。

3.3 大学の歴史と諸カレッジ

　草創期については 3.2 に触れているとおりであるが，学位を得るためのコースが作られ，それを修了した者の中で認められた者が Masters（教授者：以降関係用語の和訳は筆者独自のもの）となり，後進の指導にあたった。初期の指導者は多くが聖職者であった。儀式や寝泊まりの場所も独自には持たず，聖メアリー教会（Great St Mary's）や民間人の施設を利用していた。

　それらの施設の多くが諸カレッジへと発展し，学生は学内に住むようになっていった。当時は相部屋が通例だった。1284 年には最初のカレッジとして，ピーターハウス（Peterhouse）が近郊のイーリーの主教（Bishop）によって設立された。中世の時代に入学その他の手続きや入学・卒業の儀式等もはっきりとした形を持つようになっていき，大学の規約は Statutes（大学校規）として定められるようになった。学位は Regent Masters（教授者団）を代表してChancellor（総長）が授与した。なお，Chancellor は歴代名誉職の色合いが強く（例えば 2011 年までの Chancellor はエリザベス 2 世の夫であるエジンバラ公フィリップ（Prince Philip, Duke of Edinburgh：他の大学の総長も兼ねた）），Vice-Chancellor が事実上の長である。業務が増えるにつれ，渉外や簿記や書記その他を管轄する Proctors（代表者），資産管理役の Chaplain，学籍等の管理役の Registrary などの役職ができていった。当時の学生はラテン語や論理，音楽や幾何学などを学んだ。

　大学全体としての独自の敷地は 14 世紀後半に現在の評議員会館（Senate House）のところにでき，学部的教育施設が建てられていった。当初は聖職者が多くイーリーの主教に従属していたが，15 世紀末までには独立し，Chancellor が宗教的な判断も下すようになり，司法の役割も持った時期もある。王族が大学に関わるようになって，街の商人の横暴から身を守る権力も与えられるようになっていった。このため街と大学との関係（town and gown）は必ずしも円滑なものでないまま 19 世紀まで至った。

　16 世紀にはカレッジが学内で大きな存在となり，カレッジから Proctor が

【有料トイレ】ロンドン地区を中心に駅のトイレは有料のところが多い。

選ばれ，以降20世紀までVice-Chancellorにはどこかのカレッジの長がなっていた。学生は宗教者でなくても受け入れるカレッジが増え，ヘンリー8世がケンブリッジ大学での教会法やスコラ哲学の教授を禁じ，世俗化が進み，古典語や数学などが替わって浮上した。16世紀末には勅許に基づいて出版物が出されるようになり，ケンブリッジ大学出版局（Cambridge University Press）のもととなった。

17世紀になるとニュートンを中心に自然科学の探求が進む。この頃の卒業式では三脚の椅子（tripod）に座って風刺詩が読まれる風習があり（19世紀まで続いた），これに因んで優等卒業試験のことをtriposという。当初は数学の試験のことであったが（読まれる詩を書いた紙の裏には数学の優等卒業者の名簿が記載されていた），その後他の学問分野にも拡大されていった。

19世紀に入ると英国の政治状況から改革の動きが生じ，ケンブリッジ大学とオックスフォード大学に関して審議する王立委員会（Royal Commission）が設置され，その報告に基づいて1856年に新しいStatutes（大学校規）が発布された。それによると，ケンブリッジ大学の運営は主に，重要事項を扱うthe Council（幹部経営陣），教務を扱うthe General Board of the Faculties，財務や資産管理を扱うthe Financial Board（現在はthe Finance Committee of the Council）によることとなった。また，新しい分野が取り入れられるのも迅速になり，triposの対象分野も増えた。1839年にはオックスフォードとのボート・レースや大学間のクリケットなどが年中行事になった。1846年には植物園（Botanic Garden）が公開され，1848年には，フィッツウィリアム子爵（Richard Fitzwilliam, 7th Viscount Fitzwilliam of Meryon）の寄贈品により，フィッツウィリアム博物館（Fitzwilliam Museum）が公開の運びとなった。

19世紀後半になると学生数が倍増され（1910年で入学枠が1,210名弱）施設の増設が必要となり，植物園や図書館が郊外へ移転するなど，20世紀前半にかけて土地の使い方に大きな動きがあった。また，1869年（Girton College）と1871年（Newnham College）に女性専用のカレッジが創設され，1882年には女性が初めてtriposを受けた。さらにスポーツが盛んとなったのもこの時期である。1874年には総長のキャヴェンディッシュ公爵（William Cavendish, the 7th Duke of Devonshire）の寄付により，キャヴェンディッシュ研究所（Cavendish Laboratory）が設立された。

【博物館，美術館】メジャーなところに入館無料のものが多い。

20世紀前半には，第1次世界大戦で大学関係者に2,500名弱の犠牲者が出た。このため財政的に厳しくなって国家からの体系的支援を年毎に受けることとなった。1937年には女性で初めての教授（professor）が誕生した（ケンブリッジ大学でprofessorというのは，教員の中でも少数に限られた重みのある地位である）。1948年には女性に初めて学位が授与された（Newnham College）。

　第2次世界大戦以降20世紀の後半には，自然科学で目覚ましい成果があり，特に50年代60年代に，最初のコンピュータ（1949年），1953年のフランシス・クリック（Francis Crick）とジェームズ・ワトソン（James Watson）によるDNA二重螺旋構造の発見，最初の電子顕微鏡（1960年），パルサーの発見（1968年）などと続き，新しい学科や研究所等が増えた。キャベンディッシュ研究所のように，西ケンブリッジ地区への移転も多々見られ，アデンブルック病院地区も郊外に展開した。郊外には1970年に企業の集まるケンブリッジ・サイエンス・パーク（Cambridge Science Park）も設立された。その他，社交目的のユニバーシティ・センター（the University Centre），美術館のケトルズ・ヤード（Kettle's Yard）の買収，劇場のADCシアター（the ADC Theatre）の発展などの文化的展開もこの時期に見られた。そして女性専用のカレッジ以外では共学が当然となり，現在では男女の比率はほぼ半々になっている。1990年にはグリニッジ王立天文台（The Royal Greenwich Observatory）が移転してきた。そして2009年にケンブリッジ大学は創立800周年を迎えたのである。（以上3.3の内容はケンブリッジ大学HPに公開されている大学史その他の内容を参考にした。）

3.4　ノーベル賞受賞者

　大学別のノーベル賞受賞者数のデータになかなか信頼のおけるものがないが，2011年12月23日現在の英語版ウィキペディアの所属（卒業または在籍の研究者）大学別の受賞者リストによると，各大学の公式ホームページ上で紹介されている数値では，ケンブリッジ大学が88名で世界の大学でトップである。因みに第2位は87名のシカゴ大学，第3位は79名のコロンビア大学，第4位は77名のマサチューセッツ工科大学，などとなっている。これを見ても，

【無造作】美術館にゴッホやピカソの作品が無造作に展示されている。

ケンブリッジ大学が世界でも一流の大学であることは明らかである。

全員を挙げればきりがないが，比較的日本でも知られている人々を挙げると，次のようなリストができる（爵位の敬称は省略している）。
- 1906：物理学賞：トンプソン（Joseph John Thompson）：電子の発見
- 1908：化学賞：ラザフォード（Ernst Rutherford）：元素崩壊等の研究
- 1922：物理学賞：ボーア（Niels Bohr）：原子物理学
- 1950：文学賞：ラッセル（Bertrand Russell）：人道・自由の著作
- 1962：医学生理学賞：ワトソン（James Watson）とクリック（Francis Crick）：DNA 二重螺旋構造の発見
- 1974：物理学賞：ライル（Martin Ryle）：電波天文学
- 1977：経済学賞：ミード（Joseph Meade）：国際貿易・資本移動

3.5 ペンブローク・カレッジの創立と歴史

本研修の現地研修が実施されるペンブローク・カレッジは，ケンブリッジ大学で3番目に古いカレッジとして，1347年のクリスマス・イブに，エドワード3世の勅許が下り，ペンブローク伯爵夫人（Mary de St Pol, daughter of Guy de Chatillon and the widow of Aymer de Valence, Earl of Pembroke）によって設立された。

15世紀前半には，ペンブロークの3人のフェロー（fellow：教員・研究員）（ウィリアム・リンデウォード（William Lyndewode），ジョン・サマセット（John Somerset），ジョン・ラングトン（John Langton））が，ヘンリー6世の顧問官に任じられ，国王は，これらの顧問官の勧告を容れて，キングズ・カレッジ（BBC がチャペルからクリスマス・コンサートを中継することで有名）を創立した。また，後にヨークの大司教となるペンブロークのローレンス・ブース（Laurence Booth）が図書館を建築した。

16世紀には，ペンブローク・カレッジ学長（Master）であったリチャード・フォックス（Richard Fox）が，オックスフォード大学コーパス・クリスティ・カレッジを創立している。また，1541年に学長となったニコラス・リドリー（Nicholas Ridley）は，メアリ1世の新教迫害で1555年に火刑になった。ペンブローク・カレッジには，リドリー・ウォーク（Ridley Walk）と呼ばれる通路

【石材の色】地方により住宅等の石材の色が異なる。たとえばコッツウォルズでは蜂蜜色。

写真1　ペンブローク・カレッジ
（本書掲載写真の撮影年度はまちまちである。）

写真2　カレッジの図書館

がある。さらにエリザベス1世の頃，1569年には後に詩人となるエドマンド・スペンサー（Edmund Spenser）が入学した。17世紀になると，1627年に，アメリカのロード・アイランド（Rhode Island）植民地の創設者であるロジャー・ウィリアムズ（Roger Williams）が卒業した。イギリス大内乱（English Civil War：清教徒革命とも言う）の時代にペンブローク・カレッジは王党派（Royalist）であり，イーリーの主教で王党派のペンブローク人であるマシュー・レン（Matthew Wren）は投獄され，出獄後，息子のクリストファー・レン（Sir Christopher Wren）に，ペンブローク・カレッジのチャペルを新たに建てさせた。これは彼のケンブリッジにおける最初の作品となった。旧チャペルは図書館となったが，現在ではオールド・ライブラリー（Old Library）という部屋になっている。

　18世紀に入るとカレッジは東に拡大され，1756年，その一角の部屋に詩人トマス・グレイ（Thomas Gray）がピーターハウスから移ってきた。1773年には，グレイがいた部屋に，後に英国最年少の首相となるウィリアム・ピット（小ピット）（William Pitt（the Younger Pitt））が14歳でやってきて，3年で卒業した。

　ペンブロークは小さなカレッジで，1830～40年代には年に9～15人しか入学しなかった。この頃の著名人には，海王星の存在を予言したジョン・アダムズ（John Couch Adams）がいる。ペンブロークが現代の姿になったのは1870年代からで，自然科学，法学，歴史学などが加わり，新しいホール（食堂），

【宿泊1】二人部屋は原則ダブルなので必要ならツインと頼むこと。

図書館，学長宿舎，寮のレッド・ビルディング（Red Building）が，ゴシック・リバイバル（Gothic Revival）の指導者であるアルフレッド・ウォーターハウス（Alfred Waterhouse）によって建築された（費用は貴族夫人のサラ・ロンズデール（Sara Lonsdale）の遺贈による）。入学者も1880年には122人に達した。しかし19世紀中，入学者数に比してフェロー（教員・研究員：fellow）が少ない状態だった（1928年でも12人）。

20世紀に入っても，学問分野によってはカレッジ外から指導者を招かねばならず，1911年には，経済学者ケインズ（John Maynard Keynes）がカレッジの経済学の初代の研究科長（Director of Studies）に就任した。こうした事態は個人の遺贈によって乗り切ることとなった。この頃の有名人としては，1902年に入学した三菱財閥の岩崎小弥太がいる。また1900年には夏目漱石がペンブローク・カレッジを訪問して入学を検討したが，学費が高いために諦めた。2つの大戦間は学生が活躍した時期で，1928年と1929年には他に比類なき10％以上（カレッジ内の比で）の第1級優等卒業（First）者を出し，スポーツも栄えた。また多くのインド赴任者を輩出し，ガンジー（Gandhi）がペンブロークを1931年に訪問している。その他ペンブロークは東洋学や中東に強くなった。大戦間にはまた，ホールの上に2階分の寮が建築され，カレッジ長宿舎も移転して跡地が新たな寮となった。

第2次世界大戦後の20年ほどで，政府による財政支援のもと，カレッジは拡大し，安定的に年間の入学者が110〜120名となった。フェローは1958年の12人から，1970年には50人へと増加している（21世紀に入ると65人となった）。この時期にも基金や寄付により建物（Orchard Building）の新築が行われている。1980年代には，大学院生数が70人から200人近くへと増えている。1983年には女性の学生と教員が認められるようになった。1984年には，ペンブローク出身のテッド・ヒューズ（Ted Hughes）が桂冠詩人となった。学生数の増加で建物が足りず，カレッジ長宿舎を再度移転させ，跡地にまた新しい建物（Foundress Court）が日本大学の支援で1997年に建ち，その中にジムやコンピュータ・ルームや音楽練習用の防音室もできた。この建物のおかげで，1977年からカリフォルニア大学の学生を招いて始まっていた夏期プログラムが拡大し，今では日本大学その他海外の大学の夏期プログラムが行われている。1980年代からtriposでの成績が伸び，90年代には常にカレッジ群でトッ

【宿泊2】 B&Bという英国に特徴的な民宿はぜひ泊まるべき。

プ 3 分の 1 に入っていた。21 世紀に入ると，第 1 位になることもたびたびあった。強い分野は歴史，英文学，古典語，自然科学，数学である。(以上 3.5 はペンブローク・カレッジの HP に公開されている情報その他を参考にまとめた。)

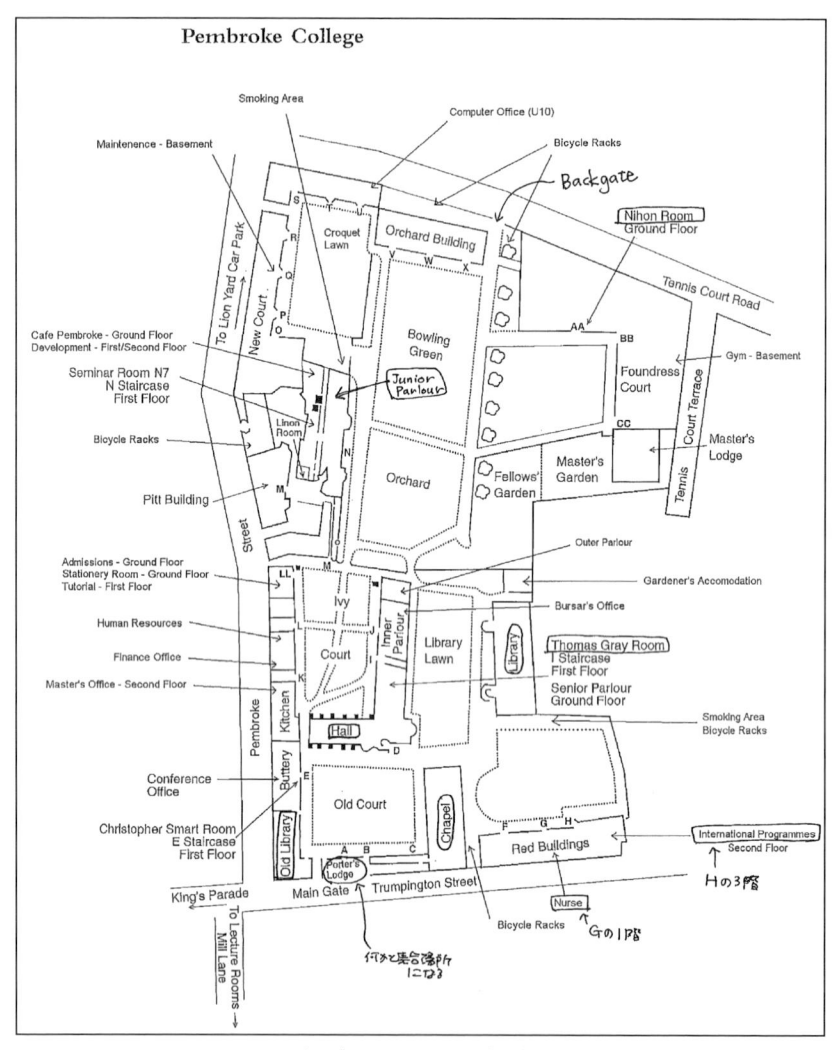

ペンブローク・カレッジの地図

【宿泊 3】予約者名簿に名がなかったら姓と名が逆に登録されているかも。

第 4 章

研修の準備

ケム川にかかる数学橋
(クイーンズ・カレッジの川をはさんだ 2 つの敷地を結ぶ)

本章は事前研修が始まるまでのことを記述する。4.2 をはじめとした記述の多くは記録の意味で極めて詳細なものになっているが，読者層によっては不要な情報とも言えるため，適宜読み飛ばしていただければ幸いである。

4.1 募集内容の策定

研修生を募集するにあたり，6 月頃から申込票の受付を始めるため，募集内容を確定させ，HP に掲載するすべての項目の内容を 5 月までには決める必要がある。HP に掲載している事項の中で，修正するかどうか検討の必要がある項目がある。

募集人員のところに，年毎の研修生数と募集数を明示しているため，前年に募集しその年の夏に現地研修を迎える組についての人数を追加する。現地の受け入れ体制の都合により，2011 年までのしばらくは 25〜35 名の募集人員で固定されていたが，2012 年組からは 27〜32 名となった。

費用の欄についても，前年夏に現地研修を迎えた組についての確定額に基づいた概算額を追加する。過去の研修生は，費用の高さが問題に思えない研修であると評価してくれてはいるが，申込者にとってはやはり費用が気になるところである。

これらの他，その年その年で臨時に修正の必要な事項が生じる可能性もあるので，遺漏のないよう，すべての項目について，そのままの記載で問題ないかどうか精査することにしている。

4.2 研修 HP 掲載事項

研修の HP は，新規申込者を対象としたページ群と，参加が決まった研修生を対象にしたページ群との 2 種類に分かれる。それらへのリンクを張ったトップページ (http://www.flc.kyushu-u.ac.jp/~yubun/cambridge.html) があり，これら 2 つのブロックに分けていくつかずつのページへリンクが張られていて，さらに同窓会のページへもリンクがある。また，説明会の日時や場所等の情報も示される。

▶引き続き英国滞在に役立つ情報を紹介します。

第4章　研修の準備

　新規申込者に対するページは,「先輩たちからのメッセージ」「研修概要・費用・全体の流れ」「申込方法・参加条件・参加決定」の3つのページに分かれる。以下4.2.1, 4.2.2, 4.2.3で各記載事項の概略をまとめておく。

4.2.1　先輩たちからのメッセージ

　以下,本書執筆の時点で研修のHPの「先輩たちからのメッセージ」のページに掲載している事項をほぼそのまま記載しておく。まず過去の研修生直々にこの研修への感慨を語ってもらうことが何よりこの研修をわかりやすく物語るであろうと考えて,このページを最初に配置している。

① 2009年夏現地研修の先輩たちから
- KNさん：自分の人生を変えてしまうと言っていいくらいの衝撃と感動があります。今まで考えもしなかった知識や視点を目のあたりにします。僕は今まで関心のなかった芸術に関心を持ち,知識を吸収することができました。そして重要なのは,この経験を英国の名門校ケンブリッジでできるということです。ここの学生は本当にすごいひとたちばかりで,様々な経験がより濃密なものになります。世界にはこのような人たちがいて,将来はこのような人たちとわたりあって行くのかと考えさせられます。せっかく九大に入ったのだから,ぜひこの研修に参加してもらいたいものです。
- KOさん：この研修の費用を高いと思うかもしれません。高いからもっと安い別の研修にしようと思っている方,絶対に後悔します。この研修でしか得られないっていうものを私は得て帰ってきました。ケンブリッジ大学で学ぶという一生にまたとない機会！　一生の仲間もできます。
- KHさん：この研修に参加して後悔することはない。迷っているのなら思い切って参加してみるべきである。
- KKさん：世界が広がった！　自分の専門をもっと磨き海外の大学に進みたいと思った。
- NOさん：3年生以上（現地研修時）の人も思い切って参加してください！　私は他の3年生が就職活動のためにインターンなどをしている時期に参加することを最後まで不安に思っていましたが,インターンよりもこちらを選んでよかったと思えます。忘れられない夏になります。これからの一生でこんな風に海外に滞在する機会はもうないかもしれない,しかもケンブリッジの学生として…大学生活の思い出作りに最後のチャンスです！

【宿泊4】無連絡で遅着すると予約解除の危険性が日本より高い。

- KM さん：暇な夏休みを過ごした諸君，充実した夏休みをケンブリッジで！
- MS さん：大学生活数年分に値する価値ある経験と，今後長くつきあうことになろう仲間を持つことができた。
- TM さん：絶対参加するべきですよ。
- MT さん：例年は3年生の参加が少ないのですが，時間は十分取れます。現地研修時3年生になる方々も参加してください。

② 先輩が出演したラジオから

下記にテキストと MP3 音声があります。（注：福岡の FM ラジオ局 CROSS FM の「モーニング・ビジネス・スクール」のポッドキャストの音声なのだが，2012年4月からは FM 福岡の「スタモニ・ビジネス・スクール」に番組が移行し，過去の音声は保証されていない。）

「学生が語る英国の日々1」（注：リンク先省略）
「学生が語る英国の日々2」（注：リンク先省略）

③ 研修全般

- この研修で得た経験，出会い，想い出は一生の宝です。
- ケンブリッジでの素晴らしい経験の数々が頭を過ぎり，もう1度行ってみたいという思いが溢れ出てくる。
- 帰りのバスの中，私は沢山の恩恵に囲まれて，この英国で，約1ヵ月もの時を過ごしたのかと再認識したと共に，その幸せに嬉し涙が出てきました。
- この夏の英国での語学研修は，それだけでも九大にきた価値があると感じさせるものであった。
- 旅行会社などがうち立てている英語研修とは海外旅行の延長であり，旅行ついでに語学学校に通ってみようか，という程度のものである。しかしこのケンブリッジ大学英語・学術研修は，英語学習はもちろんのこと，英国の文化・風習・人々を知ることもできる数少ない貴重な研修である。
- 行く前は半信半疑だったが，現在僕は「人生で一番いい時間を過ごした。最高だった」と友人に自慢している。
- 毎日が楽しくてたまらなくなり，ほとんどの人がそうであったように，日本へ帰りたくないという衝動にかられた。
- 世界クラスの大学生と対等に付き合い，その生活を体験する機会は，九大以外ではそうそうない。
- この研修の素晴らしさは実際に行った者でなければわからない。料金の高さが全く問題に思えなくなるほどの思いができる。
- 次回行く人たちがうらやましい！

【宿泊5】宿泊サイトで予約の際は宿泊施設にも直接確認すべき。トラブルの実例あり。

第4章　研修の準備

④　仲間について
- 研修で得られた志の高い仲間との1ヵ月は素晴らしかった。一生の友人関係を築くことができた。
- 日本に帰国してからもなお，ケンブリッジでの想い出を共有できる仲間がいるということは，非常に嬉しい。
- 集団で研修することに疑問もあったが，このすばらしい仲間たちに刺激されて，互いを高め合っている実感が胸に響いた。この研修でよかったと納得した。

⑤　ケンブリッジの町並みやケンブリッジ大学について
- 初めて着いたとき，こんなにきれいなキャンパスで学べるのかと思うと楽しくて仕方がなくなりました。
- ケンブリッジの学生は何か違う。有能というのはこういうのを言うのだろう。彼らとの出会いはプライスレスだ。
- よく英会話学校で宣伝している「ケンブリッジにある」英会話学校ではなく，「本物の」ケンブリッジ大学だ。

⑥　研修以後
- 研修仲間とはその後もよく会っている。
- 卒業式も近づき，研修当時の仲間と花見をした。こんなにいい友人関係はない。
- 卒業式の合間に研修の仲間と集合写真を撮った。今でもあの研修ははっきりよい想い出として残っている。
- この研修は自分を変えてくれた。東大の法科大学院に行く仲間もいるし，留学する仲間もいる。みんなすごい。
- 今回の経験は，自分の中に強烈なモティベーションを作り出した。近いうちに必ず海外の大学で勉強しようという確固たる決意をもたせてくれたわけである。
- 自分の能力を最大限にいかすことのできる生き方，妥協のない生き方をしたいです。
- TOEICが帰国後100点以上上がった。

⑦　2010年夏現地研修の方のレポート

　　　　　　　　　ああケンブリッジ　ああケンブリッジ　　SNさん

　1年後期が始まる頃だっただろうか。僕はずっと憧れていた，「英語でコミュニケーションをとっている自分」を実現するために，努力することに決めた。努力するには目標が欲しい。それがこのケンブリッジ大学英語・学術研修だった。十分な準備期間，研修までに培ってきたものを現地で試す，それは僕の望み通りの精神だった。果たしてこれまでの日々の努力なくして，この研修が刺激と思い出と成長であふれる宝物になっただろうか。現地研修期間はもちろんだが，その前段階にあ

【手荷物検査】英国からの出国時，土産の塩が麻薬に間違えられたケースがあった。

るこの事前研修の意義は大きい。僕は今，この留学を実現させてくれたすべての人に感謝すると同時に，事前学習に励んだ自分自身にも感謝しているのである。

　不安と期待とともに英国へ向かったが，期待だけで十分だった。先生たちをはじめ，39人の仲間，PA（プログラム・アシスタント）たちの存在はとてつもなく大きい。僕はただただ好奇心に身を任せ，積極的に行動することに徹することができた（おかげで迷惑をかけてしまうこともあったが）。この留学で，僕は自分自身を変えたかった。発言，行動，考え方，英国生活のあらゆる局面で積極性を最重要課題とした。それは英国生活を最大限活かすことにつながる。さらにそれは，自分自身の成長へと還元される。たとえば，先生やPAたちにくっつく。それにより，英語を聞く機会も話す機会も増える。3週間という短い期間で関係を深めるためには少しでも長い時間一緒にいることだ。単純な発想に従った。授業では，間違いを恐れず積極的に発言する。少人数教室の利点は自分が積極的に参加しなければ得られない。先生たちは授業を工夫して，生徒参加型の授業構成にしていた。活かさなければなんのために来たのか分からない。のめりこんだ。また，PAたちの企画するactivityにできる限り参加する。もちろん，activity自体も素晴らしい思い出だし，刺激的だったが，僕の一番の狙いはその前後の道中である。遠ければ遠いほどいい。PAにくっつけば，必ず話せる，遠ければ，より長い時間。それは僕にとって極上の時間だった。英国にいるからには生の英語に触れていたい。僕は，僕の向上心を恥ずかしさや緊張で止めることだけはすまいと強く決めていた。1歩踏み出せば素晴らしい時間が待っているのだ。とはいえ，やはり僕の拙い英語力では話していて悔しさやもどかしさを感じることは常にあったし，PAから離れて日本語を話していた方が楽であることに違いない，とは思う。しかし，成長途上だからこそ感じる，分かる喜び，伝わる喜び，異なる言語でつながる喜び。不安よりも刺激が何百倍も僕を惹きつけた。そもそも，不安そのものが少なかった気がする。そしてそれはPAたちの人柄のおかげであることは疑いようがない。僕と話しているときPAたちはさぞ疲れたことだろう。スラスラと喋ることができないし，PAたちが話していることが理解できないこともしょっちゅうなのだ。それでも，Jonnyはゆっくり話してくれる。Frankieは励まして待ってくれる。Katieは笑ってくれる。僕がなんとかコミュニケーションをとることができたのは，もちろん自分自身の事前学習と，そしてなんといっても，彼らの優しさのおかげなのである。彼らの優しさに僕は思いっきり甘えさせてもらった。

　美しい自然の中で過ごした3週間を僕は忘れることができない。ケンブリッジは本当に美しかった。朝。大木から大きく広がった葉っぱは晴れの日には程よく日光を注ぎ，木漏れ日がキラキラと輝いて僕を幸せな気分にさせ，雨の日には，傘と

【液体】空港の手荷物検査で没収された液体は別送され日本で受取可（有料）。

第4章　研修の準備

なってくれた。時々落ちてくる大粒のしずくさえも，幸せにしてくれた。片道20分の道のり。無機質な道を歩くのとはわけが違う。木々たちが左右に立ち並ぶあの道が，実は僕の一番好きな風景なのである。1日の始まり。今日の授業，activityのことを考えると心が躍った。1日の終わり。PAと話しながら帰る日も多かった。オレンジ色の灯りに照らされた僕の表情は誰から見ても幸せそうだっただろう。あの道は毎日僕に，「いってらっしゃい」「おかえり」と語りかけてくれるのだった。キラキラと輝く1日1日。永遠に続いて欲しい。その想いは研修が終わりに近づくにつれどんどん膨れ上がり，farewell dinner と最終日でとうとう抑えることができなくなってしまったのだった。

　全力で駆け抜けた3週間。自分を奮い立たせた。朝から晩まで。寮に帰ったとたんに1日の疲れがどっと押し寄せてぐっすり眠れた。僕はもともと明るいキャラで積極的だと周りに思われているようだがそういうわけではない。いつも，勇気をだして，一線を超えることでそこにたどりつけるのだ。ただ，「心に壁が浮かび上がったときは，必ず打ち破る」という僕の決意が行動させたのだと思う。それに対する周りの評価がそうであるならば，僕は目標を達成できたのではないか。僕自身はケンブリッジでの僕の行動にとても満足している。

　この研修は僕の今までの人生の中で最大の思い出となった。2年前期の英語の授業のなかで，「人生で一番の思い出」というテーマでスピーチをしたことがあった。そのとき，僕はどれが一番の思い出なのだろうと，なかなか決められず，今もあのとき僕が何の話をしたのか覚えていない。しかし今，もし同じテーマでスピーチをするなら僕は労せず書き上げることができる。「大学2年の夏，鈴木先生が率いて，39人の仲間と，ケンブリッジ大学で過ごした3週間」，少し長いがこれがタイトルである。

　半年以上前から，追い続けてきた一大イベントが終わった。この研修は最大の思い出であるが，思い出で終わらせるつもりはない。1ステップである。しかし，大きな大きな1ステップであることには違いない。幸い，僕はここで燃え尽きることなくこれからも走り続けることができそうだ。この3週間で，僕はさらに英語の魅力に取り憑かれてしまった。もっと理解したい！　もっと伝えたい！　もっと話したい！　研修中に感じた喜び，楽しさ，悔しさ，もどかしさ，悲しみ，すべての刺激が僕のこれからに活きてくる。そして僕はそれを活かすべく，ただただ行動すればいいのです。（注：SNさんは研修生の中でもかなり低い英語力から始めて，努力を重ね，研修をものにし，さらに米国への交換留学にトライし，見事栄冠を勝ち取った。九大図書館で毎日勉強している姿を後輩の研修生が目撃している。）

【朝食】宿泊施設で朝食は8時半からというところが多い。一番にやってくるのは日本人。

4.2.2　研修概要・費用・全体の流れ
① 研修生の英語力

　九州大学の英語授業で良好な成績をおさめられる者のレベルを前提とします。近年は確かに研修生の TOEFL-ITP（6月に全1年生に対して実施）でのレベルも上がってきていますが，最も重要なのは英語をモノにするのだという動機の強さです。語学の授業ではレベルも勘案したクラス分けがありますので，書類審査の申込みの段階からあまり遠慮する必要はありません。もちろん英語が全く口をついて出てこないといったことでは困るのですが，あくまで合否は集まってきた申込者の陣容次第です。

② 現地研修の内容（あくまで過去にならっての予測）
1) 授業

　ケンブリッジ大学の施設を利用して実施されます。下記3つは同等の時間数で行われます。

・学術英語運用訓練科目

　日常英会話ではなく，学術推進のためのものです。過去の例では，法廷劇，レポートの書き方，英語でのビデオ制作，街中でのインタビューをもとにしたグラフを使ってのプレゼンテーションなどです。2～3クラスに分かれるので10～16名程度になります。

・文化英語科目

　文化や歴史や文学を学ぶ英語科目です。過去の例では，詩作，演劇鑑賞のてほどき，日英文化比較などです。2～3クラスに分かれるので10～16名程度になります。

・学術専門科目

　複数（通例3つですが参加人数によって開講体制が異なります）のクラスから選択。学生アシスタント（PA：プログラム・アシスタントと言います）による補助セッションがあればそれも含む。2012年夏の場合は，「ケンブリッジにおける芸術と建築」「18世紀以降の近代英国の社会と歴史」「ケンブリッジにおける科学」の3つでした。これがなかなか骨のある授業です。

2) 夜はどうなるの？

　平日は原則として市内にいていただきます。夜はジュニア・パーラーというたまり場があり，隣には20～23時営業の学生用パブがあります。学内に酒場があるのですよ！　ぜひここで将来のこと，人生のことを語り合ってください。また，日本の他の大学から来ている学生さんたちとの交流のチャンスでもあります。

【昼食】正午より前に開くレストランは滅多にない。

第4章　研修の準備

3) 週末はどうなるの？

週末は自由行動です。学内にいてもよいし，市外への旅行も可です。事前研修では週末を旅行に充てることを前提に，準備指導も行います。準備期間が長いため，同行者同士で十分計画を練り，有利な宿泊施設を予約したり，列車の予約が早くからできたりします。事前研修の長い本研修の1つの利点です。

4) 課外行事

全員参加の行事です。

- 市内ツアー：導入セッションの一環としてウォーキング・ツアーが開催されます。
- 晩餐会（フォーマル・ホール）：3回正装で臨むディナー。ハリー・ポッター（Harry Potter）の世界。
- 果樹園ツアー：世話教員主催の，田舎道のハイキングと果樹園でのランチ・ツアー。

5) 任意参加課外行事

昼夜に自由参加の形で企画される行事があります。過去の例を挙げておきます。有料の場合があります。

- スポーツ：カレッジの敷地内でのクリケットやグラウンドでのサッカー等。
- パンティング：有名な舟遊び。諸カレッジの合間を抜けケム川を行きます。爽快です。
- 観劇：夏は野外のシェークスピア劇もありますし，屋内劇場もあります。
- 音楽会：ミニコンサートが随所であります。特にクラシックが多いです。
- パブ：本場英国のビールを本物のパブでどうぞ。市内に50軒ほどのパブがあります。
- 食事会：英国魚料理，麺屋，中華，タイ，ベトナム，和食など様々なお店があります。
- 小旅行等：現地スタッフの引率で，隣町のイーリー（Ely）までサイクリングしたグループあり。

6) スケジュールの例

参考までに，2012年の暦で例年並みのスケジュールを挙げておきます。これはあくまで公式行事だけなので，この他に補習やレクリエーションが空き時間に多数入ります。これらは九大グループ用プログラムです。日本大学，早稲田大学，明治大学，同志社大学，カリフォルニア大学，北京大学が，ペンブロークの統括のもとに研修しています。この他同様の英語中心の研修は，ケンブリッジでは他にダウニングカレッジでの慶應義塾大学などがあるようです。国立では唯一のケンブリッジ

【夕食】レストランは午後6時ならすいている。8時くらいからが混む。

大学での研修ではないだろうかと思います（他にあったらごめんなさい）。
　8月19日　福岡出発　成田前泊
　8月20日　出国　ケンブリッジ到着　現地説明会
　8月21日　授業準備・導入セッション，大学案内，集合写真，歓迎晩餐会
　8月22日　図書館説明，授業
　8月23〜24日　授業
　8月25〜26日　週末任意旅行
　8月27〜30日　授業（どこかで晩餐会）
　8月31日〜9月2日　週末任意旅行
　9月3〜7日　授業
　9月8日　週末任意旅行
　9月9日　果樹園ツアー
　9月10日　試験，修了式，お別れ晩餐会
　9月11日　出発
　9月12日　帰国

③　事前研修
- **12月学習連絡会**：合格決定直後の会合。学習や各種準備の案内，現地週末旅行の準備。
- **4月学習連絡会**：個人学習と旅行手配がかなり進んだ段階での学習会合。
- **6月学習連絡会**：出発が近づき，学習の成果を発揮する学習会合。
- **8月学習連絡会**：出発直前となり，現地研修準備を中心とした学習会合。
- **英国に関する調査発表**：文化・歴史・社会の諸側面について分担し調査研究して発表。
- **英国史の学習**：簡単な英文で作成された通史を勉強する予定。
- **英語学習進捗表による英語学習**：申告した計画により，世話教員の監督下で自己学習。
- **英単語テスティング**：毎回学習連絡会で，語彙力レベルを測定。
- **現地研修週末旅行の準備**：広く英国を見聞する週末旅行をグループで企画手配。
- **英国地誌の学習**：旅行の準備にもなるので英国各地を案内。
- **テーブル・マナーの講習**：現地で正式の晩餐会に臨むので多少こういう分野も勉強。
- **ケンブリッジの準備**：地図や情報をもとに研修先のケンブリッジについて学ぶ。
- **前年の研修生の講話**：学習連絡会で企画する。質疑の時間もとる。
- **懇親会**：研修生が自発的に企画することが多い。

【二言語併記】ウェールズでは看板に英語・ウェールズ語の併記が多い。

第4章　研修の準備

- **グループ学習会**：これも自発的にされている例あり。
- **同窓会**：過去の研修生が集う同窓会が発足している。
- **事後イベント**：現地研修で御世話になった先生を囲み帰国後イベントをすることあり。

④　写真集

ぜひ「写真」をクリックしてごらんください（注：本書ではリンクは省略）。

ペンブローク・カレッジの建物／ペンブローク・カレッジの食堂／ペンブローク・カレッジ所有の宿舎／授業風景／フォーマル・ホールの後／パブにて／ペンブローク・カレッジの音楽室／ケム川でのパンティング（舟遊び）／修了式

⑤　研修の心

ケンブリッジ大学（ペンブローク・カレッジ）での英語・学術研修は，廣田稔九州大学名誉教授の尽力で1996年から可能になった，大変貴重な機会です。ペンブローク・カレッジは1347年創立の，ケンブリッジ大学に31あるカレッジの中でも3番目に古いカレッジで，2002年，2006年，2007年の定期試験結果では，成績の平均値でトップになりました。従って，学問的にもペンブローク・カレッジは世界のトップのケンブリッジ大学の中でもトップクラスを誇っていると言えます。過去の研修生は学問に目覚め，九州大学の交換留学・進学・留学・中央官庁や有名大企業への就職など，たくましく人生を歩んでいます。現地研修部分は研修生によって人生最高の充実した1ヵ月（実際は3週間）であると評価されており，毎年ケンブリッジを去りがたく思う学生さんばかりです。研修末には，学生さんたちが自発的に練習を積んで英語の歌を歌うなど，素晴らしいものになった研修の最後をものすごい集中力と感動で飾っています。もし選ばれたら，他の応募者が涙を飲むなか選ばれることになるのですから，事前指導の段階から，ぜひしっかりと研鑽を積んで下さい。

この研修は遊びではありません。世話教員は手弁当で御世話にあたりますので，英語を何とかしたい，自分の人生を見つめ直したいと，志を高く掲げた学生さんたちが，事前研修のうちから研鑽を積んで成長し，貴重な仲間を得る大事業としたいと考えております。そうでなければ企画に値しません。かなり準備期間は忙しくなります。お楽しみ旅行とは全く違います。打ち込む覚悟のない方が気楽に申し込むのは歓迎しません。

⑥　ケンブリッジ大学とは

1)　ケンブリッジ大学ペンブローク・カレッジの歴史

研修が行われるケンブリッジ大学ペンブローク・カレッジは，1347年，ペンブローク伯爵夫人によって設立されました。爾来ペンブローク・カレッジが輩出した

【スーパー1】日本より自動精算システムが普及している。筆者は仲々慣れず呆れられている。

優れた人材は，枚挙に暇がありません。15世紀前半には，ペンブロークの3人のフェロー（教員・研究員：fellow）が，ヘンリー6世の顧問官に任じられました。国王は，これらの顧問官の勧告を容れて，ペンブロークの著名な隣人ともいうべきキングズ・カレッジ（BBCのクリスマス・コンサート中継があるところ）を創立しました。16世紀にはペンブローク・カレッジの長であったリチャード・フォックスが，オックスフォード大学コーパス・クリスティ・カレッジを創立しています。またペンブロークは多くの詩人を迎え入れており，中でも16世紀のエドマンド・スペンサーと18世紀のトマス・グレイは名高いです。英国史上最年少で首相となったウィリアム・ピット（小ピット）も，グレイと同時期にペンブロークに在籍しました。1911年には，経済学者ケインズがカレッジの初代経済学研究科長に就任しました。1985年には，ペンブローク出身のテッド・ヒューズが桂冠詩人（poet laureate）となりました。ペンブロークは特に東洋学に傑出しており，19世紀末以降中東やアジアと関係の深い人材を数多く輩出しています。

ペンブロークのフェローの専攻分野は，工学，物理学，化学，数学，動物学などの自然科学から，法学，経済学，文学，人類学，歴史学などの人文科学まで多岐に及んでいます。最近のカレッジ受入学部学生数は，年110〜120で推移しています。大学院生受入数は，1980年代に年70から140に倍増して現在に至っています。ペンブロークはまた，1977年より，アメリカ合衆国カリフォルニア大学との提携により休暇研修プログラムを開始しました。現在，日本他複数の海外の大学より研修生を受け入れています。日本からは例年日本大学，早稲田大学，成蹊大学，同志社大学，明治大学等が参加していますが，国立大学でこのような研修をケンブリッジ大学で行っている例は九州大学だけではないかと思います（他にあったらごめんなさい）。

2) ケンブリッジ大学の組織

ケンブリッジ大学は，昼間専門の授業を行う学部と，各分野の教員学生が集まって個人指導や寮生活を行うカレッジとに大きく分かれます。教員も学生も，学部とカレッジの二重戸籍になります。同じ分野の教員や学生でも，別々のカレッジに属していることもあれば，同じカレッジの教員・学生でも，分野に応じて別の学部に所属しています。ペンブロークはカレッジの1つです。

⑦ ラジオ番組で語った説明

http://bbiq-bs.jp/archives/ にアクセスし，下記をごらんください。テキストとMP3音声があります（注：音声は保証されていない）。各7分程度です。
- ケンブリッジ大学での英語研修(1)〜(6)
- 経営としてのケンブリッジ大学英語研修(1)〜(2)

【スーパー2】レジが複数あっても列は一列というところも多い。

- 学生が語る英国の日々(1)〜(2)
⑧　この研修は他の研修とどこが違うのか
1)　とにかくケンブリッジ大学で学べること

　九大生の実力をもってしても，ペンブローク・カレッジクラスのところに個人の力で学部や大学院の正規学生となることはなかなか難しいです。夏期講座とはいえ，ケンブリッジ大学側が直接運営するプログラム（よくある外国語学校が大学の教室を借りているだけというものとは全く異なり，正真正銘，ケンブリッジ大学によるものと言えます）に参加し，正規学生と同じ寮に泊まり，ケンブリッジ大学に関係の深い教員に教えを受け，ケンブリッジ大学側からの正式な修了証をもらうことができる機会はまたとありません。

2)　極めて手厚い現地の受入体制であること

　英国式の晩餐会（まさに「ハリー・ポッター」！），芝生上や優雅な建物内でのドリンク・レセプション，九大グループ専属の現地学生プログラム・アシスタント，寮の個室（1人部屋か2人部屋）に宿泊，頻繁なオプション行事の提供（一部有料）など，充実した時間が提供されます。学内にパブもあります。

3)　事前研修を手厚く行うこと

　前年11月より，英語学習や英国文化，週末旅行（個人やグループで自由に）に関する指導を世話教員が実施します。この研修は九大の公式行事ではないので，この事前研修は世話教員の手弁当によるものです。計4回にわたる学習連絡会の他，電子メール等で随時指導します（例えば2010年夏の研修生には，12月から8月までで100通を超える指導連絡を行いました）。

4)　九大生用プログラムで切磋琢磨し思い出を共有する一生の友人関係を構築できること

　周囲が知らない人ばかりで日本語を話せる人もいないという環境が，最も端的な英語の訓練にはいいのですが，この研修では数十名の九大グループの研修生が一丸となって9ヵ月にわたり研修の準備から帰国まで行動をともにします。まさに同じ釜の飯を食うということです。この充実感をすべて共にした仲間がいる，志の高い仲間と互いを高め合う，そのことに幸せを感じることもこの研修の何より大きな特長だと思っています。現に事前研修中に研修生が任意参加の懇親会や打合せなどをよく行っていますし，事後も同窓会（過去の研修生を束ねた全体の同窓会もあります）や卒業記念花見等の企画がやめられないでいるようで，世話教員もよく招待を受けます。最近では現地研修後もずっとBBSやフェイスブック等で交流を続けているようです。

【盗難1】保険金請求には現地警察でpolice reportの発行を受ける必要がある。

5) 過去の研修生の素晴らしい進路

　過去の研修生の中には雄々しく巣立って行った方々が多数いらっしゃいます。例を御紹介しておきましょう（毎年3～6名留学します）。
- MIT（マサチューセッツ工科大学）の博士後期課程へ自力で進学
- 米国エール大学の博士後期課程に自力で受かった
- 九大の交換留学で英国ブリストル大学へ1年間留学
- 英国ニューカッスル・アポン・タイン大学の博士課程へ留学
- 九大の交換留学で英国ニューカッスル・アポン・タイン大学へ1年間留学
- 九大の交換留学でオーストラリアのクイーンズランド大学へ1年間留学
- 九大の交換留学で英国グラスゴー大学へ1年間留学
- 九大の交換留学で米国ライス大学へ1年間留学
- 九大の交換留学でシンガポールの大学へ留学
- 九大の交換留学で香港の中文大学へ留学
- 九大の交換留学で米国ワシントン大学へ留学
- 九大の交換留学でアイスランド大学へ留学
- オックスフォード大学の英語プログラムを受けた
- 経済産業省のキャリア組になった
- 東大のロー・スクールへ進学した
- 東大の理系大学院へ進学した

6) 英国の魅力

　英国人は、知らない通りすがりの人にも住人が挨拶したり、道を譲ってもらうと挨拶するなど、日本人と相性のいい国民性を持った、落ち着いた、足るを知る人々だと思います。英国はまた、ガーデニングや重厚な建築など、私たちが憧れる要素をふんだんに持っています。湖水地方、コッツウォルズ、スコットランドなど、観光的にも一流で、あちこち歩いた世話教員から見ても大変魅力的です。また、夏は12～25℃と快適です。

7) ケンブリッジの魅力

　ケンブリッジは、住むところとしては英国随一という評価もある街で、ここに住めるなら何と幸せだろうと思います。大学は街の真ん中にあり、街の中心に堂々と大きな公園やボート遊びの出来る川が流れ、観光客の絶えない美しい大学街が続いています。こんな環境ならいくらでも勉強できると学生さんたちも言っています。世話教員もヨーロッパの美しい街を数々知っていますが、それらは観光客として訪れるところであり、ケンブリッジの落ち着いたたたずまいは「住んでみたい」という思いをことさら強くさせる街です。九大グループの寮は、そのケンブリッジ

【盗難2】日本人の届け出が多いようで警官は面倒臭がるようだ。

の中の大邸宅が並ぶ高級住宅街にあります。

⑨　研修スケジュールと研修参加者の制限

　20XX年度は8月XX日出発，9月XX日帰国です。20XX年度もあまり変わらないであろうと思われますが1～3日程度のずれはあり得ます。なお，下記の点を参考にしてくださいますようお願い致します。

1. 学部や学科や学年によっては，受講を強く勧められるかもしくは必修の集中授業や試験が夏に入る可能性があります。また看護学科等での実習にも気をつけてください。事前に学生係等で例年の様子を参考にうかがっておくとよいです。出席する必要があるとわかった場合は即刻辞退していただくことになります。
2. 4年生夏に現地研修を迎え，卒業後就職の場合，就職活動でいつ呼び出されるかわからないので遠慮していただきます。
3. 4年生夏に現地研修を迎え，進学予定の場合，学府等の受験に支障がある場合は遠慮していただきます。
4. 大学院生になっての現地研修となっても構いませんが，万一九大の院試に落ちた場合は必ず相談してください。正規の学籍を失うと現地から拒否される場合があり，最悪の場合はキャンセル料のリスクを背負いながら抜けていただく場合があります。
5. 合格後の冬休みand/or春休みに長期合宿や海外研修等の予定がある方で，こちらの英語・学術研修の事前勉強が難しいと予想される場合は遠慮してください。
6. 正規九大生以外の方々が少数加わることがあります。

⑩　宿泊等

　ペンブローク・カレッジの寮の個室（1～2人部屋）に宿泊します。2人部屋なら1人部屋より2万円程度安くなります。食事は定額カード（2012年で250ポンド）により平日の3食が提供されます。週末に食堂が開いている時も使えます。

⑪　安全対策

　現地研修には世話教員が同行しますが，九州大学や言語文化研究院の公式行事ではなく，世話教員が個人的に企画・運営・手配する行事ですので，提供する研修内容を了解し，あくまで申込者と御家族の共同責任において申込み，個人的に参加していただくことになりますから，重々御承知おきください。個人旅行がたまたま同一行程になっているというように理解していただければ助かります。

　安全対策としては，各人に海外旅行保険に入っていただきますし，現地大学側も研修生に対する賠償責任保険に加入しています。事前指導の中で，パスポートの管理等，安全を期すために必要な事項の指導もします。航空機も安い乗り継ぎ便等

【日曜】店の短縮営業や列車の運休が多い。

ではなく，日本の航空会社の直行便を利用します。現地には看護師の待機時間の設定もあり，緊急時はケンブリッジ大学附属病院の御世話になることもできます（たとえ海外旅行保険でカバーできても一時立て替えは必要）。寮はすべて独立した個室（1人部屋もしくは2人部屋）で鍵も当然かかります。

　世話教員は同行しますが，九州大学や言語文化研究院の公式行事ではなく，平日も付きっきりというわけではなくて，週末は各人それぞれの自由な小旅行に出る場合が多いです。世話教員の滞在には研修の世話以外の目的もありますので，できるかぎりのことはいたしますが，責任体制は基本的に1人でよその海外研修ツアーに申し込んだ場合と同じことだとお考え下さい。また，2007年の麻疹（はしか）の騒ぎでは休講による繰り下げによって定期試験期間が出発日にかかるようになったらどうしたものかという心配もしましたが，この種の不可抗力的事態では，研修者側が身の処し方を判断せざるを得ず，世話教員が損失に対して補償措置を講じたりすることはできません。従って，万が一，交通事故や盗難・傷害，交通機関のストライキ，九州大学での定期試験期間の繰り下げ等の不可抗力的事故や世話人に責のない病気が仮に発生したような場合，大変勝手ではありますが，世話教員個人は申すまでもなく，九州大学及び九州大学言語文化研究院は，その事故に伴う責任は一切取ることができません。このような条件のもとでない限り，このようなプログラムを世話教員個人が自発的に運営して，今後とも学生さんに喜びを提供し続けることはできないと考えております。御家族の皆様方にはその点，御賢察・御理解下さいますようお願い申し上げる次第です。恐れ入りますが，応募書類の一部として，誓約書に御署名，御捺印下さいますようお願い申し上げます。なお，2005年7月にロンドンでテロがありましたが，2005年夏の研修は予定どおり実施しました。辞退者はゼロでした。ケンブリッジは治安が比較的よく，ロンドンも国際線利用の時に郊外の空港を利用するだけで，貸切バスによって空港とケンブリッジを往復し，その際にはロンドン中心部を経由しません。また，2009年にはさすがにインフルエンザの影響もありましたが，現地の対応体制は立派なものでした。

⑫　**募集人員**

　過去の研修生は以下のようになっています。
　第01回 1996年　15名　募集定員約10名
　第02回 1997年　36名　募集定員約30名
　第03回 1998年　52名　募集定員約50名
　第04回 1999年　52名　募集定員約50名（この回から世話教員鈴木が参加）
　第05回 2000年　51名　募集定員約50名
　第06回 2001年　53名　募集定員約50名

【チップ】米国ほど厳格ではない。タクシーでは必要。

第4章　研修の準備

第 07 回 2002 年　53 名　募集定員約 50 名
第 08 回 2003 年　50 名　募集定員約 50 名
第 09 回 2004 年　44 名　募集定員約 50 名（鈴木でなく同僚志水助教授が代行）
第 10 回 2005 年　35 名　募集定員約 30 名
第 11 回 2006 年　29 名　募集定員約 30 名
第 12 回 2007 年　34 名　募集定員 25-35 名
第 13 回 2008 年　34 名　募集定員 25-35 名
第 14 回 2009 年　24 名　募集定員 25-35 名
第 15 回 2010 年　40 名　募集定員 25-35 名（同僚志水准教授も同行）
第 16 回 2011 年　30 名　募集定員 25-35 名
第 17 回 2012 年　30 名　募集定員 28-33 名（同僚志水准教授も同行）

⑬　九州大学の他の英語研修について

　不況が厳しく，申込をためらう人々に何度聞いても，内容はよいが費用が出ないということがネックです。他の類似の研修が増え，そちらに行く人も多いようです（例えば九大は 2005 年春にアメリカで英語研修をさせるプログラムをはじめました。年によって理工系，経済系，医療系や農学系などとなっています）。

⑭　費用

　徴収する参加費用は為替レートにより不安定です。参考までに 2002 年実績は 66 万円，2003 年は 67 万円台，2004 年は 68.5 万円，2005 年は 67.6 万円，2006 年は 69 万円，2007 年度は史上希に見るポンド暴騰で例外的に 77 万円，2008 年度は 72 万円，2009 年度は 61 万円強，2010 年は 2 人部屋では 55.5 万円，2011 年の場合は 1 人部屋で 60.1 万円，2 人部屋で 59.0 万円（ただし日本学生支援機構のショートビジット・プログラムに採択され，九州大学の学生 1 人当たり 8 万円の補助が支給されました），2012 年度は 2 人部屋で 60.5 万円，1 人部屋では 62.5 万円でした。金額は為替レートなどの事情により左右されるので御承知ください。そうした変動はカバーできる必要があります。参加費用に含まれるものは下記のとおりです。

1)　ペンブローク・カレッジに払い込む料金

　（授業料＋宿泊費＋食費＋プログラム・アシスタント雇用（日常生活やイベントの世話をしてくれる九州大学グループ専属のケンブリッジ大学学生約 3 名のこと））＝ 2011 年で 2,300 ポンド前後。これらは，次のものも含みます。

・**食事代**：食堂用定額カード，到着日夜軽食，3 回の晩餐会，ドリンク・レセプション
・**施設使用料**：個室，コンピュータ室，図書館，ジム，控室
・**貸切バス代**：（ロンドン・ヒースロー空港↔ケンブリッジ）2012 年に全員で 840

【バス1】地方では手で合図しないとバス停で待っていても通過されてしまう。

ポンド
- *バスツアー*：残念ながら料金抑制のため，2005年度からは中止になりました。
  1998年度：カンタベリー大聖堂，リーズ城
  1999年度：オックスフォード，ストラトフォード・アポン・エイボン
  2000年度：サフォーク地方各地
  2001年度：チャッツワース・ハウス
  2002年度：スタンフォード
  2003年度：ノーフォーク地方：ライジング城，ホルクハム・ホール
  2004年度：ロンドンのグローブ座で観劇

2) 英国渡航費関係

2012年で1人約30万円弱（最近の原油高で運賃加算分が効いています）（航空券，燃油サーチャージ，成田空港利用料，ロンドン・ヒースロー空港利用料，成田前泊ホテル代）

3) 諸雑費

2005年度までは全額いただいていましたが，世話教員がかなりの部分を負担しています（事務用品代，事前学習冊子制作費，チラシ製作費等）。

4) それ以外の費用

上記以外に海外旅行保険代（各自の任意のもの，1万円強）と，日本国内移動中の食事（2000円程度）の費用だけあれば，よほどのことがない限り，とりあえず無事に帰って来られます。この他実際に人によって随意的にかかりそうなものは以下のとおりです。
週末自由旅行の代金／外食した場合の食費／個人的な土産／集合写真（購入は任意，かなり高いが立派な記念である）／オプションで設定される各種イベントの費用／国際線搭乗時に荷物の超過料金を支払わされる場合あり

5) この研修は高いか

ペンブローク・カレッジに支払う料金は確かに絶対額としては安くないです。しかし，手厚い受け入れ体制と大学の格，この企画自体の歴史の重みを考えれば見合ったものと言えます。過去の研修生も享受した喜びはお金の問題ではなかった（プライスレス）と言ってくれています。

また，九州大学で前期試験が夏休み前に実施され，世話教員も後期の科目の準備委員であるために早めに帰国する必要があり，学部によっては9月中下旬に試験があるので，8月中下旬という最繁忙期に航空機を利用せざるを得ません。そもそも8月中下旬発は一般団体が受け入れられにくいところを，旅行会社を通じて，多数の航空券を2月頃に確保してもらった上，高級なホテルの前泊もつき，我々と同

【バス2】車内で次のバス停名のアナウンスはない。

第4章　研修の準備

　一行程で個人が狭い枠の中で購入できる安い正規事前割引往復料金として発表されている金額にホテルを加えると，私たちと大して金額は変わりません。私たちの27〜28万円前後は決して高くありません。よくディスカウント・チケットでいくらでも安いのがあるはずだからもっとぐっと安くできないのはおかしいという問合せがありますが，それは個人の話であって，超繁忙期の8月中下旬発の団体を2月頃に「確保保証」し，1人当たり往復税等込みで私たちの金額を切る形で個人用ディスカウント・チケットをまとめて用意してくれるという業者が他にあるならば御教示願いたいほどです。因みに個人の正規事前割引往復料金はキャンセル料もかかり，人数が揺れ動く我々のような団体では実際問題として使えません。以前は大手旅行業者から6月になっても確保の確定がもらえず，オランダ1泊のパターンを代替に提案されたりなど，胃の痛む思いを繰り返しました。とにかく数万円を節約しようとするよりも，席が足らないなどという事態を避けるのが最優先と考えます。これも以前に航空会社への働きかけにより実現した道でした。1人で行くディスカウント・チケットとは訳が違うのです。

　全体として高いように見えても，抑制に抑制を重ねた上での数字であることを御理解ください。過去，現地とも様々の節約策の交渉をしましたが，これ以上は無理です。絶対額が高いのは確かで，それに対して御不満があっても，英国で物価が上がり続ける中，残念ながら対処のしようがないのが現実です。授業を削るなどの研修の中核部分の品質を落としたくないものですから仕方がないところです。

　なお，世話教員はとても多額の金額を毎年個人負担することはできないので，現地の滞在費はペンブローク・カレッジの取り計らいにより，招待扱いになっています。航空券・成田前泊については研修生の均等割での御負担をお願いすることがあることを申し添えます。

　また，会計報告もなされます。

⑮　**申込み全体の流れ**

　　主なもののみ記載しています。下記の他，第1回学習連絡会以後現地研修の出発まで，計画に基づいて英語学習を進めます。

- 申込み書類の提出：20XX年6月から10月X日12：30まで
- 後期申込第1次合格者の面接：20XX年10月下旬〜11月中旬
- 参加許可者発表：20XX年11月末までにメールで
- 第1回学習連絡会：20XX年12月X日（土）10：00－終日（スケジュール確保のこと）
- 研修期間の週末自由行動の準備
- 英国に関する課題への取り組み

【番線表示】列車が出発する番線は電光掲示板に発車15分程前に発表される。

- パスポートの取得：（ない場合は取得して）5月にコピーを提出
- 第2回学習連絡会：20XX年4月X日（土）11：00－終日
- 費用払込み：20XX年5月内
- クレジットカード・国際学生証：国際学生証は生協で発行可
- 講義科目選択決定
- 第3回学習連絡会：20XX年6月X日（土）11：00－終日
- 海外旅行保険に加入：航空券扱い業者か生協で加入可
- 第4回学習連絡会：20XX年8月X日（土）11：00－終日
- 20XX年8月X日前後：福岡空港集合，成田前泊，翌日出国現地研修へ
- 20XX年9月X日前後：帰国
- 20XX年9月末日：研修レポートを提出

4.2.3 申込方法・参加条件・参加決定
① 研修の参加条件

　下記諸点を研修生・御家族が承認されることが参加の条件です。書類審査に合格してその後面接に臨まれる時には誓約書をダウンロードし，署名押印の上，面接時に提出してください。最初の書類での申込みの際には要りません。なお，参加回数の制限はありません。過去に複数回行かれた方もいます。

1. 申込時点から現地研修時まで九州大学の学部生か大学院生であること。但し参加が一旦決まっても九大の院試に落ちて現地研修時に浪人中となる場合参加できないことがあります。また九大生以外で少数参加を認めることがあります。
2. 住所電話メアド等の連絡先変更はその都度世話教員に連絡すること。メールで合格発表が届かず合格取消しになることがあります。特に携帯メールでPCからの受信制限やドメイン制限をしているとこちらからの連絡が届きません。
3. 下記の学習連絡会に遅刻早退なく参加すること。
    第1回：20XX年12月X日（土）　10：00-終日
    第2回：20XX年4月X日（土）　11：00-終日
    第3回：20XX年6月X日（土）　11：00-終日
    第4回：20XX年8月X日（土または平日）　11：00-終日
4. 学習連絡会後に世話教員主催の懇親会（上記で「終日」となっているのは懇親会参加を考慮してのことです）が開かれる場合（2回を予定）の費用は，

【列車座席指定】3時間前で締切になる。12週前から予約可。

第4章　研修の準備

振り込みいただく費用全体の中に含まれており，個人的理由で万一欠席する場合は返金を請求すること。
5. 定められた期日までに研修費用を払い込むこと（現在のところ5月上中旬の予定）。
6. 福岡空港集合から福岡空港解散まで行動を共にすること。研修の前後に個人的な海外旅行を組合せることは認めません。但し，事情次第で帰国時成田空港での分流は認めます（事前申告要）。
7. 出発当日は福岡空港に絶対遅刻しないこと。万一福岡空港で乗り遅れた場合航空機か新幹線で宿泊先へ向かうこと。その場合必ず成田の宿泊先に連絡を入れ，到着したら世話教員を訪ねること。
8. 英国滞在中外国へ行かない（北アイルランド等道路や鉄道で渡れない国内島嶼部も遠慮のこと。但しワイト島は可）。
9. 英国滞在中の週末の自由旅行に必要な手配は原則として出国前に自力で行い，現地スタッフに迷惑をかけないこと。
10. 滞在中の世話教員呼びかけの行事（臨時講義，ミーティング，小ツアー等）があればこれに必ず参加すること。
11. 事前研修の諸提出物は期限までに提出すること。帰国後定められた期限までにレポート等を提出すること。
12. 依頼された場合，事務作業の手伝い，研修に関する記事の執筆，会合での後輩への講話等を行うこと。
13. 必ず海外旅行保険に加入すること。特に病気・怪我やその際の搬送の保証は多めにしておくこと。
14. 現地で自動車等の運転はしないこと。
15. 連絡用のメアドで yubun@flc.kyushu-u.ac.jp からの受信ができるようドメイン制限は調整すること（特に携帯）。
16. その他本研修のHPが述べる諸点に従うこと。
17. 出発後帰国便の変更はできない（早期帰国の必要ができたときは最悪片道普通運賃を払う）。
18. 持病は必ず相談すること。英国で万一の対応が保証できない薬剤や器具を要する場合は参加困難。相談なく問題が起きた場合は自己責任とする。
19. 伝染病等による休校措置のために授業や試験が繰り下がり，現地研修と重なった場合（過去に例なし）の不利益に世話教員は責を負わないこと。
20. 世話教員の都合により，事前研修中に現地研修を中止する場合がありうること。

【指定席】自由席車指定席車の区別はなく，予約されると席に札が立つ。

② 研修の申込方法
1) 第1次審査

　メール添付で書類送付（6月X日～8月X日，9月X日～10月X日昼12：30まで）。合否ラインに同点で並んだ場合は，書類受理日が早い方を優先合格とします。

　また，第2次審査に進んだ場合，面接希望日の調整は，書類受理日の早い方々を優先します。さらに，1人部屋2人部屋（2人部屋の方が安い）の希望は，書類受理日の早い方々を優先します。加えて，講義科目の選択で他の条件が同じなら，書類受理日の早い方々を優先します。

　以下3点を世話教員に下記の方法で送付するだけです。スコアカード等の現物をスキャンしpdf化したものをファイルとして送信するのも可です。

- 「ケンブリッジ大学英語・学術研修申込票」1部
cambridgeapplication.doc（注：HPではリンクを張っている）
　1枚に収まるように，Wordで記入する際は字のポイントを下げたり，複数行に渡るときは行間を固定値で短縮（「段落」の「行間」で設定）したりして，枠の大きさはオリジナルのままにキープしてください。第1次審査では写真は不要です。

- ウェブの成績確認画面　（前期までの全科目対象：前期の成績が閲覧できるようになって後9月X日以降追加提出）
　GPA平均値も含めてください。ブラウザの成績通知画面をhtml形式で保存したファイル（InternetExplorerの場合，「ファイル」から「名前をつけて保存」を実施）を，前期の成績が開示されてから追加でお送りください。九大生以外の場合は前期分まで記載した成績証明書を追加で提出してください。

- TOEFLスコアカード
　過去のTOEFL（-ITP）のスコアカードのコピーを提出してください（PDFでも可）。まだない1年生の場合は6月の学内TOEFLのスコアカードが入手され次第追加でお願いします。九大生以外の方はTOEICでも構いません。

- これらを世話教員鈴木右文（yubun@flc.kyushu-u.ac.jp）にメール添付で送付するだけです。スコアカードはできれば現物をスキャンしてPDF化したものがよいのですが，難しい場合はコピーを伊都地区比文言文研究教育棟2階東端215号鈴木右文研究室の状差しに投入するか，819-0395 福岡市西区元岡744 九州大学言語文化研究院鈴木右文宛に郵送してください。
- 締切は20XX年10月XX日昼12：30です。
- 面接の案内があった時点で辞退することも可能ですが，なるべくきちんと決心してから書類をお送りください。

【指定券】オンラインで取れるが，ブリットレール・パス利用時は業者へ依頼することになる。

- 書類審査の合格を連絡する方法はメールになりますので，パソコンからの受信制限などがないようにしておいて下さい。
- 書類は第2次審査のために控えを取っておいてください。

2) 第2次審査

　第1次審査合格者への面接を行います。10月末から11月中旬に実施します。九大生以外の方々には実施しませんが，12月の学習連絡会の前に一度面会の機会を作ります。

- 書類審査に合格された場合は下記誓約書のパスワードとともにメールで連絡致しますので，10月X日から1週間程度週末も含めて毎日チェックを頻繁に御願いします（不合格の方には少し遅れて連絡します）。
- 面接日程を調整致します（10月末から11月中旬に実施します）。
- 面接の際は「申込票」2部（写真必要）と下記「誓約書」1部（御実家とは必要なら往復速達で急いでください。合格を見込んで用意されておいても構いません。これらの書類を携えて世話教員（鈴木右文）の面接を受けていただきます。面接時間は開始時刻から30分は確保しておいてください。）
- 面接内容

　問題なく海外研修に参加する力があるか否か精査します（必要に応じ簡単な英語のやりとりも行います）。まず冒頭で，下記に関するアピールを世話教員に向けて3分程度でプレゼンテーションしてください（日本語）。
専門の勉強内容，進学，就職等進路の希望／英語が好きか，得意か。高校，入試，九大での英語授業での成績や成果はどうか／この研修の対抗馬として比較検討したものは何か。なぜ本研修を選ぶのか／自分を磨く向上心，学術追究型の本格的研修に事前研修も含めて負担に耐え，打ち込む覚悟があるか／資金に無理はないか。合格後経済的に取りやめる不安はどの程度あるか（出資者と十分打ち合わせてきてください）。

- その他面接で確認する点＝選考基準

　面接の申込みが遺漏ない方法で問題なくできているかどうか（面接時の持参書類不備などは論外）／九州大学等における英語他の授業成績（GPAを大いに参考にします）／授業以外に英語学習をしているかどうか／本研修を選ぶ動機と熱意と学力があるかどうか／自分を磨く向上心があるかどうか／自分の考えを明確に伝える力があるかどうか／資金調達に無理がないかどうか（後で辞退というのは他の研修生に迷惑をかけます）／家族等の了承，サポートがあるかどうか／団体生活での協調性があるかどうか／精神的，肉体的に海外生活に耐えられるかどうか／何とか英語を使って口頭で意を通じさせ合うことができるかどうか

【愛称と運賃】列車に愛称はなく，高速列車もローカル列車も同一運賃。

- 「ケンブリッジ大学英語・学術研修申込票」2 部持参

　第1次審査のときと同じものですが，写真と TOEFL（-ITP）成績の明記（1年生も）をお願いします。必要なら書類申込時と内容に多少相違があっても構いませんが，その箇所は下線を引くなど明記してください。

- 誓約書持参

　seiyaku.doc（注：リンクを張ってあるが本書では省略）
印刷して署名捺印し，面接時に御提出ください。本人と国内連絡先の方の両方が必要ですので，用意に時間がかかることがあります。お2人の印章は別のものを使い，国内連絡先の方の分は必ずその方御自身で押印願います。このファイルはパスワードがないと開けません。書類審査合格通知の際にお知らせします。

③　事前学習

　申込みから合格発表までの期間が長い場合，その間に何もしないのはもったいないですので，トップページの帯から「事前学習」のページにアクセスし，掲載事項を参考にして，自己学習して下さい。特に単語を増やすことをお勧めします。12月の第1回学習連絡会以降は，英語学習進捗表を作成して，世話教員のコントロールのもとに学習を進めていっていただくことになります。単語力測定も定期的に実施します。

④　最終合格発表

　面接終了後，世話教員が申込者の書類の内容，過去の授業の成績，TOEFL（-ITP）のスコア。面接の結果，学年等を総合的に判断し，研修生を選定します。研修参加者発表は，選定され次第（遅くとも11月X日までに）メールでお知らせします。不合格者の方々への御連絡は遅れることがあります。万一辞退の必要があるときは直ちに世話教員まで届け出て下さい（メールでなく，電話か直接お会いして）。

4.3　広報活動

　4.2.1の「先輩たちからのメッセージ」にあるような好評価をこの研修が得ていることから，九州大学の学生に対して，それは知らなかったということのないようにと考え，広報活動に力を入れることにしている。広報の方法にはいくつかある。

【往復運賃】列車は往復運賃の割引率が高い（特に休日や日帰りの場合）。

4.3.1 チラシ

2月頃までにチラシの意匠を決め，業者にカラー印刷してもらう。表面にはペンブローク・カレッジの写真と，説明会や申込期限や研修HPについての案内を掲載し，裏面には，4.2.1にあるような，過去の研修生からの好評価の内容をダイジェストにして掲載するのが通例となっている。芸術工学部からの研修生が進んで翌年のチラシのデザインを手掛けてくれたこともある（6ページ参照）。毎年力を入れて製作しており，チラシの製作費用は，世話教員の個人研究費から支出されている。校費を使用するので，配布先一覧を作成して事務に提出することになる。

このチラシは，申込票の受付を開始する前月の5月頃に，1年生全員に配布されることを期して，1年生の英語科目の担当教員に，要請文とともに受講者数分のチラシを託す。偶然世話教員が配布を担当する授業では，研修に関する短いプレゼンテーションを行うが，これが効果のあることはわかっている。2011年組30人のうち6人が世話教員の授業でプレゼンを見た学生であり，このクラスが1学年2,700人中の50人のクラスであることを考えると，高い割合の学生が申込みをしたことになるのである。この他，各学部を担当している事務部の学生系の係にチラシを掲示してもらう。また，世話教員の所属部局である言語文化研究院と1年次の全学教育の本拠がある伊都地区とは別に，箱崎地区に言語文化研究院の分室があり，そこでは2年次生以上を対象に，必修ではない外国語の授業が開講されているが，この分室の事務室にもチラシを置いてもらい，興味を持った学生がピックアップできるようにする。

4.3.2 説明会

長い研修の歴史の中で，研修に興味を抱いた学生を対象に説明会を開催するようになってきている。教室を借り出して，夕方から夜の時間帯にかけて2回程度実施する。会場は低年次教育が行われる地区がよい。それは，研修が学問の世界への誘いという側面を持っていることから，最適な対象は専門課程に進む前の学生であるからである。複数回実施するのは，一度だけでは都合で参加できない学生がいるからでもあり，また，学部学科によっては，曜日によって授業が伊都地区以外で実施されるケースもあるからである。時間は質疑応答も含めて1時間から1時間半程度を見込む。それ以下ではダイジェストに過ぎる

【列車のドア】内側外側とも押しボタンで開けることが多い。

説明になってしまい，それ以上では学生の帰宅時間が遅くなり過ぎてしまう。

詳細は研修の HP に掲載されているわけであるから，細々とした項目について長々と説明する必要はない。参加する学生も，受け取ったチラシを読んで詳細は HP を確認すべきと了解しているものと考えられ，運営している世話教員がどんな人物かを確かめたり，直接に研修の雰囲気を探りに来るといったことが目的であるものと思われる。従って説明会で主眼となるのは，現地研修先のペンブローク・カレッジやケンブリッジの街，あるいは英国の雰囲気を伝えることや，世話教員が何を思って世話にあたっているかを語り，どんな性格の人間であるかを知らせることであろう。世話教員が信頼できる人間かどうかは，申込みの有無を左右する重要な情報である。

そのような研修生側の期待に応えるために，前年の研修生の助力も得ている。世話教員が説明会でプレゼンする内容を補う講話をしてもらい，同年代の学生からの生の話を聞く機会とする。講話の内容は，現地での時間の過ごし方や，事前研修や現地研修に取り組む研修生側の物思いなど，参加学生が直接話してこそ説得力のある事項について語ってもらうことが多い。

また説明会を開催する利点として，申込者数の予測をする材料になるということがある。説明会全体をあわせて，最終合格者の 2 倍程度の聴衆となるのが通例であり，参加人数が，ある程度申込者数を予測する際の材料になる。説明会への参加者が多ければよし，もし少なければ改めて広報活動を検討しなければならないということである。

説明会では，多くの学生が日本人モードなので，挙手して質問をすることを遠慮しがちであり，いったん解散してから個人的に質問してくることが多い。その際に，世話教員の他に同年代の研修生が講話に来ていて，こうした質問を受け付けてくれるということは有用であろう。

4.3.3 口伝

いわゆる口コミもばかにならない。過去の研修生の方々がよき広告塔となっている。過去の研修生の中には九州大学の交換留学に行くことが決まる人もいて，そうした存在が，いずれ交換留学にトライしたいと思っている層の学生さんたちにとってケンブリッジへの刺激になる。さらに，過去の研修生が，所属クラス，所属サークルなどで後輩たちに直接熱くこの研修の良さを語ってもら

【手回しドア】窓から手を出して外のノブでドアを開ける列車もある。

うのことの効果が大きい．同年代の学生から生の言葉で語られて初めて研修に魅力を感じる学生さんも多いことであろう．現に，例えば2011年組の九大からの研修生28名のうち，申込票に過去の研修生の知り合いの名前を挙げている者が8名いる．従って，リクルートの時期になると，2～3年前の研修生にまで後輩等への声掛けをお願いすることになる．

後輩への声掛けの意外な例として，出身高校での講演の機会がある．九州大学に進んだ先輩としての講話を求められての登壇だとは思うが，そうした機会にこの研修について言及する過去の研修生もいるようで，研修の申込票の中のこの研修を知った方法についての欄に，高校で九大に進んだ先輩から講演でこの研修のことを知ったと記入してあることが時折ある．中には高校生の時代からこの研修のHPを読み，「私はこの研修に参加するために九州大学を選んだ」と書く人もいるくらいである．

4.3.4 その他

チラシ，説明会，HP，過去の研修生による声掛けの他に宣伝につながっていることと言えば，それぞれ小さなことではあるが，世話教員が不定期出演しているFM福岡の「Stand Up！ Morning」の中の「スタモニ・ビジネス・スクール」というコーナー（2012年3月まではクロスFMという地元ラジオ局の「morning gate」の中の「BBIQ モーニング・ビジネス・スクール」というコーナー）における特集，世話教員が担当している九州大学の授業における言及などがある．さらにありがたいことに，この研修に関して過去の研修生たちが自発的にツイッター等を設営している．昨今ではこのような方法での浸透も有力であるものと思われる．

このようにして様々な方法で宣伝を行っているのには2つ理由がある．1つには，契約上の最低催行人員を集めることができないと，少ない研修生で最低催行人数分に不足する分の費用を均等負担しなければならなくなり，金銭的負担が増えるからである．また2つ目としては，これだけ研修生に好評な研修なので，宣伝が行き届かないがために，参加を検討する機会もなかったという九大生がいないようにしようと考えているからでもある．現に，高学年になって過去の研修生から初めて話を聞き，もっと早く知っていればと思ったなどという声を時折耳にする（大学院生になって参加する例も過去に数件ある）．

【列車遅延】長距離列車が20分以上遅れる確率は7分の1とか（かなり以前のデータ）．

4.4 募集

募集開始から，最終合格者の選定に至る，約半年弱のプロセスについて詳細を記しておく．

4.4.1 書類による申込み

5月に説明会を行った後，6月から申込みを受け付ける．書類を受け付けるのは10月中旬くらいまでで，HP 上に締切日を明示する．これだけ長期間にわたって受け付けるのには理由がある．まず，世話教員が8月中下旬から9月上中旬にかけて，前年に選抜された研修生たちの現地研修の世話のために渡英していて日本にいない．それに加え，この研修は世話教員個人とペンブローク・カレッジとの契約によるものなので，参加人数が確保できるかどうかについての目処を早めにつけ，足りないときに対策を打つ時間的余裕を持つ必要があるからである．

申込みにあたっての HP 上の説明には，申込みが早い方が有利であるとうたっている．他の基準で合否のボーダーライン上に並んだ場合，申込みが早かった方を優先させるとしている．また，合格者に対しては，現地の寮の部屋のタイプ（1人部屋か2人部屋か）や受講する専門科目を割り当てる際に，他の基準では決まらない場合に，申込みが早かった者を優先させるとしている．そのため，申込期間の比較的早い段階で申込票が集まる．早速6月の受付初日から数件の申込みが電子メールで送られてくる．これは世話教員側にとっていろいろと都合がよい．

申込票がメール添付の形で届くと，世話教員はそれを印刷し，受付の通し番号と受付日を記入する．また，申込票に連絡先メールアドレスとして記入されているメールアドレスに，受領の旨を知らせるメッセージを送信する．そのメッセージで最も重要なのは，まず確認返信を送って欲しいという依頼である．これには2つの意味がある．

1つには，世話教員からのメールが届くことを確かめる目的がある．携帯電話のメールアドレスには，PC からのメールを受け取らない設定にしているもの，送信元についてドメイン制限をかけているものがあるが，その場合でもメールが戻って来ないため（届かなかった旨を記した警告メールも来ない），

【運休】運転士不足のため突然列車が運休などということがある．目が点になる．

確認返信をもらわないと，相手に世話教員からのメールが届いていないのか，それとも届いているが確認返信を怠っているだけなのかが区別できないのである。また，PCメールであっても，時折プロバイダ同士の相性が悪いこともあるので返信確認が必要である。

　もう1つの意味は，世話教員からのメールに対する返信にどれだけの時間を要するのかを見ることである。単純な確認に3日も4日も要するようであれば，メールのチェックの頻度が低いのが原因であるにしろ，見たメールへの対応を長時間放置しているのが原因にしろ，これでは忙しい事前研修を着実にこなすことは難しいため，合否判定において不利になる。

　その他世話教員からのメールに書いてあるのは，まず申込締切日から数日間，メールチェックを毎日数回して欲しいということである。それは，締切後直ちに書類審査となり，面接に進む候補者へ面接日程の打診を行うことになるため，その返信を素早く送信してもらわなくてはならないからである。また，連絡先メールアドレスを携帯以外のものにしている申込者に対しては，チェックの頻度を上げるために連絡先をPCではなく携帯のアドレスに変更するように勧める。最後に，合格を見越して，単語を増やす努力と難度の高めの読解訓練を行うように指示する。これは，研修の申込みによって英語学習の動機が増大したことを活かし，最終合格者が選抜された時点では，ある程度単語と読解の勉強が進んでいることを期待しての指示である。

　申込時に送付が必要な書類は，申込票，TOEFLのスコアカードの写し，大学の成績確認画面の写しの3点である。多くの申込者は申込時に1年生前期の段階であるので，まだ授業の成績は出ていないから，前期の成績がウェブ上で閲覧できるようになる9月に確認画面をhtml形式で保存したものを，本人が希望する方法で後から追加書類として送付してもらう。個人情報に属するので，ハードコピーを研究室状差しに投函してもらってもよいし，郵送にしてもらってもよい。本人が希望すれば電子メールに添付した形での送付でも構わない。また九州大学では，TOEFL-ITPが全1年生を対象に6月に実施され，そのスコアカードは7月中に受験者のもとに届くので，この時点で写しを追加で提出してもらう。これについても送付の方式は成績確認画面の場合と同様である。このようにして，最終的な申込締切である10月中旬には，申込者全員について申込書類が整うことになる。

【タクシー代行】遅延で最終接続列車に乗りかえ損ない，タクシー代行となった例もあり。

なお，この5～10月には，1つ前の年度のグループが，6月と8月の学習連絡会を中心に事前研修を継続し，8～9月に現地研修に出かけ，9月末のレポート提出をもって事業を一応終了するということになる。従って，世話教員にとっては2つのグループについて同時に関わる期間ということになる。

4.4.2　申込票記載事項
①　氏名や学部学科や学生番号等
　当然記入が必要だが，学年については，現地研修時のものを記入するように指示している。ということは，申込時の次の学年ということになるが，毎年実施される事業であり，年毎の研修グループを区別する必要があってこうしている。この事業は申込みから現地研修まで，2年度にまたがるので，同時に2つのグループが存在しており，例えば，この申込みの期間には，1つ前の年のグループが事前研修後半と現地研修を迎える。これらの研修グループには2009年組，2011年組などと名前をつけて区別する。2011年組と言えば，現地研修を迎える年度が2011年度であるグループということになる。

　因みに，2011年組研修生の学部構成は，文学部8名，法学部2名，経済学部3名，医学部医学科2名，薬学部3名，工学部5名，芸術工学部1名，農学部3名，大学院生命システム科学府1名，福岡女学院大学2名の計30名となっていた。教育学部，理学部，医学部保健学科の学生が含まれていないが，それは年ごとの揺れの範囲内であり，全学部から参加という年は稀だが，過去に研修生のなかった学部はない。また，大学院生も過去にのべ数名の参加があり，全員，学部時代に果たせなかった研修参加の夢が諦めきれなかったということだった。なお，福岡女学院大学からの参加は，2011年組から実現しており，世話教員とペンブローク・カレッジとの間の契約の中で認められている。このことは，この研修の創立者である廣田稔九州大学名誉教授が九大を去られた後に福岡女学院大学に奉職されたことがきっかけとなっている。選抜は福岡女学院大学側教員が行うが，全体の合格者の決定の後は，福岡女学院大学からの研修生も，全く九州大学の学生と同様に研修にのぞむこととなっている。

　2011年組の学年構成は，2年生が23名，3年生が5名，4年生が1名，大学院修士課程1年生が1名となっている。2011年組の性別構成は，男性11名，女性19名となっており，九州大学の学部生の男女比である68：32（2009年度

【2列車】同じ番線の両端に別々の列車がいることがある。

入学者）と比べると，圧倒的に女性が多い。その理由はいろいろ考えられるが，本書では九州大学での成績の男女差等のリサーチを行うところまでするつもりはない。これらの傾向は毎年似たり寄ったりである。

② 写真

貼付する欄が設けられているのだが，申込期間に送付してもらう申込票では写真を不要としている。書類審査にパスし，面接に進む際には改めて写真付の申込票を提出してもらう。これには2つ理由がある。1つには，面接時に提出してもらう申込票に写真があれば，面接を含めた総合判定をする場合に，申込票の情報と面接時の印象とを結びつける手掛かりになるわけだが，容姿も個人情報であり，書類審査の段階では不要な情報だということである。もう1つの理由は極めて個人的である。面接できる人数に限界があるため，書類審査の際にある程度絞り込みが必要なのだが，最初から写真が貼付してあると，真剣に申し込んで来る学生の姿を想像してしまい，ふるい落とすのにしのびなくなって，世話教員が苦しい思いをするからである。以前に書類審査のステップがなく，面接だけだった頃は，不合格者に連絡するのも気が重く，中には研究室のドア前に座り込んで，何とかして欲しいと懇願する者もいたくらいである。

③ 研修を知った方法・時期

これは，広報戦略を常に見直すためのデータとなる。やはり英語の授業で配布されたチラシで初めて研修の存在を知ったという学生が多いので（2011年組では30名中16名），チラシには気を遣う。本来は入学時に配布される「外国語のすすめ」という冊子の中にある紹介コーナーで気がついて欲しいのだが，現実にはあまり読まれていないらしい。

④ 過去の研修生の知合いの氏名

これも，過去の研修生にリクルートに動いてもらうことがどれだけの影響力を持つかを調べるためのデータになる。例えば2011年組の30名中8名が過去の研修生の氏名を記載している。うち1名は，出身高校での講話に呼ばれた過去の研修生がこの研修の宣伝をしたことがきっかけだったという。但し，過去の研修生の顔がちらついて，不合格にしにくいという面もある。そのような情実判定はしていないが，不合格にせざるを得ない場合は世話教員も苦しい。

⑤ 学部卒業後の進路志望

英語・「学術」研修であるので，学問を継続するキャリア・パスを志す学生

【分割併結】1本の列車が号車番号により分けられ，行先や発地が違うことがある。

を優先して合格させたい。因みに2011年組30名の中で，文系15名中6名，理系15名中12名が進学希望（1名の現役大学院生を含む）としている。理系で進学希望としていない3名も6年制の学部であるゆえに，研修生のおよそ3分の2が学問希求型の学生と言えよう。1年生の段階での九大全体での進学希望比率のデータを持ち合わせていないが，恐らく平均的な九大生よりは比率が高いのではなかろうか。

⑥　生年月日（西暦）

合格者の年齢構成のバランスをとる他，飲酒できる年齢であるかどうかを確認する意味もある。因みに，現地研修先の英国では，18歳から飲酒が可能であり，研修生の飲酒は法的には問題がない。2011年組の現地研修年度における高校卒業後の年数構成を見た場合は，卒業後2年目が13名，3年目が12名，4年目が3名，5年目が2名となり，学年だけを見た場合に比べて卒業後3年目の比率が高まる。この傾向は毎年似たり寄ったりである。1年生で現地研修に行くことがあり得ないことと考え合わせると，海外英語研修が一般に1年生が主力になることに比べて，比較的年齢層の高い集団を形成しているということが言えるであろう。これは，今後の人生を見据えた上での英語や専門分野の学問の学習計画を立てていく集団としては，好ましいことだと言える。

⑦　国籍

この項目は，日本国籍以外の場合，渡航手続きで注意が必要になる可能性があるため，本人に自分の場合の手続き等に関して早くからリサーチしておくように声をかけるためのものである。2012年組までは日本国籍以外の研修生はまだ出現していない。過去に合格しながら途中でキャンセルせざるを得なくなった者が1名だけいた。いずれにしても，国籍をもって門戸を閉ざすつもりはない。但し2013年組から利用できる予定の，英国入国審査時の日本国パスポート所持者用の fast lane は利用できないことになる。

⑧　所持旅券

所持しているかいないか，所持しているとすれば5年旅券であるか10年旅券であるか，いずれにせよ現地研修での英国入国時点で残存期間が3ヵ月以上あるかどうか，といったことを記載してもらう。この情報は合否に直接関係がないが，パスポートが古くないかどうかを確認する意味がある。

【自転車積み込み】会社や時間帯によって鉄道への持ち込みが可。

第4章　研修の準備

⑨　現住所・加入電話・携帯電話・連絡用メールアドレス

　個人情報であるが，本人と現地研修時の国内連絡先について尋ねる。いずれも申込後の各段階における世話教員側との連絡のために尋ねているのだが，書類審査の段階ではこれらすべての情報が必ずしも必要ではないようにも思われる。ところが実際には，これで助かるケースも少なからずあった。例えば，書類審査の合格通知の際には面接日程の打診をあわせて行うが，回答までに3日程度しか余裕が取れない実情があり，通知を行う際に偶然携帯電話を修理に出していて，携帯電話も携帯アドレスへのメールも通じず，固定電話には加入していなくて，実家に連絡して対処してもらうということがあった（この時期にはメールチェックを毎日行うように伝えているはずだが，このようなことが現実には起きる）。連絡手段はなるべくたくさん記しておいてもらった方が，お互いに行き違いがなくてよい。また，本人の連絡先項目のそれぞれについて，最終合格した場合に研修グループ内だけで使用する連絡用名簿に掲載してよいかどうかをこの欄で尋ねておく。最終合格が決まってから第1回学習連絡会で名簿を配布するまでの間に，確認連絡を全員について取り交わすということでは，かなりの時間がかかるからである（この段階では，事前研修中はなるべく早く返信する必要があるということをわかっていない研修生がかなりいる）。

⑩　TOEFL スコア

　申込み段階では記入の必要がないが，面接に進む際には記入が必要である。スコアカードの写しを提出書類として求めているため，情報が重複するが，書類審査時の便宜のために記入してもらっている。因みに，2011年組のスコア平均は約525であり，最低は477，最高は607となっている。研修の回を重ねるにつれてじりじりと上昇してきており，より高度な事前研修，現地研修ができるようになってきているのは好ましいことである。しかし年によって申込者や合格者のスコアにはばらつきが考えられる上，TOEFL のスコア以外の要素での合否の逆転が大いにありうるので，幅広い層からの応募が期待される。

⑪　授業外の英語学習状況（含英語学校）

　この欄には，大学の正課（2011年度当時の全学教育言語文化基礎科目としての必修英語諸科目）以外に英語の勉強を，どのようにどれだけしているかを知るために記入してもらう。英語力は一朝一夕ではつかず，大学入学以降，国際的に通用する最低限のレベルである TOEIC730 点程度に達するまでに，お

【駅】窓口営業時間外はブリットレール・パスの有効化等がしてもらえない。

よそ1,500時間の英語による活動時間が必要であると言われているくらい，英語の学習時間は途方もなく必要で，正課の英語の授業だけでは学習時間が圧倒的に不足する。そのため，普段から正課以外に英語を学習する機会を自ら作っている申込者こそ選抜されるにふさわしいものと言える。

⑫　将来いつまでにどこまで英語力を？

　この欄には，自らが申込みの時点でどういう目標設定をしているのかを記入してもらう。そもそも自ら設定していた目標かもしれないし，研修の申込みにあたって考えたものかもしれないが，いずれにせよ，その目標とこの研修の目指す内容とが合うかどうかを考慮しなければならない。例えば，日常英会話の力を伸ばしたいということだけが書かれている場合，わざわざ外国へ，しかも学問の牙城たる場所へ高いお金を出して行く必要はないということになる。そういうことは国内の英会話学校に継続的に通うことの方が適切な方法であろう。評価が高いのは，今後の学究生活や将来の職業のために，一定のアカデミックな実用英語能力を本気で開発する必要があるという意気込みが伝わってくる目標設定である。

⑬　高価な本研修をわざわざ選ぶ理由

　この欄も重要である。現地研修は福岡からの往復で25日程度という短期のものになるのだが，2011年組では約60万円，それまでで最も高かった年は77万円程度にもなったので，決して安価な研修旅行ではない。従って，それでもこの研修が良いと納得する者だけを選抜したいと考えており，この欄の記述に注目することになる。概ね，多くの申込者は，ケンブリッジという世界トップクラスの学問の場を経験するためには，日本の業者が航空券のもっと安い時期に外国の外国語学校が主催する研修を組み入れて開発したツアーよりもずっと高額でも仕方がないと考えている。実際，これ以上料金を下げるのは難しい。因みに，2011年組の研修生30名がこの研修を高価でも選んだ理由として挙げているのは，ケンブリッジ大学に行くから（のべ17名），事前研修が充実しているから（のべ7名），英語以外の専門科目があるから（のべ5名）というのが主なところである。

⑭　比較して選択しなかった類似企画

　これはマーケティング・リサーチの一環として求めている事項ではある。申込みを決断する前に，他の何とてんびんにかけたのかを知ることにより，この

【不正乗車】無札が見つかったときの対応は日本より厳しい。

研修に申し込んでもらうための対策を行う方法を考える材料になる。例えば，九州大学では公式行事として，カリフォルニア・オフィスによる研修があるが，これまで医学，経済，農業等，専門分野にからめた研修を企画しており，関係学部のこちらの研修への申込者が目立って減ることがないように，過去の関係学部からの研修生にリクルートの強化を要請したり，関係学部の英語授業におけるチラシの配布もれがないようにことさら留意したりする。しかし，ビジネス的な競争をしているわけではないので，お互いの研修がそれぞれ発展すればよいものと考えており，現にこちらの研修の説明会でもカリフォルニア・オフィスによるものを紹介し，そちらの検討をすることなくこちらの研修に応募してくることがないように配慮している。カリフォルニア・オフィスによるものの他，外国語学校や旅行会社の企画する研修ツアーもこの欄によく記入されている。因みに2011年組は，30名中21名が対抗馬として他の類似プログラムと比較検討を行ったとしている。

⑮　自己評価の記述（協調性，体力，精神力，対話力）

これも重要である。この研修の大きな特徴の1つに，志高い仲間との切磋琢磨があり，長期間の研修を通して一生支え合う集団を作るという目標があるので，申込票の段階で，集団研修にあたり，協調性，体力，精神力，対話力のいずれかに疑問を抱かせるような記述があれば気になるところである。

⑯　特技・趣味・サークル等

この欄では，個人情報を過剰に書かせているようにも見えるが，ここの記述が合否に影響を与える場合もある。例えば，最終合格者の集団を形成する際に，大学の正課での成績が多少他の候補者と比べて落ちるとしても，ESSに所属して奮闘しているとか，国際関係の団体に所属しているといった理由で選抜されることもあり得る。また，研修生の興味の持ち方がなるべく多様となるように合格者を選抜することで，研修集団全体としての総合的潜在力をアップさせることも可能となる。おそらく，大学の公式行事としての選考では，機会均等，選抜基準の公平性の観点から，このような決め方はなかなか採りにくいであろうと思われ，この研修が世話教員個人の企画・運営の形を採っている利点の1つはここにある。

⑰　海外経験（行先，年，期間）

旅行等短期と研修等中長期の2つに分けているが，2011年の合格者30名を

【時刻表】書店に全国時刻表は販売されておらず，冊子体のものは事実上駅係員用。

見てみると，前者の経験がある者は14名，後者の経験がある者は3名，両方の経験がある者は5名，全く海外経験のない者は8名となっており，最近はかなり海外経験が豊富になってきている。他の条件でほとんど変わらず合否ラインに並んだ複数名の候補がいれば，海外経験，特に研修等中長期の経験がない者をなるべく優先して採りたいと思う。

⑱　英国志向の有無

この欄には，「有」の場合その内容を記入してもらう。他の条件が同じなら，他の国が目的地でもよいと考える申込者よりも，なるべくケンブリッジ大学や英国の文化等に強い興味がある申込者を選抜したいものである。日本の高校までの英語教育は，スペリングや発音から始まって，多くの場面で米国英語を基本としているので，研修に行くなら英国をことさら選んでみたいという声もよく聞く。2011年組の記述には，「英国の文化・歴史に興味がある」「英国英語に興味がある」「英国映画を見て英国文化に触れたいと思った」「歴史の長さ」「伝統と町並み」といった一般的なものから，「英国は社会学が発達していると聞いた」「英国の政治・法律」「建築と音楽」「工芸と美術」「科学者を生んだトリニティ・カレッジを見たい」といった学問的なもの，「ラグビー発祥の地だから」「万年筆のパーカーに対する憧れ」といった個人的なものまで，様々である。しかし30名中「無」とした者も14名いる。

⑲　資金計画（負担者，調達方法）

この欄は極めて重要である。現地研修のコストはなかなかの高額であるので，どの申込者も楽々と負担できるわけではない。過去には，申込時には大丈夫と判断した資金繰りが実際には思ったほどうまくいかない，あるいは家族の働く会社が倒産したなどということが理由で，事前研修中にキャンセルを申し出てくる例が結構あった。また，研修の口座に振り込んでもらう徴収額の他にも費用がかかることを，申込み時点ではあまり認識していない者も少なくない。徴収する金額の他，海外旅行保険，現地との往復の移動中の食事（国際線の機内を除く）が最低限必要な費用になる。この他，現地での週末旅行の代金，スーツケースやフォーマルウェアの準備，懇親会の費用，お土産，現地で購入する日用品や自発的な外食，買い物の郵送代など，事前研修の中でいろいろと費用の増大がわかってくると，振り込む料金の他にかなりの金額が求められることに対する不安が生じる。2010年組までは毎年最低1名は途中での

【飲料自販機】街中には滅多にない。対面販売が基本。

キャンセルが生じた。だが，現地と世話教員との間の契約では，実際に研修を受ける人数が最低催行人員を割り込んだ場合でも，最低催行人員の分だけ費用を支払わなければならないので，割り込まないようにしなければ1人当たりの費用負担が増えてしまう。従って，事前研修に入った合格者集団の中からキャンセルが多く生じれば，最低催行人員割れによる負担増の危険が生じることになる。また，いったん合格して事前研修に励み，現地研修を楽しみにする気持ちを募らせてから，資金繰りに行き詰まり，やむなく中途でキャンセルすることになった学生も過去にいて，その時は壮絶な悲壮感が漂い，世話教員としても心痛が極まった。このような思いは二度とどの申込者にもさせたくない。世話をする側として資金計画にこだわるのは，こうした背景があるからである。但し，家庭の財務状況に立ち入ることになるので，面接で詳細を尋ねる場合は，本人や家族の了解を得ながら慎重に聞かなければならない。

　因みに2011年組30名中，振り込みしてもらう料金を全額自分以外の家族等から出してもらうとした者は12名，自分だけで全額負担するとした者（家族等から借りる分があり，研修後返していくとした者を含む）は7名，自分も家族等も負担するとした者は11名であった。しかし，負担可能である限り，負担者が誰であるかということは選抜に影響しないが，全額自己負担という申込者には，アルバイトで学習時間に無理がないかどうか精査する。

⑳　健康上特記事項

　これも個人情報に属する内容ではあるが，集団で海外へ出かける以上，世話教員としては知る必要のある項目である。申込時に危険な病気にかかっているなど，明らかに参加困難と思われる場合は別だが，申告内容に基づいて不合格にしたことはこれまで一度もない。申告してもらうのは，あくまで事前研修や現地研修の間に世話教員として何に配慮すればよいかを知るためである（またどのみち後述のとおりペンブローク・カレッジのナースから申告が求められる）。コントロールできる病気の場合は，内容次第では他の参加学生に万一の場合の協力内容について医師の指示内容に従って説明することもある。また，携行が必要な機材がある場合には，機内への持ち込みについて航空会社ときちんと協議するように指導することもある。さらに，投薬が必要な場合については，余分に日本から現地へ持っていくよう指導する。

　また，ペンブローク・カレッジには，カレッジ・ナースが配属されていて，

【ミニバンツアー】旅程自由の小グループ向けなのがありがたい。

現地研修の研修生に英文による健康申告書の事前提出を求めてくる。ナースの判断次第で，必要と認められる場合には，日本の医師からの診断書を提出することもある。たいていの場合は医師が英訳版も添えてくれるが，今後英語版は困難というケースがあれば，世話教員が英訳を行うことになるであろう。この診断書に基づいて，ペンブローク・カレッジ内で万一のことが起きた場合にどういう対処をしたらよいかに関する指示書が作成され，国際プログラム・オフィス，守衛室，食堂等に置かれることになる。またこの申告には，食物アレルギーについての質問項目もある。特定の食品に対するアレルギーを申告すると，ペンブローク・カレッジの食堂等に，万一症状が出た場合の対処法に関する指示書が置かれることになる。フォーマル・ホール（晩餐会）では自分で食事内容を選ぶことができないので，当該品目を素材に含む場合は，該当者だけ別メニューにしてもらえることになっている（菜食主義も申告すれば配慮してもらえる）。

　この他申込票には，乗り物酔いや拒食等についても書くように指示している。乗り物酔いは，普段は軽いと思っていても，往路では，13時間国際線の飛行機に搭乗してすっかり体内時計が狂わされた後で，2時間近く，郊外のアップダウンの激しい丘陵地帯の片道一車線の道路を時速100キロで飛ばすバスに乗らなければならないのである。乗り物酔いのある人には，甘く見ないで事前にきちんと対策を立てておくように指導する必要がある。拒食等のメンタルな症状の場合は，現地研修が環境の劇的変化をもたらす可能性があるため，申込者からしっかり話を聞き，研修に耐えうるものかどうかを話し合うこととしている。

㉑　英語力自己評価の記述（読解，聴解，発音，作文，会話，単語）

　この欄は6つの項目について，自分の申込時の実力について記入してもらう。これまで10年以上にわたって観察してきた感触としては，読解はある程度できる，発音，会話，単語は苦手，といったところが共通点としてあるように思われる。書類審査の段階で，ここの記述内容によって書類審査の合否が決まることはまずないのだが，面接に進んだ場合に英語学習について話す材料となり，また最終の合否を決する場合に，リスニングが苦手な者ばかりが集まったり，会話と言えば日常英会話のことだとしか理解していない者ばかりに偏ったりしないように配慮することはあり得る。

【寝台列車】深夜発の列車でも食堂車あり。朝食が配られる。揺れも少ない。

第 4 章 研修の準備

4.4.3 書類審査

　10 月 X 日頃に申込書類の提出締切日を迎える。必要な書類である申込票，TOEFL（-ITP）のスコアカードの写し，前期までのウェブの成績確認画面のコピーの 3 点がこの時点でそろっていなければ不合格とする。この後直ちに第 2 次審査である面接の日程調整に入るため，不足した書類を督促している時間はないからである。すでに申込票が届いた時点で，残余の書類を期限までに追加で届けるべきことはリマインドしている。それでも要求に応じきれないのであれば，事前研修や現地研修をきちんとこなしていけるかどうかについての不安が生じるため，この時点で離脱していただくことになる。提出物がこの時点できちんと提出できないと，事前研修でも各種の締切に遅れ（頻繁に発生し，忙しい世話教員としては本当に困っている），グループ全体としての事前研修の運営にとってマイナスになる可能性が高い。

　書類審査は，申込票と TOEFL（-ITP）のスコアカードの写し，前期までのウェブの成績確認画面のコピーの 3 点にのみ基づいて行う。公平を期すため，この時点まで，なるべく申込者が直接世話教員に面会することは避けてもらう。直接の接触が合否に有利に働くということになれば，面談合戦にもなりかねないし，世話教員の本拠である伊都キャンパス以外をベースとする申込者にとってはハンデとなりかねない。それで書類の提出方法を，メール添付，郵送，状差し投函などとしているのである。また，この段階では申込票に写真は不要としている。それは，見覚えのある候補者を優先したり，人をみかけで判断したりしないためである。

　審査基準だが，それは本書でもつまびらかにはできない。提出された 3 つの書類はいずれも重要で，他の条件が同様であれば，申込票の記載内容がより的確である候補者，TOEFL の成績がより良好な候補者，大学の正課での成績がより優秀な候補者が有利になることは当然である。しかし，決して数字的な要素を機械的に比較するだけではなく，この研修が提供する内容が本人にとって最適だという確信を持てる候補者については，多少の逆転が生じる場合がある。従って，必ずしも単純に英語力の高い順に選抜されるわけではない。そもそも研修の永続のためには，研修生数の確保が至上命令であるので（派遣できない年が生ずると翌年から他学に枠を奪われる恐れがある），研修生の英語力はあくまで結果論であり，決して一定線以上の実力で足切りをするといったよ

【コンビニ】ないことはないが，日本によくあるチェーン店は見られない。

うな選抜方法は採らない。

　以上説明した書類審査は，第2次審査である面接の日程がタイトになるのを防ぐため，1日で集中的に実施することが多い。また，面接期間があまり長くはとれないために，最終合格者予定数をはるかに上回る人数に面接に進んでもらうわけにはいかない。理想としては予定数の2割増くらいである。

4.4.4　面接の準備

　書類提出の締切日もしくはその翌日（後期に入ってから申込みができるように10月X日前後としている）までに書類審査を終え，合格者を一気に選抜する。そして直ちに，あらかじめやりとりが可能と確認している合格者のメールアドレスに，合格の通知と，面接日の都合についての打診を行う。

　この連絡の数日後から11月上中旬までの期間について，世話教員が対応可能なすべての時間帯を30分毎に区分けし，合格者に対して面接可能なすべての時間帯を知らせてもらう。世話教員の属する伊都キャンパスには普段縁のない合格者もいるため，筆者が別のキャンパスへ行くことになっている時間帯にはそのキャンパスでも面接ができるようにし，また平日の夜間や週末に，合格者の居住地に応じて福岡都心部のどこかで実施することもできるものとしている。過去には，時間がなくて申込者の許可を得た上で申込者の自宅近くの路上で実施したことすらある。この期間，世話教員は他の期間でもできる用務をスケジュールに入れない。しかしそれでも，第1次審査の合格者を1人のもれもなく適切な時間帯に配置するのはきわめて綱渡り的な作業となる。

　それを知ってか知らずか，可能な時間帯をすべて知らせるように依頼しているのに，特定の1か所だけを指定してそこでお願いしますと回答してくる申込者もいることがある。事情を再び強調して再度尋ねると，たいていの場合，他にも可能な時間帯が少なからずあることがわかる。こうして再度のやりとりをする分だけ全体の面接日程の決定が遅れ，他の申込者が面接日決定の連絡を受けるタイミングがその分だけ遅れることになる。可能な時間帯と尋ねているのに，快適に面接に来られる時間帯だけを知らせてくる合格者もいるので，結局毎年調整に時間がかかる。それでも3〜4日以内には最終結果を通知できる。面接をできるだけ早く終えて，最終合格者に12月上旬の第1回学習連絡会に向けた準備をしてもらう期間を確保するため，この面接調整期間をできるだけ

【ゴルフ】道具をすべて借りてもショートホールのハーフで1,000〜2,000円と安いところもある。

第 4 章　研修の準備

短縮する必要がある。

　第 1 次審査の合格通知の際には，申込みをキャンセルする場合はこのタイミングでして欲しいと連絡している。このタイミング以降でキャンセルする場合，万一そのために最低催行人員を割り込んだ場合は，最低催行人員と現員との差の分だけペンブローク・カレッジでの費用を残りの研修生に負担してもらうのは妥当でなく，そうした差額は，「このタイミング以降でキャンセル」した者たちだけが均等割りで負担すべきであり，それが承服できない場合は「このタイミング」でキャンセルして欲しいと説明する。面接可能日の回答のタイミングでキャンセルが発生しなければ問題はないが，もしこのタイミングでキャンセルが生じ，面接後の最終合格者の確保に問題があると判断される場合には，書類審査の合格通知を出さないでおいた申込者の中から，繰り上げ合格を出す可能性がある。ここまでのステップを見届けた上で，書類審査に不合格の者に対して不合格通知を行い，合格者に対して面接の時間帯や場所を通知する。なお，面接時間帯の割り振りにあたっては，研修への申込みが早かった合格者を優先することとしている。

　面接日程の連絡を受けた合格者は，当初の申込みでは写真を貼付しなかった申込票を，今度は写真貼付で 2 部用意する（1 部は世話教員が現地研修に持参し，1 部は世話教員の留守宅で万一に備えて保管する）。また研修 HP 上から誓約書（内容は 4.2.3 ①の「研修の参加条件」にある諸項目である）をダウンロードし，本人と（現地研修時の）国内連絡者の方が署名し捺印する。実家が遠方の場合，往復速達で誓約書を準備してもらうが，合格を見込んで準備してあれば，面接可能日の回答にあたって，速達往復分の時間を考慮しなくて済む。

4.4.5　面接

　面接は原則として世話教員の研究室で行うが，別の場所になることもある。大学敷地内の椅子のあるスペースを利用することもあれば，申込者の自宅近くの路上ということもあった。

　合格者は写真付の申込票 2 部と誓約書を携えて面接を受けることになる。まず冒頭で，下記に関するアピールを，世話教員に向けて日本語により 3 分程度でプレゼンテーションしてもらう。それぞれの狙いを付記しておく。

【時間】ゆっくり過ぎるように感じる。英国人の国民性の影響か？

① 専門の勉強内容，進学，就職等進路の希望

自分のこれからの学究生活の中で，英語がどれだけ必要と認識しているのかを聞き出すための材料となる。

② 英語が好きか得意か。高校，入試，九大の英語授業での成績や成果は？

英語が中心の研修なので，英語が好きであったり得意であったりする候補者をなるべく選びたい。

③ この研修の対抗馬として比較検討したものは何か。なぜそれを避けて本研修を選ぶのか

この研修がいいと確信している候補者を優先して選びたい。また，他の類似のプログラムを何も検討しないでこの研修の宣伝だけで動いた候補者は，合格の後に他のプログラムを発見してキャンセルする恐れがあるため，比較検討をしっかりしている候補者を優先したい。また，なぜこの研修を選ぶのかの理由がしっかり語れる候補者を優先したい。

④ 自分を磨く向上心，学術追究型の本格的研修に事前研修も含めて負担に耐え，打ち込む覚悟があるか

これは，海外旅行ついでに英語の授業でも受けてみるかといった，旅行業者のツアーへの参加でも構わないと言うような候補者にはなるべく遠慮してもらいたいということである。せっかく志高い者が集まる集団の中で，安易な気持ちでケンブリッジを選択すれば，学習者集団の中で意欲に不均衡が生じる上，本人も居心地が悪いに違いない。

⑤ 資金に無理はないか。合格後経済的に取りやめる不安はどの程度あるか

出資者が本人だけではない場合は，関係する方々と十分打ち合わせをしてきてもらう。資金に無理があって，合格して事前研修を実施している間に資金難になってキャンセルせざるを得なくなる事態を最も恐れる。仲間に最低催行人員の問題で迷惑をかける恐れもあるが，何より本人の落胆が見ていられないからである。従って，個人の経済状態を聞くことにもなるので恐縮なのだが，資金計画に無理がないかどうかの確認は，研修グループのためにも，本人のためにも必要なことであると思われる。また，本人が全額もしくはかなりの割合を負担するという場合，これまでにしてきている以上にアルバイトをすることにならないかを確かめる。というのは，勉学のための研修であり，その事前研修期間中に通常以上にアルバイトに精を出すのは本末転倒と思われるからであ

【TC】トラベラーズ・チェックは現金よりレートが有利で再発行も効く。

る。参加したい人が参加できる研修ではありたいが，無理のない体制で満を持して取り組んでもらうべき本格的な研修と考えており，くれぐれも十分可能な形で引き受けることにしたいというのが本音である。

このようにしてプレゼンテーションを聞くわけだが，内容とは別に，熱意の感じられない発表，自分で準備したはずなのに何度も詰まる発表など，形から見てアピール度の足りない発表が少なからずある。選抜にかかるというのに，本人が積極的にアピールしなければ意味がない。

プレゼンテーションが終了した後は一問一答に入る。申込票等の提出された書類に基づいて，研修に対する適性を探っていくことになる。その中で確かめていく内容については，研修のHP上で公開している。以下そのねらいとともに挙げておく。

⑥　面接の申込みが遺漏ない方法で問題なくできているかどうか

最近は少ないが，面接当日に誓約書を持参していなかったり，持参した申込票に写真を貼付してなかったりということもある。ほとんど論外で，就職の面接であったらどうなるのであろう。初期の書類の時点から不備のある場合，研修の過程でも締切を守れず，全体の動きを乱すことになる可能性が高いと言わざるを得ない。

⑦　九州大学等における英語その他の授業の成績

GPAを大いに参考にする。正課の学業がしっかりできる候補者は，研修にもしっかり取り組んでもらえる可能性が高い。また，専門分野の勉強に燃えていて，研究志向で大学院への進学を考えているという言明があっても，1年次に配置された専門分野に近い諸科目が軒並み成績不良である場合もあり，候補者の学業の様子をしっかり把握しなければ合否の判断ができない。

⑧　授業以外に英語学習をしているかどうか

学術的英語力の向上を真剣に願っているのであれば，大学の正課としての英語科目の他に何かしようと思うのが自然である。申込票の関係欄に具体的記述のない候補者には，今後の計画を詳しく聞くことになる。

⑨　他の類似研修を避け本研修を選ぶだけの動機と熱意と学力があるかどうか

4.4.2⑬に同じ。

【ホテルの備品】ホテルにはふつうハブラシ・ハミガキ粉・シャンプー・タオルはない。

⑩　自分を磨く向上心があるかどうか

　これさえあれば研修で実施する事項の消化が順調で，しかも成果があがる可能性が高い。この研修のすべての源と言ってもいい。30分面接すれば，だいたいのところはわかるものである。

⑪　自分の考えを明確に伝える力があるかどうか

　考えが伝わることは大切である。考えはあるのだが伝えられないだけ，というのは考えがないのと同じとみなされても仕方がない。だが，たいていの候補者は日本人的奥ゆかしさの塊のような物腰をしていて，この点に関してはこれはと思う候補者はなかなかいない。しかし，中には4.2.1のSNさんのように，現地で大化けする研修生もいる。このようなブレイクが多数発生するようにと願って事前研修もいろいろ仕掛けているのだが，今のところ世話教員の力不足を感じることも多い。

⑫　資金調達に無理がないかどうか

　4.4.2⑲に同じ。

⑬　家族等の了承，サポートがあるかどうか

　これはまだ筆者が世話教員となる前のことだが，世話教員に家族の了承が得られていないことを隠して参加するケースがあった。これはぜひ防がなければならない。パスポートが命の次に大切となる海外へ，しかも集団の一員として行くことの事の重大さがわかっていない状態では引き受けられないので，家族の了承，サポートがあることを極めて慎重に確認している。

⑭　団体生活での協調性があるかどうか

　ときおりこうした事業で，1人でしか行動できない人がいるものである。団体として互いを高め合っていく研修としては，集団生活になじめない候補者はあらかじめ除いておきたい。

⑮　精神的，肉体的に海外生活に耐えられるかどうか

　面接において精神的な脆弱さが見てとれる場合がある。こうした傾向のある研修生は，いわゆるホームシック，異文化ショック，外国人恐怖症にかかる可能性が高い。現地研修の途中で本人が帰りたいと言いだし，1人で帰国させるのは無理といった状態になるのはぜひ避けなければならない。因みに，申込時の条件として，途中で帰国する場合の航空券について，最悪の場合は片道について別途無割引の正規運賃を支払うことになることを明記している。

【コンセントアダプタ】角型三穴式240Vを用意する。

⑯　何とか英語を使って口頭で意を通じさせ合うことができるかどうか

　最近は極めて少ないが，英語力は少なからずあるのに，話そうとした途端に頭が真っ白になるというタイプの人がいる。残念ながらそうした人には，この研修はお勧めできない。また，英語でのやりとりを通して，合格した場合の英語学習の方法についてのアドバイスもできる。

4.4.6　最終合格者の決定

　面接の後，最終合格者を決定するわけだが，その数は予定されている。ペンブローク・カレッジとの契約上の催行人員は 2011 年組までは 25-35 名，2012 年組は 28-33 名となっているが，その幅の中でも少ない人数の参加となれば，後日辞退者が出た場合に，最低催行人員を割り込んで，割高な金銭的負担を被る可能性がある。筆者が担当して以来 2010 年組までは，毎年必ず事前研修中にキャンセルが生じたので，若干多めに最終合格者を出してきたのだが，2011 年組はキャンセルがゼロであった。また，2012 年組は，現地の寮の関係で，上限が 33 名となったため，28～33 名の催行人員としたが，3 名の中途辞退者が出た。

　こうして合格者には合格通知を，不合格者には不合格通知を出すことになる。不合格通知は合格通知よりも若干遅れる。それは合格通知を受けながら辞退を申し出る者が時折おり，そのような場合には，いったん不合格と決めた応募者の中から追加合格者を決めることがある。その場合本人には追加合格であることは知らせない。また，不合格者から時々不合格になった理由の開示を求められる。多くの場合大きな差はなく，それでいて本人に否定的なことを伝えるのはつらいのだが，求められた場合には，最大のポイントだけ端的にお伝えすることにしている。合格者には，第 1 回学習連絡会の日時と場所を改めて伝え，研修 HP の「合格後にすること」と 12 月学習連絡会のページを見て，準備を進めておくように連絡する。

　この研修に合格することの喜びをある研修生はこう語っている。「メールで参加ができることを教えていただいたときは嬉しさのあまり親が驚くほど号泣してしまった。」世話教員としては嬉しいことだが，同時によい研修にする責任を感じる。

【電圧】240V なので電気ポットで湯はすぐ沸き，乾燥機は強力。

4.4.7 最終合格者の資質

最終合格者の1年次のTOEFL-ITPの平均スコアは年々上昇しており，2008年組では約480であったが，2010～12年組では約520となっている。これは，年々競争が高度になっていることを意味している。

最終合格者の九州大学での成績の平均評定値（GPA）は，3以上の者が多い。90点以上がAで4，80点以上がBで3となるので，GPAが3というのはかなり良い数値である。

4.5 外部との協議

この研修を進める上で，世話教員だけですべてを進められるわけではない。現地研修を実施するペンブローク・カレッジ，事前研修の学習連絡会の会場となる九州大学の教室やサテライト会議室を所管する事務室，航空券や移動中の宿泊等を手配する旅行会社など，多くの関係機関等との調整が必要となる。

4.5.1 現地研修日程・内容の交渉と宿舎の予約

現地研修の日程は，前年の現地研修時に，ペンブローク・カレッジ側と世話教員との話し合いによって決める。ここのところは平日ベースで，現地到着日と現地出発日を含めて17日間（週末を除く）とし，8月20日前後の出発と9月12日前後の帰国を基本としているが，現地到着日がなるべく週末や金曜日にならないように心掛けている。週末であると，本来休みの日に，ペンブローク・カレッジ側に出迎えの行事等を組んでいただかなくてはならないからであり，金曜日に到着すると，オリエンテーションが翌週の月曜となって，その間に来る週末が何とも中途半端な存在になってしまうからである。できるなら木曜日も避けたい。木曜日に到着すると，オリエンテーションが金曜日となり，何も授業がないまま最初の週末を迎えることになってしまう。従って，月曜から水曜までの到着が好ましいということになる。

さらに出発日と帰国日の曜日について考慮すべきことは，航空券の価格が曜日によって異なる場合があるということである。少なくとも週末の成田空港利用は割増料金となるため，なるべく避けなければならない。

以前は7月中旬から8月上旬の日程であった。それは九州大学が7月上旬に

【カモ】警戒心のうすい日本人はスリにとってカモ。

前期授業期間を終えたあと，前期試験が9月に始まっていたからである。前期試験が授業期間の直後に入るようになってからは，8月上旬の出発となり，さらに授業回数が15回を原則とするようになってからは，8月のお盆過ぎの出発とならざるを得なくなった。季節的に一番よい夏の時期よりも遅れた日程になってしまっているが，仕方のないところである。これでも，前期定期試験の追試験を考えると，出発日をこれ以上早くできない。また，医学部の定期試験が9月中下旬にあるため，帰国日をこれ以上遅くもできない。まさにこれしかないという日程に近い。しかも，他に研修をペンブローク・カレッジで行う他の諸大学の日程との関係で，大きくは動かしがたい。

　また，現地研修の内容について，従来と異なるものにすることを，ペンブローク側もしくは世話教員側のいずれかが希望した場合は交渉を持つことになる。全体の形はほぼ決まっているので，あるとすれば専門科目の内容の変更程度である。現地で受講しての研修生の感想などから，必要であれば世話教員から科目内容の変更を提案することもある。

　日程の確定とともにペンブローク・カレッジは宿舎の予約を行う。2009年組まではカレッジの敷地内の寮に滞在していたが，参加人数の増減のある九州大学からの研修生向けの手配はなかなか難しいようで，2010年組からは，カレッジから歩20分ほどのセルウィン・ガーデンズ（Selwyn Gardens）というケンブリッジの最高級住宅街の中にある寮を使うこととなった。この寮は，エクストラ・ベッドの使用により，26人から33人（2010年組は例外的に40人，2012組からは上限32人）程度の学生数に対応でき，九州大学グループが独占で使用できるのは利点である。2009年組までは，カレッジの敷地内に滞在する便利さがあった反面，カレッジ内のあちこちに散らばって部屋をとる必要があった。これに対しセルウィン・ガーデンズの寮では，1つの建物に全員が部屋を持つこととなり，夜間の滞在がグループとしてより充実したものになった。また，2人部屋がいくつかでき，その方が2万円程度費用が安くなるため，全額本人が費用を負担する場合などに重宝することになる。希望が重なった場合は研修の申込みが早かった研修生を優先することとしている。デメリットとしては，毎日歩かなければならないことである。市内を歩くのは気持ちがよいのでいいのだが，フォーマル・ホールの際にいったん着替えに戻らなくてはならないのが若干不便である。

【銀行休日】年に数回定められている月曜で，これを含めた土日月の連休は何でも混む。

4.5.2 現地研修時間割の策定

　時間割作成の前提として，開講される科目が確定される必要があるが，前年の現地研修時に開講内容については概ね合意が形成されるものの，担当講師の決定は現地研修前の春頃になるため，その方々の日程的都合を取りまとめないことには詳細な時間割を組むことができない。また前年夏の段階で，平日に1日だけ設定するオフの日（どこかの金曜日）をいつにするか伝えておく。そうしないと金曜日から日曜日までの3連休で遠出ができる週末が確定せず，事前研修中に研修生が安心して旅程を立てることができないからである。

　毎回5月か6月に時間割案が世話教員に送られてくる。それを見て，特にリクエストすべき点があれば伝えることになる。これまでにこの段階で伝えたことがある項目としては，オフにする平日の設定の誤り，週末に1日だけ設定する隣村への全員でのハイキングの日程の変更等である。

　最終版1歩手前の時間割は出発の直前に送られてくる。それを見て研修生は現地での時間の使い方を練ることになるが，現地で配布される最終版には若干の変更が加えられることもあるし，臨時補講などが入ることもある。

4.5.3 航空券の手配

　航空券の手配については，前年の現地研修で日程が確定した後に，すかさず旅行業者（ANAセールス株式会社）の担当者に予約を入れる。実際に国内線を含めた予約成功の最終回答が来るのは2月であるが，手配業務の都合で，1年前の時点で日程を知らせておいて欲しいということである（個人客の場合は355日前から予約可）。昨今はエコノミー席が少なくなっているため，1年前から予約を狙うのだが，予約の人数は若干多めとしておく。

　研修グループの場合，早朝福岡空港集合で成田に向かい，接続時間の短い国際線に乗り継ぐのは，遅刻や遅延が心配なので，昼の国内線を利用して成田空港近くに前泊することとしている。国内線は24時間以内に接続するものが無料になるので，前泊も可能である。福岡成田便が取れるのが最良であるが，ときおり羽田便になることもある。その場合は羽田成田間のバスを別途手配しなければならず，時間的にも財政的にも負担となる。

　5月までには不要な人数分の予約をキャンセルし，搭乗者のパスポートのコピー，旅行申込書，海外旅行保険申込書（この業者で扱うことを希望する者の

み）を旅行業者に送る。8月搭乗分の燃油サーチャージの金額はやはり5月頃にわかり、5月までと6月からとでは金額が異なるのが普通であるため、安くなる方を選択し、5月内の発券か6月に入ってからの発券を依頼する。発券前までには料金の振り込みが必要となり、発券後はキャンセルの場合キャンセル料が発生することになる。eチケットは出発当日旅行業者の担当者が福岡空港で渡してくれる。

　以前は他の業者に航空券と前泊の手配を依頼していたが、予約確定が出るのがいつも遅く、やきもきすることがあった。最悪だった年には、いつまでも確定が出ず、6月になってようやくオファーがあったのは直行便ではなく、オランダに深夜に着いての乗り継ぎであった。学生団体が深夜に目的国とは別の国に着き、1泊して乗り継ぐのは心配であったし、かなり余計に費用がかかるわけで、また毎年確定がなかなか出ない不安を繰り返すことを恐れ、研修創設者である廣田稔教授（当時）が思い余って全日空に直訴の形で相談を持ちかけた。その結果、我々一行の利用日にすでに満席近くになっていたロンドン行の便の乗客の多くの方々に、全日空本社が別の日の便への変更のお願いをして下さり、我々は無事目的の便に搭乗することができた。以来この研修では全日空を使用することとし、全日空本社が乗客に対し直接発券できないため、ANAセールスにすべてをお願いしている。このときの全日空の努力と、応じてくださった乗客の方々に、心からの御礼を申し上げたい。

　料金の高低については、4.2.2⑭の「費用」の中の5)「この研修は高いか」の項を参照。

4.5.4　交流協定と契約

　ペンブローク・カレッジは1999年頃、九州大学との学生交流協定の締結を提案してきた。それは九州大学からの現地研修の参加を安定的に確保し、夏期休業中の収入の道とするのがねらいであったと想像され、恐らく派遣する学生数の固定を考えたのであろうと思われる。実際にはうまく行かなかった話であるが、そのとき提示された交換条件は、九州大学が推薦する九大生を毎年1名無条件で、ペンブローク・カレッジの大学院生として受け入れるというものだった。これがもし成立していれば、修士号や博士号を取得する目的で正課プログラムに毎年九州大学から1人ずつ送り込めることになったわけで、カレッ

【ドライブ中の宿泊】高速道路のサービスエリア内に安い宿泊施設がある。

ジには様々な専攻の学生が受け入れ可能であるため，九州大学にとっては魅力的条件だったはずである。しかし国際交流委員会は，ペンブローク・カレッジをケンブリッジ大学の1つの部局であると見做し，部局と1つの大学である九州大学とは，技術的に交流協定を締結できないという判断を下した。ペンブローク・カレッジ側は，ケンブリッジ大学全体というのはいわば小さな大学であるカレッジの集合体であり，ケンブリッジ大学全体としては協定の署名者になることはないと主張し，世話教員もそれを委員会に伝えたつもりなのだが，結局この学生交流協定は実を結ばなかった。

　しかしその後2000年10月16日に，世話教員の属する九州大学言語文化研究院（当時は言語文化部）は，ケンブリッジ大学ペンブローク・カレッジと，学術交流協定を締結した。これならば九州大学が定めている大学間協定と部局間協定のうち，後者として認められるわけである。言語文化研究院は，九州大学の1，2年生を中心にすべての学部の学生を教えているにもかかわらず，固有の学生定員を持たないため，学生交流協定の署名者にはなれないので，学術交流を内容とする学術交流協定を締結した。しかし毎年11月末までに非公式に取り交わす年次文書の中で，現地研修に参加する予定の学生数を記載することとしている。あくまで非公式なものではあるが，両者の現実的制約の中で，ぎりぎりの提携の形であると言えるだろう（以上，2.3と内容が一部重複する）。

　こうしてこの研修は，九州大学あるいは言語文化研究院の公式行事ではない。あくまで世話教員の個人企画である。

　交流協定の年次文書の取り交わしの後，世話教員個人とペンブローク・カレッジは正式の契約を締結する。署名者は世話教員個人，ペンブローク・カレッジ国際プログラム主事，ペンブローク・カレッジ経理事務長の3名である。その契約内容の概略は以下のとおりである。
- 第1項：現地研修の期間と研修生と随行教員の宿泊についての定め
- 第2項：福岡女学院大学の学生を含めることができることの定め
- 第3項：現地到着日の軽食と以降出発日昼食までの食事についての定め
- 第4項：現地研修の授業料と寮費の金額についての定め
- 第5項：随行教員が必要なこと，随行教員の滞在費を無料とする定め
- 第6項：研修生数の幅と用意される部屋数についての定め（研修生数が定められた最低人員を割り込む場合，最低人員分の支払いが必要）

【独自紙幣】スコットランドでは独自の紙幣があるが，スコットランド以外では使えない。

第4章　研修の準備

- 第7項：料金の送金期限についての定め（例年6月に設定）
- 第8項：送金期限後のキャンセルについての定め（原則返金なし）
- 第9項：現地研修での保険についての定め（ペンブロークは事故に備えて保険に加入しているが，医療，遺失，窃盗に関する保険は研修生自らが自力で加入しておく）
- 第10項：九大グループ側の賠償責任についての定め
- 第11項：この契約の法的位置についての定め（イングランドの法に従う）

ケンブリッジ大学の風景
（グレート・セント・メアリー教会屋上から見たキングズ・カレッジ）

【国際学生証】学割が効く施設で威力を発揮する。

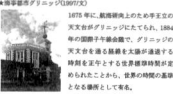

英国発表課題レジメの例（英国の世界遺産の項のものを例示）

第 5 章

事前研修

トリニティ・カレッジ入口にあるニュートンゆかりと言われるリンゴの木

研修の参加者として最終的に合格した場合，11月中下旬から事前研修に入る。合計4回の学習連絡会を中心に，いくつかの課題もこなし，自己学習を組み合わせる。こうして8月までの約9ヵ月間の事前研修が始まる。過去の試行錯誤を経て，2010年組あたりから，内容がほぼ固定化された。本節の記述も，読者によっては余計な詳細が含まれているものと思われ，お読みいただく目的によって，適宜読み飛ばしていただければ幸いである。

5.1 事前研修のメニュー

　事前研修の中心に座るのは計4回の学習連絡会である。最終合格者の選抜の後，12月，4月，6月，8月に実施される。2月にも実施したいところだが，後期の定期試験から春休みの始まりにかけての時期なので，帰省その他で学生も多忙であると考え，4回に留めている。しかし1回あたり7時間程度かかるので，4回では28時間となり，ゆうに90分×15回の講義1科目分（2単位）の授業時間を超えるだけの時間をかけている。

　学習連絡会間の期間には，世話教員が与える課題や，英語および英国文化に関する自己学習を進めてもらう。事前研修も後半になると，現地で履修することになる専門科目についての準備学習も加わる。これらの自己学習は，世話教員の学習連絡会やメール等を通じた指導の下，自分で立てた計画に沿って行う。世話教員が割り当てる課題には，英文で書かれた簡単な英国通史の勉強や，英国に関する調べものとその発表等がある（詳細後述）。

　事前研修での学習量はどのくらいの負担になるのかと質問を受けることがあるが，1週間のスケジュールの中で，しばしばレポートを課されるような授業が3つほど加わったようなものであると説明することにしている。

5.2 合格発表後

　11月中下旬に最終合格の通知を行う際に，12月上旬の第1回学習連絡会への準備についても知らせる。具体的には，研修のHPに「12月学習連絡会」についてのページを設け，そこで知らせている。その他，過去の研修生が11

▶ここからは本文との重複を恐れず英国のトリビアを紹介します。

月下旬の大学祭で出店する情報を伝え，先輩との接触の機会も提供する。

5.2.1 連絡体制の確立

研修への申込みの際に，連絡用に指定されたメールアドレスで連絡がつくことは確認しているのだが，申込時から見て長い者で半年経過しているため，改めて連絡先メールアドレスを確認し，一斉送信用のメーリング・リストを作成する。連絡用のメールアドレスは，チェックの頻度を重視して，携帯アドレスを推奨している。添付ファイルをつけることは決してなく，必要ならHP上やファイル・サーバーからダウンロードさせる。

世話教員側から送られるメールに対して回答返信が必要な場合，送信から3日間以内の回答を求めている。携帯であればほとんど即日読まれることになるわけだが，PCでメールの読み書きをしている者にとっては，初動体制の遅れが生じる可能性が否めない。

3日以内の回答が不能になりそうな事態が予測される場合は，あらかじめの予告を求めている。例えば，携帯を修理に出す，携帯の電波の届かないところに3日以上出かける，といった場合がある。中には海外へ出て1ヵ月近く連絡がつかないというケースもまれにあるが，課題の提出その他の方法について工夫すれば，何とか柔軟に対処できるものである。さらに，連絡先のメールアドレスの変更の届け出も忘れないように指導する。

5.2.2 課題の通知

研修HPの12月の学習連絡会のページに，会合までに準備することとして下記の事項が挙げられている。研修生はこれに沿って準備を進める。世話教員は，歴史教科書の発表の割り当てを行い，また英国に関する学習課題について研修生の希望に基づき割り振りを行う。希望がぶつかる場合，研修への申込みが早かった研修生を優先することにしている。これらの割り振りは，12月に行われる学習連絡会において発表することになる。歴史教科書については，教科書の項目配列に従った割り当てとしており，英国に関する学習課題の項目は，長年の事前研修の歴史の中で絞り込まれてきた。

【食物1】スーパーでパック売りしているサバの燻製がおいしい。

① リーディング教材

なるべく早めに，九大生協伊都地区ビッグオレンジ書店で，ケンブリッジ大学英語・学術研修用と言って「Essential British History」（開文社出版）（定価で税別 1,500 円）を購入してください（友人の教科書のコピーで済ませるのは違法です！ また先輩のお下がり利用もおやめください）。他地区の九大生協書籍部で購入する場合は，ビッグオレンジ書店に入荷しているものを取り寄せてもらってください。併せてこの教材専用の大学ノートなりルーズ・リーフ・ファイルなりを用意してください。学習連絡会に向けて，第 3 〜 5 ページをきちんと読んできてください。ノートそのものは 12 月学習連絡会に持参する必要はありません。

② その他の教材

研修 HP のトップページから「事前学習」のページ（5.3.3 で紹介）に入り，そこにある説明を参考に，自己学習に使用する教材（特に単語集）の検討を始めておいて下さい。最終的には 12 月 X 日 12：30 までに教材を含む英語学習計画を提出してもらうことになっています。欲張らず，見栄を張らず，少なめながら確実に実行できる計画を考えてください。

③ 訪問地

ガイドブックを 1 冊入手し，英国地誌を勉強して，訪問したい英国の地域の目処をつけてきて下さい（1 冊物で最適なのは「地球の歩き方」：但しこの本を含めて 1 冊物はスコットランドが詳しくないです）。12 月の学習連絡会で方面別に分かれて早速調整に入ります。現地で 3 日間連続で休みになる週がありますので，そのときにどこを重点に回るかによってグループを「スコットランド重点」「湖水地方重点」「その他」にまず分けますから，この時までには方面の決心をしておく必要があります。あとはグループ内での話し合いでさらにグループ分けしてもらい，4 名程度で行動してもらうことになりますが，宿泊を伴う場合，単独または男女 1 人ずつはダメです。学習連絡会で地誌の概略は紹介します。宿泊室や寝台の男女同室もダメです。

④ 英国に関する学習課題

下記の課題について発表を求めます。歴史教科書についてはこちらで指定し，書類ファイル（5.3.1 に詳細）に割当を発表します。準備についてはこのページ下端の「リーディング教材」（本書では 5.3.7 ⑤）を御覧ください。それ以外（下記 1-33）については，第 5 希望まで選び，メールで 11 月 X 日 12：30 までに番号でお知らせ下さい（例：「第 1 は 12」「第 2 は 23」などと）。間に合わなかった場合，あるいは第 5 希望まで書かなかった場合は空いたところへ回っていただきます。また，第 5 希望まで見ても調整がうまくいかないときは希望していないものを担当し

【食物 2】材料の差か，ハンバーガーチェーン店でも日本より美味。

ていただくこともありますのであらかじめお断りしておきます。内容はなるべく網羅的なものとし，自分の趣味を披露するような形ではなく，誰にでも入門にふさわしい一般的な内容でかつ知る喜びを感じられるような知的常識をおさえるものにしてください。なお，使用言語は日本語としますが，固有名詞や用語などは必ず英語も併記してください。口頭発表と質疑応答も日本語でお願いします。英語と「学術」の研修なので，日本語による内容理解を優先します。その他の詳細は後述です。なお，発表が何月になるかは追って明らかにしていきます。発表時間等詳細はこのページ下端近くの「説明会直後の対応」（本書では 5.3.7）にある説明も御覧ください。

1) ケンブリッジ大学の概要（学部やカレッジ等の構成を網羅的に）
2) ケンブリッジ大学の歴史（創立事情から始める）
3) ペンブローク・カレッジ概要（歴史・要人，研修に来ている他大）
4) ケンブリッジ大学の各カレッジの概要
5) 英国政治制度の概要（憲法，内閣，議会，政党，選挙，中央と地方等）
6) 英国の医療・社会保障制度について
7) 英国の国内問題
8) シェークスピアについて
9) 英国の文学の概要（歴史や賞など）
10) 英国の演劇事情（歴代有名作品，劇場文化等）
11) 英国の映画事情（歴代有名作品，監督や俳優の概要など）
12) 英国の博物館（有名な博物館）
13) 英国の美術館（歴史や有名な人・作品・美術館等）
14) 英国のクラシック音楽事情（歴代有名作曲家・オケ・音楽祭）
15) 英国のポピュラー音楽について（民族音楽からロックまで幅広く）
16) 英国のスポーツ（英国発祥，英国で盛んなもの，歴史や楽しみ方等）
17) 主要な建築・デザイン様式（歴史的建造物織物等の鑑賞に資する情報）
18) 英国の科学者とその業績の概要
19) キリスト教の歴史（発祥→東西分裂・十字軍等，新旧分裂，英国国教会，他宗派）
20) 英国の食文化について（英国ならではの食材，料理，習慣等について）
21) 英国の酒類概要（ビール・スコッチの種類等正確に，サイダーに言及）
22) 英国の園芸文化（イングリッシュ・ガーデンとは何か，有名な庭園等）
23) 英国の貿易・物産（輸出入や基幹産業，有名企業，特産品等）
24) 英国を取り巻く国際情勢（EU との関係，外交路線等について）

【食物 3】スコーンに塗る生のクロテッド・クリームは最高。

25) 英国の世界遺産（行けるところに絞ってよいが 10 程度は意義も紹介）
26) 英国の都市（人口の多い主要都市を地図付きで特徴とともに紹介する）
27) 王室（簡単な歴史，制度の概要，現女王を取り巻く人々等）
28) 貴族（爵位や呼称，実態について）
29) 英国の城郭（歴史的に観光的に重要な城と簡単な歴史等）
30) 英国の地理的条件（人口，面積，気候，時差，サマータイム，地形等）
31) 英国教育制度と大学ランク（高校以下は表で可，大学も幾つか紹介）
32) 英国の行政区画（4 大地方，shire の紹介，地域の名称等）
33) 九大その他からの英国留学へのアプローチ（制度や大学の選び方など）や九大に来る留学生のサポート役について

⑤ 歴史教科書

「初期＋ローマ」「アングロ・サクソン時代」「ノルマン朝」「プランタジネット朝」「中世の教会」「プランタジネット朝外交」「中世の経済」「チューダー朝前半」「チューダー朝後半」「スチュアート朝前半」「スチュアート朝後半」「農業革命・商業革命」「18 世紀前半」「18 世紀戦争」「18 世紀後半」「産業革命」「19 世紀内政」「19 世紀外交」「第 1 次世界大戦」「20 世紀前半の社会」「第 2 次世界大戦」「戦後（教科書未掲載の現代部分を含む）」

5.3 第 1 回学習連絡会

　研修は事前研修と現地研修とに分かれるが，事前研修中に実施される学習連絡会は，研修生が一堂に会する現地研修の準備会として位置づけられる。どの学部からの研修生も参加できるように，土曜日を中心に実施することとしている（但し土曜日に授業の入ることがある 21 世紀プログラム（九州大学のプログラムで，学生は AO 入試で入学し，どの学部の授業でも履修できる）からの参加は若干難しいことがある）。また，事前研修中に実施される合計 4 回の学習連絡会に参加することを合格の条件としており，2012 年組からは，申込時に 4 回の学習連絡会の日程をあらかじめ申込者に対して明らかにしている。

5.3.1 参加の準備

　研修生が 12 月の学習連絡会に臨むにあたって必要な準備は，5.2.2 に述べたとおりであるが，世話教員にも準備することがある。それは，英国に関する

【食物 4】ちゃんとしたレストランにはベジタリアン用メニューがある。

学習課題と歴史に関する発表の割り当てに加えて，12月学習連絡会のHPの更新と（更新しなければ1年前のグループ向けの古い内容のままになる），学習連絡会や懇親会で研修生に着用してもらう名札の準備と，学習連絡会当日に配布する書類ファイルの作成である。

　書類ファイルとは，事前研修から現地研修に至るまで，いろいろと役立つことになるはずの様々な参考情報等を盛り込んだクリアファイルで，A4判でプリントアウトした資料から成り立っている。印刷までは世話教員が行うが，印刷した各シートをクリアファイルに入れ込む作業は，歴代・現役の研修生にお願いすることにしている。以下はそのファイルの内容である。

　① 研修生名簿

　掲載する事項は，研修生と世話教員の「学部等」「学年」「氏名」「よみがな」「性別」「携帯番号」「メールアドレス」「自己紹介」等である。「学部等」では，各学部名もしくは21世紀プログラムの略称を記載するが，学科が分かれている場合には学科の略称も表記する。「携帯番号」「メールアドレス」については，申込票上で合格時に研修生間で公開可との印がある分だけを掲載することを原則としているが，全く連絡手段がなければ事前研修を進める上で極めて不便なため，メールアドレスを研修生間ですら公開不可としている場合に限り，公開可とできないかと改めて尋ねることにしている。毎年このような問合せをしているが，全員公開可と回答してきている。なお，世話教員については自宅の固定電話の番号も記載する。また，この名簿は部外秘であり，研修生間の連絡以外の目的で使用されることのないようにとの注記を付している。

　② 研修生写真簿

　面接時に提出のあった申込票に貼付されている顔写真のコピーを並べ，学部・学年・氏名および現地研修で使用するEnglish name（英語風のニックネームをあらかじめ届け出てもらっておく）を付した写真簿を作成する。そこには，研修生が互いに氏名や顔などをしっかり覚えて，互いの交流をはかることができるようにとの意図がある。

　③ ケンブリッジの略史資料

　ケンブリッジの街の歴史や現況を簡潔に綴った資料を用意する。百聞は一見に如かずで，実際に行って初めてケンブリッジとはどういう場所であるかを理解するというのが正直なところであるが，事前の学習として最低限の資料に目

【まずい食物】英国料理はまずいというのは嘘。料理に気を遣わない人が多いのも確かだが。

を通しておこうということである。
　④　英国の略図
　主要都市とシャー（shire：日本の都道府県に相当するもの）等の区分がわかる程度の略図。その程度の知識すら覚束ないので，こなすべき資料として提供する必要性は高い。
　⑤　英国の鉄道地図
　これは現地研修での週末の旅行の計画づくりにぜひ必要である。またその旅行の際に携帯することも望ましい。列車の最終的な行先と自分たちの下車すべき駅が異なるとき，その列車の最終的な行先が地図でわかると，その列車が目的とする駅を経由するかどうか判別がつくことが多い。また，英国の列車は突然運転が打ち切りになったり，工事で一部区間がバス代行になったりすることがたびたびある。その際に路線図があれば，どの行先を掲げた後続列車や代行バスに乗ればよいのかがわかりやすい。
　⑥　ケンブリッジの地図
　これは現地研修直前の学習連絡会で必要になるものだが，各カレッジや教会や博物館などのケンブリッジ市内で見ておくべきものの位置や，郵便局，スーパー・マーケット，レストラン，書店，インフォメーション，市場，駅，宿泊する寮のような日常的ニーズを満たす場所の位置を示すために書き込みを施したものである。現地に行った後は現地の書店で各自が使いやすい地図を購入するのもよい。
　⑦　ペンブローク・カレッジの地図
　現地研修の行われるペンブローク・カレッジの敷地の見取図（26頁）を用意する。これは主に現地研修で活かしてもらうためのものである（但しスペースの関係で2013年組からは省いている）。
　⑧　英語発音資料
　事前研修の中で英語の発音に関して，発音記号と発音のコツについて多少の時間を取ることとしており，それのための資料である。九州大学でかつて英語Ⅰという授業で1年生全員に対して採用していた独自開発の教科書『A Passage to English：大学生のための基礎的英語学習情報』（九州大学大学院言語文化研究院英語共通教科書編集委員会編（筆者も編集委員の1人），九州大学出版会）にある発音に関する章をコピーしたもので，子音や母音の表や，リズムやイン

【日本食1】英国の日本食はかなり違う味のものが多い。

トネーションに関する事項をまとめたものである。

⑨　英単語試験

4回の学習連絡会の度に、単語テストを実施する。出題には『『大学英語教育学会基本語リスト』に基づくJACET8000英単語』（大学英語教育学会編、桐原書店）を利用している。この単語集は難易度のランクで1,000語毎に8,000語レベルまでまとめたもので、すべての単語に1から8,000までの難易度の通し番号がついている。事前研修の単語テストでは、2,000語レベル（1,001語から2,000語まで）から8,000語レベルまでの7段階からの5題ずつに加え、英検1級対策クラスの単語を5つ選び、計40題出題することとしている。JACET8000の方では、各レベルで共通の番号によって任意に単語を抽出する。例えば、93, 204, 503, 688, 911と決めた場合、1,093から7,911までの35個が出題される。このような抽出方法を取れば、毎回の単語テストの難易度がほぼ同一になるため、正解した問題数の推移を見れば単語力が増大しているかどうかがわかるものと考えられる。その成果については将来の別稿に譲る。

⑩　海外渡航届と記入見本

九州大学では、学生が海外渡航をする場合は、クラス担任の教員が署名した海外渡航届を、所属学部等の学生系の係にあらかじめ提出することが求められている。その用紙と記入見本をファイルに入れている。

⑪　英国入国カード見本

国際線の機内で配布される英国への入国カードであるが、記入の見本だけをファイルに含めている。出生地の欄にパスポートに記載されている都道府県を記入することや、英国の滞在先としてのペンブローク・カレッジの住所の書き方、国籍は英語の形容詞で記入すること（日本国籍の場合はJapanese）などを徹底しておく。

⑫　英国に関する課題と歴史の発表割り当て

メールであらかじめ各研修生から担当希望順位を知らせてもらった英国に関する調べ物のテーマや歴史区分について、世話教員側で出した結論としての割り振りを、ファイルの1ページとして記載する。第5希望までを書いてもらっているが、希望者の多いテーマとそうでないテーマがあり、第5希望ですら叶えられない研修生が数名生じる場合がある。同じ項目に複数の候補者が並んだ場合、原則として研修への申込みの早かった研修生を優先する。

【日本食2】日本食を扱う食料品店の煎餅や味噌汁や緑茶は絶望的にまずいことがある。

⑬　英国に関する課題の原稿見本

　何をどれだけまとめたらよいのか，構成はどのようにしたらよいのか，なかなか想像がつかないものであるため，過去の研修生の作成したものをサンプルとして提供する。

⑭　歴史ノートの見本

　歴史教科書のノートのコピーの提出が定期的に求められるわけであるが，どの程度丁寧に，どの程度ビジュアルにまとめたらよいものか，なかなか想像がつかないものである。本人が後から見てわかりやすいものが一番ではあるが，過去の研修生の好例をサンプルとして提供する。

⑮　英語学習進捗表の見本

　12月学習連絡会の直後と，それ以降の学習連絡会の直前に，添付ファイルにて提出が求められるのだが，12月の学習連絡会で説明する際にその様式を確認しやすくするため，プリントアウトしたものを提供する。

⑯　旅行準備状況の見本

　4月以降の学習連絡会の直前に添付ファイルにて提出が求められるのだが，12月の学習連絡会で説明する際にその様式を確認しやすくするため，プリントアウトしたものを提供する。

⑰　各学習連絡会の時間割

　4回の学習連絡会それぞれの時間割をプリントアウトしたものを提供する。HPにどのみち掲載されてはいるのだが，4回の学習連絡会を通じての事前研修の全体像が見えやすいようにするためのものである。

⑱　過去の現地研修の時間割表

　現地研修を楽しみに待つことができるように，現地研修のスケジュールがわかる過去の資料を含めている。

⑲　ケンブリッジで体験して欲しいものリスト

　研修HPに掲載しており，8月の学習連絡会で扱う内容だが，クリアファイルにも封入し，なるべく多くの見聞をしてきて欲しい気持ちを伝える。

⑳　帰国手順

　例年帰国時にいろいろと難点が発生するため，現地で帰国直前に確認してもらう事項として挙げている。

【酒類1】100%リンゴ果汁発泡酒のサイダーはどの銘柄も美味。

㉑ パブ・クロール（Pub Crawl）

例年筆者が行っているパブツアーだが，時々筆者が現地研修に部分的にしか同行できないことがあるため，研修生のみでも行って来られるように詳細な情報を記しておく。その目的は，毎年伝統的に行われているこのツアーを経験しない年が生じて，帰国後の過去の研修生との交流で重要な話題をひとつ欠くことになるのを防ぐことである。詳細は 6.11.6 を参照。

5.3.2 会合

いよいよ第 1 回目の 12 月学習連絡会の日となる。研修の HP の 12 月学習連絡会のページは以下のようになる。

20XX 年 12 月 X 日（土）10：00〜終日の日程で研修生に対する学習連絡会を開催します（最後に週末旅行行先別ミーティングを自発的に開いていただきます）ので，合格者は全員 10：00 に集合してください。今からスケジュールを空けておき，くれぐれも欠席することのないようにお願いします。無断欠席・遅刻・早退の人の合格は取り消します。場所は○○です。事前に場所の確認を行い，当日も早めの電車・バスでおいでになり，集合時間を厳守してください。昼食と飲み物の持参をお願いします。万一のときはその時刻までに世話人携帯へ連絡ください。

・持ってくるもの
筆記用具／歴史教科書／必要なら英国ガイドブックの類／帰りにクリアファイルを 1 冊持ち帰っていただきます

この学習連絡会は，以後 9 ヵ月にわたってグループを組む人々の初顔合わせで，詳細な説明を実施致します。この学習連絡会以降，臨時の連絡は随時世話教員からメールによって行われます。メールを使えるようにしておくことが必須です。受信のドメイン制限ははずしておいてください。字数制限のある方は直ちにお申し出下さい。以降のメールアドレス，住所，電話番号等の変更や，携帯やパソコンの修理等による空白期間は重大なので，該当事項が生じたら直ちに世話教員に届け出てください。メール未着による不利益は，世話教員側で責任を負えません。

今後各学習連絡会（4 月，6 月，8 月）のページは，メールや口頭で「今から有効」の宣言があるまでは確定しませんので，それまでは見てもあくまで参考程度で

【酒類 2】梨のサイダーもさらにおいしい。リンゴのものとあわせ日本でも通販で入手可。

ご理解下さい。

　現地では言語クラスと講義クラスの2本立てになりますが，講義についての準備は来年6月頃からになるので，今は英語と旅行の2本立てに見えます。このため旅行の比重が高いように見えますが，これは旅程を組み手配が終われば早期に終了することです。あくまで研修のメインは英語科目と学術講義科目ですから，その点はいつも忘れないように。現地で図書館利用が少ないという声も聞かれます。わざわざケンブリッジ大学に行く意味を考えて心構えを作っていきましょう。

10：00	集合
10：00-10：15	出席確認，世話教員自己紹介
10：15-10：35	クリアブック配布・名簿誤記確認・配布資料確認
10：35-10：50	研修生自己紹介（氏名が呼ばれた後1人20秒以内）
10：50-11：05	研修の全体像説明
11：05-11：20	単語テスト
11：20-11：30	休憩
11：30-12：00	英語学習について（事前学習と英語学習進捗表）
12：00-13：00	英国史概説
13：00-13：10	休憩
13：10-13：30	4月学習連絡会の準備について
13：30-14：45	旅行先案内（地誌の概略，主要箇所のテクニック，その他）
14：45-14：55	休憩
14：55-15：55	週末旅行の準備方法（宿，地図，鉄道，指定券，夜行，観劇，ツアー）
15：55-16：35	英語発音
16：35-16：45	休憩
16：45-17：30	先輩の講話・Q&A
17：30-18：10	必要に応じ，旅行希望先別小グループミーティング
18：45-20：45	懇親会

　これらの学習連絡会でのスケジュールは，長年の実践で固まってきた内容と配分によっている。またこの学習連絡会は，研修生同士の初めての出会いの場である。

【酒類3】ラム酒が豊富で日本で飲む銘柄より美味なものが多い。特にハニー・ラム。

第5章　事前研修

①　自己紹介

英語でしてもらうことがある。20秒も話せば，およそどのくらい英語力があるかがわかるので，最初から自分の姿を仲間に知らせてもらう意図がある。

②　単語テスト

5.3.1⑨で述べたとおりである。

③　英語学習について

英語学習進捗表のやりとりによって今後指導していくことを説明し，学習連絡会後に学習計画を進捗表に記載して世話教員に届けるよう指示する。その際に，5.3.3に挙げる，筆者特有の英語学習の方法論を参考にしてもらう。

④　英国史概説

これについては，訪問国を理解する手助けとしての知識を歴史の観点から身につけてもらうための試みだが，この後3回の学習連絡会では続きを行う時間を取ることができない（そのかわり，英文で書かれた簡単な英国の通史を読んでの発表が研修生からある）。12月の「英国史概説」では「英国歴史早わかり」というプリントを配布して，1時間で英国史のダイジェストを世話教員が語るが，その内容は5.5.2にあるようなものである。先史時代から始まり，ストーンヘンジを経て，ケルト人の侵入，ローマ人による支配，ゲルマン諸族の侵攻，ヴァイキングの襲来，ノルマン大征服と続いて，英国近代王朝の始まりであるノルマン朝から現行のウィンザー朝の時代までを概観する。

昨今では本格的な世界史を履修しなくても高等学校を卒業できるので，初めて聞く話に等しいという研修生もかなりいる。筆者はかつて「英語・異文化学習における英国史教育の試み」『英語英文学論叢』（九州大学英語英米文学研究会，第48集，45-62頁）において，この研修でこの英国通史に取り組むことにより，いかに英国史上の諸項目に対する認識が深まるかを論じた。この研修が続く限り，英国史に対する取り組みは続くことになるであろう。

⑤　4月学習連絡会の準備について

本日の宿題，4月学習連絡会を迎えるにあたっての準備（5.3.7に詳述），旅行準備状況の文書の作成方法について説明を行う。

⑥　旅行先案内

この研修では，現地研修における週末旅行に力を入れている。ペンブローク・カレッジに夏期研修に来ている他校は，長期の事前研修を実施していない

【酒類4】スコットランド産のエール（ビールの一種）が美味。

写真3　学習連絡会風景　　　　写真4　学習連絡会後の懇親会風景

ようであり，これではじっくりと週末旅行の準備をしている余裕はなく，宿泊やイベントの予約などは有利に進まない。この研修では，前年12月段階から旅行に関するノウハウを指導し，訪問先に関する勉強を進めてもらう。「旅行先案内」ではガイドブックとは違う旅先の案内を行う。英国は英語の発祥の地でありながら，地理的な知識を日本人大学生はほとんど持たないため，新鮮な時間であるだろう。HPで研修生の参考に提供している内容の詳細については5.3.4を参照。

⑦　週末旅行の準備方法

単なる旅行の準備を超え，各旅行の小グループの中で英国の地誌を十分に勉強してもらい，具体的にどこを訪ねるかの合意形成をはかり，自分たちの力だけで旅程を決め，旅行業者に丸投げせず，宿泊施設には直接予約を入れ，自分たちの決めた旅程だと鉄道の切符はどのようなタイプのものを購入したら有利か考えてもらい，座席指定等の予約関係についても自力で動いてもらう。具体的な指導内容については5.3.5を参照。

⑧　英語発音

現地研修の英語科目担当教員から，九大生は発音に難があるということがしばしば指摘されている。最近はセンター試験にリスニングが導入されているからか，堂々たる日本人発音の学生は少なくなったが，それでも英語の発音の本質が消化されていない。高校までに発音記号を使用した指導が必須項目でなくなっている現在，体系的に英語の音を理解し練習する機会が必要である。なかなか十分な時間は取れないが，子音，母音，アクセントといった基本を押さえ

【酒類5】ポルトという種類の葡萄酒が美味。

ておきたいものである。

5.3.3 英語学習について

研修 HP に掲載されている英語学習（英国に関する学習を含む）のページの内容は以下のようなものである。いずれも英語学習や英語教育に関する理論的枠組みを学修していない筆者の勝手なつぶやきである。その一番の目的は英語学習のやりがいを感じてもらうことである（研修生のレポートから：以前は苦痛の伴う受動的な学習であったが，本研修を通じて今は能動的な学習となった。能動的学習がこんなにも楽しくやりがいがあるものだとは思ってもみなかった）。

① 英語学習

現地に行って英語力を伸ばすのではなく，現地に行くまでに伸ばした英語力を試しに行くのです。従って，さしたる準備もなくその日を迎えたということになると，研修の効果はたいそう薄いものになるのだと思ってください。また，英語上達のコツは，自分に負担をかけることです。

標準的な九大生の場合，特にリスニングと単語が不足しています。12月の学習連絡会後に提出していただく計画に沿って，しっかり英語の自己学習を進めておいてください。ケンブリッジ大学という世界最高峰での現地研修と時間をかけた事前学習プログラムのお膳立てに加えて若い頭があるのですから，今ここで自分を鍛えなければ恐らく一生する機会はないでしょう。いわばこの研修が皆さんの人生の試金石とも言えるでしょう。以下，各項目ごとにアドバイスを差し上げますが，すべてみっちり取り組むのは困難だと思われますので，問題はどういう方針を立てて選択と集中をするかです。単語は継続が力になりますが，その他の技能については，集中的に取り組むことが大切で，長期に細々するより短期集中の効果が高いです。

② 英語学習のコツは負担をかけること

最初にお断りしたいのは，英語上達のコツは，結局のところ，自分に負担をかけることだということです。巷に，努力なしに英語力が伸びるとうたった教材があふれていますが，そのようなことが可能であるならば，誰も学習方法に思い悩んだりしません。

学習時間については，大学入学程度の平均的英語力から，実用最低レベルと言われる TOEIC の 730 点レベルに至るまで，約 1,500 時間が必要だとも言われています。しかも，その 1,500 時間とは，英語を聞いたり読んだりして，直接英語を使

【トイレ1】昼しか開いていない公衆トイレがある。つらい……

用している正味時間のことですので，日本語で解説を読んでいる時間などは含まれません。これは学士課程4年間に置き換えてみれば，毎日例外なく1時間英語を直接使い，トータルではさらに多くの時間を使って学習に取り組むことを意味します。これがいかに大変なことか，実際になるべく英語学習に時間を割こうとして悪戦苦闘してみた人ならすぐにわかると思います。それだけ多くの時間が英語をモノにするためには必要だということであり，それを避けて通る便法はないのです。

③　英語学習は短期集中で

現実的にはなかなか継続的に長時間の学習を行っていくことは難しいものです。そのときに，継続的に学習を進めても1回1回が短時間では効果が薄く，短期集中で密度濃く学習する期間と休む期間を繰り返した方が効果があります。例えば英会話教室に通うにしても，週に1回45分程度ではいつまでも力が伸びないものですが，夏休みに集中して毎日行った方が効果があるようです。

但し語彙習得については継続が力となります。詳しくは語彙学習の項で述べることにします。

④　英語学習は効果が出るまで時間がかかる

英語に限らず，外国語の習得は効果が出るまでにかなりの時間がかかります。効果が出てくるまでに投資される時間や労力があまりに大きいために，途中で投げ出してしまう方々もおられるようです。

⑤　あくまで2番目の言語習得である

日本人が国際舞台においてたくましい英語力で外国人を相手に次々と仕事をこなしていく場面などに出会うと，まだそのような段階に至っていない人々は，おおいなる焦りを感じ，とにかく対話の訓練をしなければ話にならないと思い込み，あわてて英会話学校へ通いはじめながらも，なかなか効果があがらないということがよくあると思います。それは，必要な文法や語彙の習得を十分行わず，それに割くべき時間をもっぱら会話に充てようとするからです。

日本語が母語である私たちにとっては，英語は後から学習する言語です。母語は第1言語と言い，後から学習する言語は第2言語と呼ばれています。それぞれ言語習得の過程が異なるという考え方があり，前者の第1言語習得では，生まれつきに脳に備わって幼少時に活性化している言語習得プログラムの作用で，個別言語の刺激をもとに，労せずに文法と基礎語彙が獲得されます。これに対し，第2言語習得では，第1言語習得の場合とは異なったメカニズムに基づいており，その内容は十分明らかにはされていませんが，習得が苦労せずに進むというわけにいかないのは明らかです。

従って，まずすべきは文法と語彙の獲得です。後から学習する英語では，意識

して単語を頭の中の引き出しから持ち出し，それらを規則に従って並べることによって英文を産出することになりますから，英文の素材としての語彙と，それらの並べ方の法則である文法をしっかり意識的に学び，定着させなくてはなりません。昨今中学校や高校の英語の学習課程の中で，文法をうたった科目がなくなり，生徒も英語という言語が規則の体系というよりはフィーリングで覚えるものだという考えに偏っているように思えます。

英語学習はスポーツのようなものです。華々しくて面白い試合（＝実際の英語対話）に魅力を感じるのは当然ですが，そこで力を発揮するためには，きちんとした用具（＝語彙）を揃え，競技上のルール（＝文法）をよく身につけなければなりません。また，それ自体は面白いとは言えない筋力トレーニング（＝英語のドリル）も必要です。用具もろくに揃わずルールも知らずトレーニングもせずに試合をしても，成果が出るはずはありません。

大学の学部生は，読解は高校までに十分したので，大学では英会話がしたいということをしきりに言います。基礎はできたからもっぱら試合をしたいというわけでしょう。しかし，2つの点でそうはいきにくい面があります。

1つは，本当に満足できる英会話力というのは，買い物に使うレベルのものではなくて，人生にとって大切な対話や，緊張を要する重大な商談の場面で発揮されるものであり，その場合の対話内容も学術的なものであったり心の奥底から湧き出てくるものであったりするので，高度なレベルのものなのです。しかも会話というのは，リスニングとスピーキングを含めたリアルタイムのコミュニケーションという高等技能です。受信技能も発信技能も必要とされ，推論その他の能力も広く求められ，さらに瞬時に処理することが必要です。語彙や文法の力が不足のままこれらの高等な処理のプロセスを練習しようとしてもなかなか効果が出ないのは当然でしょう。

もう1つは，高校までに十分英語の学習をしたとは言えず，大学でも読解その他の地道な訓練を継続する必要があるということです。例えば，国際的な英語検定試験としてもっとも広く使われているTOEFL（Test of English as a Foreign Language）で，日本人受験者はアジアの諸国の受験者の中で平均点は最低クラスです。しかもリスニングよりもリーディングの成績が悪く，世界標準から見れば，とても「読解は高校までに十分した」とは言えない状況なのです。英字新聞が快適に読めるかどうかを試してみればすぐにそのことはわかるはずです。もちろんたいていの人が受験料を払うことができて気軽に受験する人の多い日本人と，本格的な英語が必要な進路を志す限られた人だけが受験する国々という違いなどがあるとは思いますが，意外と日本人が英語学習については労力を必要なだけかけていないと

【トイレ3】英国には洗浄付暖房便座はないようだ。

いうことが言えると思います。因みに中国などの学生は，国内の学校の課程だけでかなりの運用能力を身につけています。

このように，外国語としての英語学習は，かなりの地道な努力を要するものであり，その意味では高校までの日本の英語教育は大筋では間違っていないと思われ，その線でのレベルアップをこそまずは目指すべきです。このように，英語学習が第２言語の習得なのである限り，こうした地道な努力はどうしても欠かせないのです。

⑥　まずは語彙力のアップを

その地道な努力の中でも最も地道な作業は語彙の習得です。大学英語教育の中で，読解やリスニングやディベートなどが取り上げられていても，ボキャブラリー・ビルディングが体系的に取り入れられているという例はあまり耳にしません。それだけ個人の自発的努力に委ねられていると言えます。

単語は継続が力になります。実技とは異なり，覚える行為そのものはあまりおもしろいものではありませんが，スポーツの基礎に筋力トレーニングがあるのと同じで，楽しくなくてもぜひしておかなければならないものです。

よくある勉強法としては，リーディングなどの訓練の中で，知らない単語に出くわしたらその意味を調べるというものがあります。しかし，たまたま出会った単語のみを覚えていくというのでは間尺に合いません。強制注入が必要です。在外実用最低レベルとしてよく企業等で基準に採用されているTOEIC730点レベルに達するには，7,000語レベルが必要だと言われています。また，一般英語学習者の最終目標は8,000語レベルとも言われています（大学英語教育学会）。それに対し，普通は読む英文中の単語の９割程度が高校までの3,000語レベルでカバーされますが，それを超える7,000〜8,000語ということになると，出会ったら覚えるというのではなくて，強制注入しないと追いつきません。しかも引き出して使える単語（運用語彙）は知っているだけの単語（認知語彙）の７分の１という説もあります。知っているだけの単語を増やさないと使える単語も増えません。こうなると，英会話を志すのであれば，ますます語彙の刷り込みが必要だということになります。

単語を覚えるという場合，意味だけを覚えてもだめで，その単語が前後に何を従えるかという情報が英文の組み立てに必要になります。いかに単語の語彙情報を習得することが重要かがわかると思います。例えば，同じ希望を表す *want / hope* が直後に *for you to go* を取れるかどうかで対立し，*inform* は「*inform* ＋知らされる人＋*of* ＋知らされる情報」のパターンで使用するということを知らずに，縦横無尽にこれらの動詞を使うことはできません。また，後述するように，発音の情報も大切なので，単語を覚える際には，発音記号やアクセント位置も同時に

【お茶】食事する友人にお茶だけつきあおうとして店から断られた。

第 5 章　事前研修

確認する習慣をつけることが大切です。

　とにかく単語はすべての基本です。知らない単語はリスニングで粘っても聞き取れません。伝えたい気持ちを裏切らないためには単語が命です。

　語彙学習の具体的方法を提案します。まず九州大学全学教育の言語文化基礎科目の英語Ⅰでかつて使用されていた共通教科書『A Passage to English 大学生のための基礎的英語学習情報』（九州大学大学院言語文化研究院英語共通教科書編集委員会編：九州大学出版会）の第4版までについていた語彙の部分（10～16章）が勉強になります。オンラインで利用してください（http://www.flc.kyushu-u.ac.jp/~passage/passage.html）。特に抽象語彙をものにしましょう。何といっても皆さんの英語力は学業や仕事などで活かすためのものですから。

　また，検定試験を受ける方は，試験対策の段階別教材の利用がお勧めです。試験対策として出現頻度の高いものが選定されているからです。

　日常語彙については Oxford Photo Dictionary を推薦します。洋書を置く大型書店で Oxford University Press のコーナーを探すと見つかります。電子レンジ，じょうろ，ブランコ，おたま，まな板などは英語で言えますか？　腕立て伏せやかくれんぼは？　こうした基本的語彙を知らずに日常英会話もないものでしょう（答えは microwave oven, watering can, swing, ladle, cutting board, pushup, hide-and-seek）。

　さらに，自分の学業上の専門分野やその他の関心事項の語彙を調べることをお勧めします。例えば大好きな洋画の話題は原題がないと通じません（http://www.imdb.com）。邦題は原題と似ても似つかないことがままあるのです。

　どうしても使用単語集が決まらない人には，『JACET8000 英単語』（桐原書店），『英検 PASS 単熟語』（級別：旺文社）をお勧めします。前者は，大学英語教育学会の総力を挙げて主要な8,000語を選定し，それらを千語ごとに8段階の重要度ランクに分け，必要に応じて例文を付したものです。後者は英検の級ごとの単語集で，はっきりとランクの違いが見てとれます。また，九州大学に在学中は，アルク教育社のネットアカデミー2が利用できますので，http://gogaku.kyushu-u.ac.jp にアクセスし，「道場」という携帯でも利用できる語彙学習プログラムをお試しください。

　単語集の選び方ですが，語彙がずらりと並んでいる単語集の場合，平均して1ページに知っている語彙とそうでない語彙が半々くらいとなっているものが取り組むのにちょうどよいと思います。全く知らない単語ばかりではつらいばかりで，中々先へ進めないことにいらだちを覚えることでしょうし，知っている単語ばかりでは，作業は快適でしょうが，効果が薄いということになります。

【外食】一般に日本より高いようだ。スーパーの食品なら日本並みなのだが。

ところで，単語集で単語を覚えていくときに，1度見ただけでは覚えられるはずもなく，繰り返し取り組んでいくことになるわけですが，1冊通してから繰り返すのがよいのか，それとも途中からもとに戻る方がよいのかと迷っていらっしゃる方もおられるでしょう。これは単語集にどれだけ時間をかけることができるのかという実際的な条件に左右されるのですが，一般に，狭い範囲を繰り返して固めてから先へ進む方が有利だと思います。

⑦ **発音は重要**

よく「我々は英語の母語話者のようにしゃべる必要はない。堂々と日本人発音で行けばいいんだ」といった意見を耳にします。確かに，母語話者かどうか区別がつかないくらいの発音をする必要はありません。しかし堂々とした日本人発音では困ります。現にケンブリッジ大学英語・学術研修の英語授業を担当される教員から，九大生は発音が問題だという声をよく聞きます。ある程度正確な発音を，発音記号等によってメカニズムを理解する形で習得することが望ましいです。高校までの英語学習でこうした知識の習得が義務になっていないのは残念なことです。

発音やアクセントが重要なのにはいくつか理由があります。まず，世界で英語は，英語を母語としない人々が仕事等で使用している数の方が母語話者よりも多いのであり，国際協力の場面等を想像してみても，対話相手がみなそれぞれの母語のなまりを持つ英語を話したら，快適にコミュニケーションがはかれるでしょうか。英語圏で会話を交わしたことのある人なら，単純な単語でも通じない経験をしたことがあることでしょう。ある程度標準的な発音を身につけておくのがマナーでもあるし，実用的なのです。

また，発音記号を中心に，メカニズムで理解した発音の知識は，第3の言語を学ぶ際に役に立ちます。国際ビジネス・パーソンなら英語だけで一生通せるとは限らないでしょう。日産のゴーン社長も，アラビア語，英語，フランス語，スペイン語，ポルトガル語を駆使できることが成功の1つの要因になっていると考えられます。発音記号というのは本来全言語共通で，英語の辞書では英語向けにカスタマイズされているのが普通ではありますが，英語の辞書にある発音記号をマスターしておくことで，他の言語の辞書の発音記号もかなり理解し発音することができると思います。

具体的に日本人発音で困る点をいくつか見ておきましょう。まずは寄生母音です。例えば子音で終わる単語の *sit*［sɪt］に余計な母音を語尾につけて，「シット」［sɪto］と発音していませんか（この他に促音（つまる音）や母音の音価の問題もあります）。この他，英語の母音は本来日本語の母音と同じではありません。同じ発音をしても通じる部分もありますが，*hat-hut-hot* はすべて「ハット」，

【水】ペットボトルの水を持ち歩く人が多い。

第5章　事前研修

　fast-first はどちらも「ファースト」では，文脈がよほどしっかりしていないと区別できません。また曖昧母音（アクセントのない音節で母音が弱化したものなど）も，たいていの音節をていねいに発音する日本語のモードで発音していたらうまくいかないものの1つです。

　次に，英語の子音には日本語にない音が多いです。特に破裂音は注意が必要で，[p]，[b]，[t]，[d]，[k]，[g] は口腔内での破裂を伴うのが日本語の対応音と異なる点です。この他，英語の多くの摩擦音も日本語にはありませんし，子音の音価に限ってみても様々な相違点があります。

　さらに英語は単語と単語の接続部分で音の変化が生じるケースが多いです。これは，日本語では文節等ごとに喉元が締まり，リエゾンが起こりにくいのに対し，英語では単語と単語の間に喉元の締まり（glottal stop）のような境界部分での区切りがないということに原因があります。例えば，「本案」は hon と an の間に喉元の締まりが入るため，決してリエゾンして日本語で「ほなん」とは読みませんが，*an orange* ではリエゾンして英語では「アノレンジ」となります。それで境界部分での音変化が英語では生じやすいのです。*Shut up!* が「シャット・アップ」でなく「シャラップ」になるのもそうした音変化の1つです。

　また，アクセントも日英語で大きく異なります。日本語は高さアクセントを採用していますので，「ふくおか」は「低高低低」のアクセントパターンを持ち，「く」にアクセントがありますが，その「く」は長くなったり強くなったりはあまりしません。しかし *Tokyo* では to が強く長く発音され，kyo は弱く短くなります。日本語の「とうきょう」ではどこも高くも強くも長くもならずに平板アクセントで発音しますが，これは英語ではありえないことです。

　リズムも大きく日英語が異なる部分です。日本語は音節1つに拍1つという対応が最も歌いやすく，「う・さ・ぎ・お・い・し・か・の・や・ま」ではひらがな1つ（1音節）が1拍を担っており，どの音節も拍を担います。これに対し英語では，拍の乗る音節とそうでない音節が区別されるのが普通で，シカゴの「素直になれなくて」では，**Ev**・ery・**bod**・y **needs** a **lit**・tle **time** a・**way** の太字部分が

HARD TO SAY I'M SORRY
Words & Music by Peter Cetera and David Foster
© Copyright by UNIVERSAL MUSIC - MGB SONGS
All Rights Reserved. International Copyright Secured.
Print rights for Japan controlled by Shinko Music Entertainment Co., Ltd.
© by FOSTER FREES MUSIC
International copyright secured. All rights reserved.
Rights for Japan administered by PEERMUSIC K. K.

【幼児にリード】親が子どもに，犬のようにリードをつけて連れているのを時折見かける。

拍に乗ります。従って，日本人が英語の歌を歌う場合，すべての音節に拍を乗せようとして音符が足らなくなり，楽曲についていけなくなるということがおこりがちなのです。

　これだけ違いがあれば，日本人発音でいいんだという開き直りは困りものだということがおわかりいただけるでしょう。

⑧　リスニング

　リスニングの勉強には，文章全体の大まかな把握から細かいところを次第に聞き込んで理解の訓練をするやり方と，1文単位で聞き取り英語の音声に慣れるやり方の，いずれもが必要です。どちらも取り組む必要がある車の両輪のようなものなのですが，もしどちらからか始めるということでないと落ち着かないということであれば，後者から始めることをお勧めします。いずれのタイプのやり方も，同じ教材でできます。例えば，どのみち検定試験対策をされる予定の方は，TOEFL対策問題集のリスニングの問題を解いていく練習をされると思いますが，その教材で，1語1語ディクテーション（書き取り）をすることもできるわけです。1度だけでは聞き取れない部分も，何十回も粘るうちにはたと聞こえる瞬間を迎えたとすれば，そのとき1歩端的なリスニングの力が向上したと言えるでしょう。1度だけで諦めて答えを見るというのではいけません。粘って耳をそばだてるのが訓練の前提です。

　いずれにせよ，知らない単語はいくら粘っても聞き取れませんから，語彙を増やすことがリスニングの近道です。

　教材ですが，九州大学に在学中は，アルク教育社のネットアカデミー2が利用できますので，http://gogaku.kyushu-u.ac.jp にアクセスし，TOEICを意識した初中級コースやスタンダードコースなどにあるリスニング部分に取り組んでみてください。よく映画が字幕なしで聞き取れるようになるのが目標という方がおられますが，母語話者同士のナチュラルスピードによるスラング満載の対話を瞬時に初聴で理解するなどというのは，およそ英語学習者にとって最後に到達する高みです。易しめの作品を，あらかじめストーリーを知った上で取り組むのならば可能だと思います。あらかじめストーリーを知るなどという下駄をはかせるような工夫は邪道だと考える方もおられるでしょうが，決してそんなことはありません。NHKの2ヵ国語放送のニュースを英語で聞くのも，話題が日本のものなのでわかりやすいはずであり，適切な工夫だと思います。

　但し，メディア機器の機能を利用して音声を人工的に遅くすることに頼るのはよい方法ではありません。いろいろな工夫によって標準的なスピードの教材に食い下がるのが結局早道です。そうした理論に基づいた3ラウンドシステムというやり

【路上駐車1】商店街では可，郊外では不可のところが多い。

方の教材をお勧めしておきましょう。
　九州大学に在籍中はアルク教育社のネットアカデミー2のいくつかのコースが無料で使えます（http://gogaku.kyushu-u.ac.jp）。「初中級コースプラス」「スタンダードコース」「スーパースタンダードコース」などの中のリスニング問題に取り組んでください。音声を遅くする機能がありますが，標準のスピードで粘ったあとで確認のため速度を遅くするというやり方をお勧めします。最初から遅い速度で練習するのはかえって遠回りです。

⑨　スピーキング

　日本人の英語学習者が自分の英語力を分析して，他はまずまず悪くないとしても英会話だけは何としても苦手であるということをよく言います。本当はたいてい読解すらきちんとできていないという現実があるのですが，会話に絞って言うと，話せない理由の第1は語彙力と文法力の不足です。単語とその並べ方が決め手だということはもうわかりますね。

　英会話は相手が必要なことなので練習などはなかなかままならないという人がいます。しかし次善の策として，リスニングとスピーキングに技能を分けて1人で訓練することもできます。相手が言っていることがわからなければ対話は成立しないのですから，リスニング力を鍛えるということは対話に大いに繋がる訓練だということになります。

　英会話ができないという場合，よくある誤ったイメージは，単語力や文法力はあるはずなのだが会話を司る回路だけが未整備なのだというものです。高校までの英語教育が対話中心であったら会話の回路ができてよかったはずなのだという不満を持つ人もたくさんいます。しかし，語彙読解中心だったはずの高校までの英語教育を経てもなお，本当は国際標準からみて圧倒的に語彙や読解の力が不足しているのが実態です。ですから，単語と文法をやめてしまってその分英会話の回路を作ろうと思っても思ったほどのレベルに到達しません。

　スピーキングの力をつけるために語彙力をアップしようとすれば，やはりまともに前述⑥の「まずは語彙力のアップを」の項にあるような対策が必要ですが，特に日常英会話に資するものということになれば，表現集として，日常生活の動作を紹介したもの（例：袖をまくる，お茶を入れる）や，短くてもまだ知らない表現（例：You did !）が扱われているものが有効です。http://www.flc.kyushu-u.ac.jp/~passage/passage.html の「覚えておきたい口語表現」も活用してください。

　スピーキングに資する文法学習といえばどのようなことになるでしょうか。ここでもやはり英語学習一般に必要なまともな文法力をつけていくしかないのです

【路上駐車2】住民に路上駐車が認められる場所がある。ガレージのない長屋が多いのだ。

が，強いて言えば，単語が使われる典型パターンを覚えていくことです。単語にはたくさんの異なった使い方を持つものもありますが，それぞれの単語について最もよく使われるパターンを覚え，どういう単語が必要とされても何とかその単語のまわりに何を組み合わせていけばよいかが思い出せるようにしておくことが大切です。たとえば persuade なら「persuade ＋説得される人＋ that 節（説得される内容）」といったことです。

　ですが，回路が未整備というのも本当の話であり，単語と文法の力を養う他にその回路を整備する1つの方法として，英語のリズムの体得があります。英語のリズムの概要については前述のとおりですが，英語の発音やリズムをつかむために，リスニングの教材を再生して自分も 0.5 秒程度遅れてついていくシャドウイングという訓練は有効です。英語の発音やリズムがある程度身についていないと教材の音声についていけないからです。最初は何度か聞いて文章を承知している教材について行うのが賢いでしょう。慣れてくれば，NHK の 2 ヵ国語ニュースのような番組で，初聴のニュースでありながら新聞等で内容を知っているような国内ニュースについて行ってみることもできるでしょう。全く知らない国の初めて聞く話題のニュースについて，海外短波放送のニュースをいきなりシャドウイングするのは，最高難度の技と言えるでしょう。

　スピーキングに絞った練習としては，自分の好きなトピックの説明を 1 分で行う訓練を理想的には毎日 1 回して欲しいです。例えば「私はなぜ九大のビジネス・スクールを選んだか」「『もののけ姫』ってどんな映画？」「自衛隊海外派兵をどう思う」「NHK ってどんな存在？」。一気に 1 分よどみなしに話せるようになれば大したものです。10～20 秒は何とかなっても 1 分は大変なのです。また，たった 1 分なのですが，継続できるかどうかはなかなか難しい問題です。これをやり遂げられるかどうかは，端的に英語学習の成功のバロメータになりうると思われます。

⑩　リーディング

　リーディングは難度の高いものをじっくり読み取ることも速度を重視することも必要です。前者では学術専門書の理解，後者では英字新聞をすらすら読むのが最高レベルといえるでしょう。

　これらの読解の成功のためには，もちろん単語と文法の力が基礎になります。一定頻度以上に知らない単語に出会えば読解に困難を伴うことになりますし，構文をつかめなければ訳のわからない文章にしか見えないということになります。

　専門書の熟読のような場合には，わからない箇所をとばして先を急ぐことは感心しません。わからないところを放っておかずに粘る，そこにこそ深い読解力を開発していく鍵があります。専門書のような文体はよく練られた文体ですから，読み

【駐車料金】週末に観光客用に安くなる駐車場がある。日本と逆だ。

取れない場合，たいてい書いた側に原因があるわけではないのです。その場合必要な単語や文法の詳細については他書に譲ることにします。

英字新聞のような場合は事情が違います。1字1句最初から最後まで細大漏らさずという読み方は現実的ではありません。日本語の新聞でも，見出しを頼りに自分の読みたい記事だけを探し，しかも読み始めた記事を最後まで読み通すとは限らないものです。英字新聞でも同じことです。従って，見出しの内容を瞬時に的確に理解することと，読み始めた記事が扱う内容の概要を素早くつかむことが重要になってきます。

英字新聞の見出しには特殊な語彙と文法が用いられます（注：以下，記事見出しについては『A Passage to English 大学生のための基礎的英語学習情報』第5版，九州大学大学院言語文化研究院英語共通教科書編集委員会編，九州大学出版会を参考にしている）。日本語では表意文字である漢字を活用して短いスペースに効果的な見出しを掲出できますが，英語では同じ内容でも余計にスペースが要ります。そこでできるだけ見出しを短くしようとして，新聞特有の短い語の多用が生じるのです。例えば support のかわりに back，marry のかわりに wed，facilitate のかわりに boost といったことになります。また，通常新聞は直近の出来事を報道するものなので，見出しでは出来事を記述するのにわざわざ過去形を使わず，現在形で処理します（例：Plane Crash Kills 25）。過去形の-ed すら節約するということでもあります。従って過去形が使われているとそれはかなり以前の過去を示すということになります（例：Engine Failure Caused Plane Crash, say Investigators）。この他，完了形は避けて，受動態では be 動詞を省略し（例：Kennedy Killed in Dallas），後位修飾よりも前位修飾を好み（例：○ Osaka Man，× Man from Osaka），未来のことは to 不定詞で表す（例：President to Fire Secretary General）など，いくつか独特の文法が用いられます。

読み始めた記事の内容を素早くつかむという点ですが，高速なとばし読みの結果要点だけつかんでいく読み方をスキミングといいます。幸い，新聞は普通最初の1段落に主要な情報が詰め込まれ，編集上途中から切られてもいいように，後の段落に行くほど重要度が落ちる配列になっていますから，はじめの1段落を読むだけで，先へ読み進めるかどうかを判断できることが多いです。

話したり書いたりする場合は標準的な英語を使えばいいのですし，対話で相手の話を聞く場合もこちらが非母語話者だとわかれば丁寧に話してくれることが多いのですが，一般読者を相手にした書き物を読む場合，どんなタイプの英文を読むことになるかわかりません。検定教科書のような精選された文章だけではなく，英語圏の各種 HP 等で生の雑多な英語にも触れることが望ましいです。非母語話者の

【日本車】米国と比べ日本車は少ない。車名も日本で使われているものとは異なる。

書く英文にすらふれておくといいように思います。

　九州大学に在籍中は，アルク教育社のネットアカデミー2のいくつかのコースが無料で使えます（http://gogaku.kyushu-u.ac.jp）。「初中級コースプラス」「スタンダードコース」「スーパースタンダードコース」などの中のリーディング問題に取り組んでください。1つ1つの題材に難易度が明示されているのが便利です。

⑪　ライティング

　時間をかけたじっくりとした作文練習にも，高速多量ライティングにも慣れておく必要があります。また，1文単位の和文英訳も，パラグラフ・ライティングも，まとまったエッセイの練習も必要です。

　ライティングも語彙と文法が基本であることに違いはありません。しかしリーディングの場合と異なり，わからない部分を放っておいてよいというわけにいかないところが難物です。自分が自信を持っている部分だけを使って書くことになるので，どうしても平易な英文しか書けません。ことさら凝ったものを書く必要はないのですが，いくつかできる工夫があります。

　英国はケルト，ローマ，アングロ・サクソン，ヴァイキング，ノルマンなどの征服を受け，様々な言語の影響を受けてきたため，似た意味を持つ単語が多数存在する場合が多く，従って同一の単語を過度に繰り返して用いることは稚拙とされます。日本語なら「福岡」が何度繰り返されても不自然ではないでしょうが，英語を書くときは，*Fukuoka, it, the city, the megalopolis, the largest city of Kyushu* などと時々言い換えてやると自然です。

　以下堅めのしっかりとした文章を書く場合について述べます。パラグラフを書くときは，まず最初に全体として言いたいことの核心を書きます（主題文）。日本人の書く文章は核心を後まで取っておく書き方をすることが多いのですが，ビジネス文書のような実用的文書の場合は特に最初に核心を持ってくることが大切です。主題文に続いて，主題文に示された主張の論拠や提示された用件の詳細を示していく本文を書きます。そして最後に主題文の繰り返しか本文の要約を内容とする結語文を置きます。日本語の起承転結のリズムとはずいぶん違いますね。

　複数のパラグラフを含む書き物を書くときは，最初に導入の段落，次にそれを展開する複数の主段落，最後に結論の段落という構成にします。導入の段落では，書き物全体で言いたいことの核心（論題提示文）を最後に配置し，その前に導入としてのマクラを入れるのが普通です。例えばQBS（九州大学ビジネススクール）が優秀な教育課程であるということを論題提示文として書くのであれば，最近は日本でも学びたい社会人が多いとか，九大にはたくさんの教育課程があるとか，関係はしているけれども論題と微妙にずれたものをいわば遊びとして入れます。これは

【小型車】米国に比べ小型車が多い。体格は日本人よりは大きいと思うのだが。

パラグラフ1つだけで構成する書き物との違いです。展開の段落は，論題を支持する内容のものを，少なくとも3段落は設けます。展開の段落の1つ1つは，主題文，本文，結語文という構成にするのがもっとも正式ですが，いちいちしつこいと思われる場合は，主題文や結語文は省略しても構いません。論題提示文の中で展開の段落の主題にどんなものが登場するか予告してある場合は特にそうです。主題文や結語文のかわりに段落と段落をつなぐ接続詞的文章を入れてもよいでしょう。結論の段落ではまず結語文を配置し，その後に展開の段落の要約か遊び的コメントを入れます。コメントとしては，例えばQBSが優秀な教育課程であるということを結語文として書くのであれば，あなたもQBSの受験をお考えになってはいかがでしょうかとか，人間は何ごともチャレンジが必要ですね，といったコメントはどうでしょうか。

　練習として何かを書くのであれば，好きなことを題材にするのがいいでしょう。⑨「スピーキング」の項で述べた1分説明を翌朝書式を整えて書き出してみるのもいい方法ですし，上記のかっちりとした書き方はとりあえず無視して，日記を英語でつけ，高速ライティングを試みるのもいいのではないでしょうか。

　最後に電子メールの場合を少し追加しておきましょう。電子メールでは相手がわずかの時間の間にポイントをつかまえようとしますので，なお一層言いたいことを素早く提示することが必要です。長々とイントロを書いたりしません。件名は具体的に短く，最初と最後の挨拶は最低限の分量とし，宛名や送信者の署名等は左寄せで書き（そうしないと相手のウィンドウ幅によっては途中で改行されてしまいます），相手の文面を引用するときは直接必要な部分だけにするのが望ましいです。過度に丁寧な書き方は逆効果です。

⑫　研修生の声
- 細かいボキャブラリーとヒアリング力のアップの必要性を感じた。簡単な意志疎通はできたが，文化的な話し合い，専門的なつっこんだ話になると，意志疎通ができなくなってしまうのである。すると当然ながらネイティブたちは自分たち同士で話し合いをし出す。すると話し合いの中で，自分の存在がだんだん小さくなってしまうのである。これほど辛いものはない。
- 「靖国参拝問題とは何か」を英語で説明できますか？　時事問題が授業でよく話題になります。
- 自分は喘息があったが，風邪薬を買うときいろんな質問を受け，自分の命にかかわる事柄なのに，その方面の英語表現を準備しておかなかったことを後悔した。

【速度計】車の速度計の目盛はマイルとキロの併記になっている。

⑬　英国に関する学習

　　訪問する国のことをあらかじめ知っておくことは大変重要です。英語が使用されている国の文化については切り捨てて，その分英語だけに集中するなどという勉強方法は間違っています。それでは中身はなくてもぺらぺらしゃべればいいと言っているようなもので空しいです。英国に関する学習を事前に十分しておかなかったことを後悔する研修生が例年多いです。

　　12月の学習連絡会で出題し，皆さんの調査結果をまとめた冊子（4月学習連絡会で配布）をよく勉強してください。また，合格者に案内する英国の歴史に関する英文の教科書を全体で学習していきます。入手したらこつこつ学習してください。

　　次の本を紹介しておきます。この他類書なら何でもよいと思います。英国訪問を楽しみに思う気持ちを高めてください（注：書籍については本書の参考文献の項を参照）。

　　UK NOW（英国政府公式日本語HP：大使館，留学，英国観光庁，英国映画，そのほか膨大な情報の宝庫です）を紹介しておきます。

　　海外安全情報を時々チェックしてください。外務省 http://www.mofa.go.jp/mofaj＞左帯の「各国・地域情勢」の「欧州」＞「英国」＞「海外安全情報」で閲覧できます。日本人を襲う強盗傷害事件などの情報がでたことがあります。

5.3.4　旅行先案内

　　英国での現地研修期間中における週末旅行の訪問先の選定を手助けするため，筆者の経験に基づく網羅的紹介を研修HPに写真付（本書では省略）で行っている。合計6日間しかないので，研修生はせいぜいロンドンとエジンバラと湖水地方程度しか回れないのだが，英国の地誌に特段の興味がなければ，もしかしたらこのように網羅的に予習するのは一生に1度のことかもしれず，概観しておく意義は十分あるのではないかと考えられる。

①　旅行先

　　市販のガイドブック等を見て自分の行きたいところを決めるのが一番ですが，このページも参考にしてください。日帰りの場合は日帰りできるかどうか等慎重に検討してください。現地宿泊施設の到着が夜7時や8時となるのは遠慮してください。特に個人経営のB&Bなどでは御迷惑ですし，遅くなって予約をキャンセルされたトラブルが結構あります。おおむね，到着時間が6時を過ぎるときは当日電話で予告連絡をした方が無難です。なお，本ページでは北アイルランドは含まれてい

【マニュアル車】車は圧倒的にマニュアル車が多い。

ません。
② 旅行の一般情報リンク先
- 英国政府観光庁　http://www.visitbritain.com/（宿泊施設の紹介も含めすごい情報量）
- ETAL　http://www.eikokutabi.com/（日本語の大量情報。おすすめ）
- ジャパンセンター　http://www.japancentre.com（ロンドンで日本の物資が入手可）
- 各都市の気温　http://uk.weather.yahoo.com（知っておくと便利です）

③ ケンブリッジで体験して欲しいもの
ケンブリッジ案内のページを御覧ください。

④ 方面別のガイド
　旅行ガイドブックを見ればどのみちわかるような一般的情報を意図していません。写真は個人的趣味です（注：HPには写真へのリンクがあるが本書では省略）。写真もコメントもないところは世話教員（注：筆者）の未訪問地です。写真かコメントがあるところは原則として既訪問地です（コメントのみのところで幾つか例外があります）。なお英国の世界遺産のうち，下記にないものは本土からほど遠いところにある「ゴフ島とイナクセサブル島」「ヘンダーソン島」「バミューダ島」と北アイルランドの「ジャイアンツ・コーズウェーとコーズウェー海岸」です（**は見逃せないもの，*はお勧め）。

1）イングランド南部
*DOVER：ロンドン発の「リーズ城，カンタベリー，ドーヴァー」のツアーは海を見るだけ。ぜひドーヴァー城と地下要塞を見て下さい。
　　　**Dover Castle / Dover Museum and the Bronze Age Boat Gallery（世界最古の船あり）
*SEVEN SISTERS：郊外の白いチョーク（白亜）の美しい断崖。詳説下記にあり。
*CANTERBURY：入場観光施設の多い町です。大聖堂を中心に賑わいます。
　　　**Canterbury Cathedral（英国国教会総本山。聖アウグスティヌス修道院跡とあわせて世界遺産。さすがに大聖堂が見事）/ St. Augustine's Abbey（大規模修道院跡。大聖堂とあわせて世界遺産）/ Canterbury Tales（チョーサーの「カンタベリー物語」のジオラマをツアーガイドとともに回ります）/ Roman Museum / Canterbury Heritage Museum / West Gate Museum / Eastbridge Hospital / Royal Museum & Gallery / Canterbury's Art Gallery / Canterbury Castle（城としては全く無名）

【オートマ車】レンタカーでマニュアル車の倍近くの料金がかかることがある。

PORTSMOUTH：船のテーマパークが充実。南岸の暖かい陽光を感じます。
　　　Historic Dockyard（Flagship Portsmouth とも。船や博物館が多数）/ Charles Dickens' House
THE ISLE OF WIGHT：ポーツマスから船15分。
　　　Needles（岬の突端の景勝地）/ Osborne House（ヴィクトリア女王が晩年を過ごした豪邸）/ Carisbrooke Castle（チャールズ1世が幽閉されていた城）/ Tennison Down（英国らしい爽やかな断崖の丘。セブンシスターズに似）/ Isle of Wight Steam Railway（ボランティア運営による保存鉄道）
BRIGHTON：南岸の保養地。
　　　Brighton Pier（美しい観光桟橋。クラシカルな遊園地があります）/ Royal Pavillion（ジョージ4世建築。見学しがいがあります）
HASTINGS：南岸の保養地。ノルマン大征服の戦いで有名。
　　　Hastings Castle（険しい丘の上の城跡。海がきれい）/ Smugglers' Adventure（洞窟利用の酒密造時代のアトラクション）
BATTLEFIELD ABBEY
RYE：南岸の小さな美しい村。
　　　St Mary's Church（村の教会）/ Ypres Tower（村の歴史を語る展示）
CHILHAM
LEEDS CASTLE：イングランド一美しい城とも。ロンドンからツアーあり。
POOH COUNTRY
　　• Seven Sisters の注意（注：一般ガイドブックに詳細がないので）
　　　まず http://www.sevensisters.org.uk/page56.html をごらんください。ドーヴァーからであれば Eastbourne 駅で下車されると思います。そのページの Brighton & Hove Bus のリンクをあけてみてください。Quick Service Lookup のところで，Eastbourne > Brighton の路線を幾つか見ることになります。運行曜日に注意して下さい。12（A）と13Xであわせて毎時5本あるということがわかりますね。イーストボーンの駅前はバス乗り場が多いので，どこから目的のバスが出るのか探すのに5分以上かかるかもしれず，計画を立てるときの参考にしてください。Seven Sisters で降りるバス停ですが，実は Exceat Park Centre で降りず，1つ先の Exceat Bridge で降りると，近くのレストランの敷地から南下するハイキングコースに出ます（往復眺める時間もみて90分から2時間，写真（本書写真5）のような眺めになります）。もっとも Centre で降りても歩くのが 500m くらい増えるだけです。Centre で降りるならバスの HP であらかじめバス賃を検索して人数分のお金を用意しておくから便利で

【信号1】歩行者用信号は青の時間が短いが，歩行者が渡るまで車は待つ。

す。ポイントとしては，Seven Sisters を沖側から眺めるポイントが Exceat というわけです。ここの地図は http://www.sevensisters.org.uk/page3.html の how to see the Seven Sisters のリンクを見てください。縦の破線を Cuckmere Haven まで歩くことになります。右上の P が Exceat Park Centre バス停で，次の Exceat Bridge がその縦の破線が始まるところです。そこのビールもおいしい。この歩きは雨だとぬかるみです。この他，Exceat と Eastbourne の間に Beachy Head という界隈があり，これは断崖の上へ行くポイントのひとつです。但しこちらは 13 番のバスしか通らないので（バス HP の時刻表のページのルートマップを見ればわかりますね），毎時 1 本だけになります。できれば Eastbourne から Exceat に行くとき，13 番のバスに乗って，後から戻って降りるならどのバス停がよいかあたりをつけておき，Exceat からの帰りに 13 番に乗りそこで降りて次のバスまで 1 時間散策したらよいです。Beachy Head は世話教員（注：筆者）も通っただけなので，http://www.beachyhead.org.uk を参考にしてください。このようにすると，Eastbourne を出てから戻るまで，5～6 時間かかるでしょう。バスや列車の時刻表をよく確かめてください。バスは，目的地と人数を告げて運転手にお金を払う方式です。途中のバス停から乗るときは手を上げて確実に止まってもらうように。Seaford で降りるなら駅の一番近くのバス停の名前を聞いておくといいです。こうして Seven Sisters を海側から眺め，Beachy Head の断崖に遊ぶプランですが，断崖に昇るのは Seven Sisters にして Beachy Head はやめるとすれば，バスは 12 番でいいので時間を気にする必要がなくなりますが，その場合でも片道は 13 番に乗って Beachy Head の爽快なドライブを楽しむことをお奨めします。

2) イングランド西部

*COTSWOLDS：ガイドブックには路線バスで巡ることもできるように書いてあるものもありますが，週末旅行ではまず無理です。ロンドン発のツアー（5.3.5 ⑰「ツアー等の予約」のページを参照）の利用が現実的です。しかしこの大型バスツアーではカバーできない小さな村も多いので，「ツアー等の予約」のページに紹介しているようなローカルなミニバンツアーを利用するのも手です。最寄りの駅からのタクシー利用は高過ぎて話になりません。また，コッツウォルズは，英国人が典型的な田舎と見なすふるさと的な場所ではありますが，好きな人と退屈な人にはっきり分かれると思います。

**Blenham Palace（チャーチルの生家で世界遺産）/ Bibury（コッツウォルズで 1，2 を争う美村）/ Bourton-on-the-Water（浅い川のはたで皆さんピクニック：Model Village（ミニチュアの町））/ Chipping Campden

【信号 2】信号機の位置が日本より低い。

（しっとりとした古い街）/ Warwick Castle（見学施設の整ったテーマパーク的お城）/ Kennilworth Castle（趣深い城跡）/ Burford（アンティークショップの多い，割と大きな町）/ *Hidcote Manor Garden（巨大な庭園。楽しむのに 1 日かかりそう）/ Broadway（確かに道幅の広い街）/ Broadway Tower（コッツウォルズが丘陵上だとよくわかる展望地）/ Sudeley Castle（庭も建物も趣深い）/ Castle Combe（英国で最も古さを残した村として有名）/ Cheltenham（Pitville Pump Room（旧温泉くみ上げ施設で今は貸切ホール）/ Holst Birthplace Museum（ホルスト生家の小さな博物館）/ Cheltenham Museum & Art Gallery（立派な郷土博物館））/ Gloucester（Gloucester Cathedral（「ハリー・ポッター」のホグワーツ魔法学校）/ National Waterways Museum（運河についての小規模なもの）/ Gloucester City Museum & Art Gallery（よくある郷土博物館））/ Lacock（小さな集落：Lacock Abbey（「ハリー・ポッター」ロケ地））/ Chippenham / Cirencester / Winchcombe / Morton-in-Marsh / Upper Slaughter（小さな集落だが自然が美しい）/ Lower Slaughter（小さな集落だが小川が美しい）/ Stow-on-the-Wold / Leckhampton

**BATH：英国に珍しく高い木々の丘に囲まれ，しっとりした日本に近い風情の街。世界遺産だけに大観光地でもそれだけのことはあります。

*Roman Baths Museum（ローマ浴場博物館）/ *Pulteney Bridge（橋上に店の並ぶ美しい橋）/ The Royal Crescent（三日月型の優雅な建物）/ Bath Abbey（バース寺院は美しい）/ The Museum of Costume and Assembly Rooms（展示量が多い）

STRATFORD-UPON-AVON：シェークスピアの故郷ではっとするほど美しいです。ナローボートも乗ってみたいですね。もちろん劇も。

*Shakespeare's Birth Place（シェークスピアの生家が博物館に）/ Holy Trinity Church（シェークスピアの眠る教会）/ Royal Shakespeare Theatre（現地で最も有名な劇場）/ Hall's Croft（シェークスピアの娘の家）/ Nash's House & New Place（シェークスピアの孫娘の夫の家）/ Anne Hathaway's Cottage（シェークスピアの妻の生家）

CORNWALL：夜行列車利用なら，半島の先までバスで行けます。

Penzance / Land's End（半島突端）/ St. Michaels's Mount（モンサンミシェルの英国版ですね）/ Minack Theatre（おばあさんが 1 人で作った断崖上の劇場）/ St Ives（美しい港町。ヴァージニア・ウルフの『灯台へ（To the Lighthouse）』の灯台が沖に見える）

【信号 3】車用の信号は赤→黄→青→黄→赤のように変わる。

第 5 章　事前研修

写真 5　セブンシスターズ　　写真 6　ソールズベリー大聖堂

TORQUAY
EXETER
    Exeter Cathedral / Underground Passage / Royal Albert Memorial Museum and Art Gallery
PLYMOUTH：米植民に出発した清教徒のメイフラワー号の出航記念碑あり。
DARTMOOR NATIONAL PARK
*STONEHENGE：Avebury とともに世界遺産。路線バスで回るのはきついですので，ロンドン発のツアー利用がよいと思います。
OXFORD：ケンブリッジとの違いを楽しんでください。
    Christ Church（大きなカレッジ。「ハリー・ポッター」のホールが有名）/ St Mary's Church（大学全体の教会）/ Museum of Oxford / Oxford Castle Unlocked / Radcliff Camera（Bodleian Library の分館。印象的な建物）
WINCHESTER
    Winchester Cathedral（聖歌隊が有名な大聖堂）/ Jane Austin's House（現在は民家で見学不可）/ Wolvesey Castle（小規模な城跡）
SOUTHAMPTON
    Solent Sky Museum（倉庫の中にいろんな古い飛行機が）/ Southampton Maritime Museum（タイタニックの展示あり）
SALISBURY
    *Salisbury Cathedral（英国一高い聖堂。英国に 4 部残るマグナ・カルタの 1 つがある）/ Monpesson House（映画のロケ地にもなった家）/ Salisbury and South Wiltshire Museum（普通の郷土博物館）

【高速道路】一部の橋を除いて原則無料である。うらやましい。

OLD SARUM
AVEBURY：Stonehenge と共に世界遺産。環状の土手と列石群内に集落。
BRISTOL
RUGBY：ラグビー発祥の地として有名なパブリック・スクール。
CORNWALL AND WEST DEVON MINING LANDSCAPE：世界遺産。
DORSET AND EAST DEVON COAST　世界遺産。

3)　イングランド北部

**LAKE DISTRICT：ロンドン Euston 駅発の夜行列車に乗り（諸注意が「列車・バスの予約・運賃」にあり（本書では 5.3.5 ⑦ 7））, Carlisle で降りて Oxenholme へ戻り，枝線に乗り換えて Windermere に着くと 8 時くらいです。その日に Lakes Supertours（http://www.lakes-supertours.co.uk）等のツアー（「ツアー等の予約」ページを参照（本書では 5.3.5 ⑰））の 1 日ツアーや半日ツアーを利用し，日曜の昼に現地を出てケンブリッジに戻る手が最も手軽です。但し，日曜日の Windermere から Oxenholme へのローカル線は始発が 12 時近くですから注意してください。Windermere は湖水地方の入口に過ぎないので，ぜひツアー等で奥地を見てきてください。

> Honister Pass（湖水地方奥部への入口）/ Castlerigg Stone Circle（規模は小さいがさわれます）/ Hardknot Pass（Wastwater へ向かう英国最急勾配の羊腸の細道たる峠道）/ Wastwater（湖水地方最奥部で訪問者の少ない絶景地）/ Windermere（湖水地方中心地または湖の名です）/ Grasmere（ウィンダミア湖の 1 つ北の美湖）/ Dervent Water（ケズウィック近くの大きな湖）/ Surprise View（ダーヴェント湖を見下ろす景勝地）/ Lakeside Haverthwaite Railway（ウィンダミア湖南の保存鉄道）/ Ravenglass & Eskdale Railway（奥地のナローゲージ）/ Hill Top（ピーターラビットの作者 Beatrix Potter の生家）/ Rydal Mount（詩人ワーズワースの家）/ Dove Cottage（詩人ワーズワースの家）/ Hawkshead / Muncaster Castle（アミューズメントゾーンだ）/ Coniston Water（ウィンダミア湖よりやや奥の湖）/ Tarn How（ヒルトップ近くの趣深い小沼）/ Thirlmere（グラスミアの 1 つ北の湖）/ Ulswater（湖水地方東北からの入口の湖）/ Aire Force（Ulswater 横の小さな滝）/ Buttermere（湖水地方奥部の湖）/ Crummock Water（湖水地方奥部の湖）/ Lowes Water（湖水地方奥部の湖）

*YORK：エジンバラへの往復の途中に寄ることができるとよいです。城砦に囲まれた綺麗な街です。ヨーク・ミンスターも立派です。

【巨大乳母車】保育園児が 6 人くらい乗れる大型乳母車がある。

National Rail Museum（国立鉄道博物館）/ *York Minster（大きな大聖堂です。英国で最も大きいと言われます）/ Shambles（有名な狭い商店街）/ Merchant Adventurers' Hall（今でいう市民集会所？）/ Jorvik Viking Centre（乗り物に乗り昔の生活を覗くアトラクション）/ The York Dungeon（ガイドツアー形式のお化け屋敷）/ Roman Bath（パブの地下に何とローマ浴場跡が）/ Treasurer's House（地方の豪邸の1つ）/ Regimental Museum（軍事博物館）/ Cliford's Tower（市街の見晴らしがよい）/ York Boat（街の中心を行くボートツアー）/ Barley Hall（中世の町の家）/ Yorkshire Museum（地方博物館だが立派な施設）/ York Brewery Tour（45分程度のツアー。直営パブ試飲セットが得）/ Micklegate Bar Museum（城壁の一部が小さな博物館に）/ York Model Railway（駅横のHOスケールのレイアウト）

CASTLE HOWARD：York郊外の広大な領主の館。
*FOUNTAIN'S ABBEY：世界遺産で震えるほど素晴らしい修道院跡。
*DURHAM
　　*Durham Cathedral（城とあわせて世界遺産。他を圧倒する荘厳さ）/ Durham Castle（大聖堂とあわせ1つの世界遺産）
*CHATSWORTH HOUSE：領主の屋敷としては最大級のすごさ。
HADRIAN'S WALL：世界遺産で，ローマ帝国が築いた長城と砦が残る。
*WHITBY：海の断崖の入り江にびっしりと家の並ぶ美しい港町。
　　St Mary's Church（高台の立派な教会。墓地からの眺望がいい）/ Whitby Abbey（壊された修道院跡。Fountain's Abbeyに次いで立派か）/ Captain Cook Memorial Museum（Whitbyはクック船長の出身地）
ROBIN HOOD'S BAY：海沿いの小集落。坂道に民家密集，磯遊びのメッカ。
SCARBOROUGH：佳景の港町。サイモン＆ガーファンクルの名曲を思い出す。
　　St Mary's Church（アン・ブロンテの墓がある）/ Scarborough Castle（岬の高台の上で眺望抜群）
CARLISLE
NEWCASTLE-UPON-TYNE
ALNWICK
　　Alnwick Castle / Alnwick Garden
HARROGATE
YORKSHIRE DALES：谷間のドライブが気持ちいい。
HAWORTH：「嵐が丘」の世界。
KEIGHLEY AND WORTH VALLEY RAILWAY：ハワースを通る保存鉄道。

【自転車1】ヘルメットをかぶっている人が多い。

CHESTER：チューダー朝の名残がある，城砦の街。競馬も有名。
    Chester Cathedral（普通の聖堂）/ Grosvenor Museum（ローマ時代からの歴史の紹介）
LIVERPOOL：世界遺産。さすがに見応えのある，サッカーとビートルズの街。
    Beatles Story（ビル地下で展示中心に歴史を。最後に流れる「イマジン」は泣く）/ Tate Gallery（ロンドンのテートの分館。モダンアートは難しい）/ Merseyside Maritime Museum（海運を支えた海事の博物館）/ International Slave Museum（海事博物館の建物に同居）/ *Liverpool Cathedral（国教会最大の大聖堂。20世紀築だが壮麗）/ Metropolitan Cathedral（カトリックだがウルトラモダン）/ Liverpool Museum（中規模の博物館）/ The Walker Art Gallery（上記博物館分館。よいコレクション）
MANCHESTER
    Museum of Science and Industry（大規模な科学産業博物館。街の歴史も学べる）/ The Manchester Museum（マンチェスター大学内部の博物館）
BURY
    East Lancashire Railway（ハイキングにいい地形の中の蒸気保存鉄道）/ Bury Transport Museum（小さな町にしては立派な博物館）
BIRMINGHAM
COVENTRY
SHREWSBURY
    Shrewsbury Castle（中はほとんど軍事博物館）/ Shrewsbury Abbey（地方都市の典型的な教会）/ Shrewsbury Museum and Art Gallery（地方都市の典型的な博物館）
IRON BRIDGE GORGE
    Ironbridge（世界遺産。世界最初の鉄橋）/ Blists Hill Victorian Town（ヴィクトリア朝の町並みと産業地区を保存したアトラクション）/ Coalbrookdale Museum of Iron（製鉄の始まった地で，当時の炉も保存されている）/ Darby Houses（当時の産業施設の持ち主たちが住んだ家）/ Museum of the Gorge（渓谷の自然に焦点をあてた小さな博物館）/ Jackfield Tile Museum（タイル製造の博物館）
SALTAIRE：世界遺産。ヴィクトリア時代の繊維工場町のモデル。
DERVENT VALLEY MILLS：世界遺産。
STOKE-ON-TRENT
NOTTINGHAM

【自転車2】手信号をかなりの人が励行し，車道を走行している。

SHERWOOD FOREST
NEWSTEAD ABBEY
LINCOLN
PEAK DISTRICT
BAKEWELL
NORTH YORKSHIRE MOORS RAILWAY：急勾配と乗車時間と乗客数に感嘆。
4)　イングランド東部
CAMBRIDGE：別ページに詳細（第6章を参照**）。
ELY：ケンブリッジの隣町で大聖堂が見事。運河も気持ちいい。のんびりした町。
　　　Oliver Cromwell's House（音声ガイドで部屋を見て回り勉強する形）/ Ely Cathedral（変わった形の塔です。ステンドグラス博物館を併設）/ Ely Museum（地元の博物館です。Fenland（沼沢地方）がよくわかります）
ST IVES
HUNTINGDON
WYMONDHAM
　　　Wymondham Abbey（「フィンダム」。こんな所に立派な修道院が）
NORWICH：世界で一番教会が多い町といわれる。
　　　Norwich Cathedral（高さがソールズベリ大聖堂に次いで英国第2位）/ Norwich Castle（郷土博物館となっている城）
IPSWICH
　　　Christchurch Mansion（ヘンリー8世時のウルジー卿出身地の邸宅）
KING'S LYNN：ハンザ同盟に関係した港町。
SANDRINGHAM HOUSE
CASTLE RISING：小さな城だがまわりの壕が見事。
HOLKHAM HALL：ノーフォーク北岸の田舎にこんな大きなお屋敷が。
COLCHESTER
　　　Colchester Castle（郷土博物館を兼ねたもの）
ORFORD
　　　Orford Castle（浜にある小さな城）
THORPE NESS：ボート遊びに最適の海岸の湖。
FRAMLINGHAM CASTLE：ペンブローク・カレッジ所有の城。
GREAT YARMOUTH
PETERBOROUGH
　　　Peterborough Cathedral（3つのアーチの珍しい正面の大聖堂）/ Peter-

【自転車3】後輪背後に乳児用カプセルを牽引している自転車あり。

borough Museum（地元の博物館）/ Railworld Museum（2012年改装とのことで貧弱な展示）
STAMFORD
　　Burghley House（地方の領主の屋敷という感じ。白い石材は特徴的）
WELLS & WALSINGHAM RAILWAY：超ナローゲージ。
NORTH NORFOLK RAILWAY：標準軌で便数は多いが短く料金が高い。
MID NORFOLK RAILWAY：標準軌ながら便が少ない。
NENE VALLEY RAILWAY：標準軌蒸気。沿線は普通だ。

5) スコットランド

　　イングランドと違う北の風土をぜひ見て欲しいです。Edinburghが中心ですが，それより北のネス湖などのハイランド地方等は，エジンバラ発の1日バスツアー（「ツアー等の予約」のページを参照（本書では5.3.5 ⑰））を利用すれば行けます。グレンコーは素晴らしいです。将来，奥地のスカイ島や離島を訪れる機会もあるでしょう。この時期はエジンバラ国際フェスティバルの期間で大変混みます。なるべく早く予約してください。宿は，安いのでよければエジンバラ大学の寮が安いですが（自分でHPを検索して調べてください），Bank Holiday Weekendを中心に2泊以上を求められることがあるようです。travelodgeは2人で泊まって1人30ポンド程度と安い（http://www.travelodge.co.ukで予約可）です。湖水地方の優しい自然に対してハイランドは雄大さがあります。エジンバラのミリタリー・タトゥ（世界の軍楽隊のパフォーマンス）の予約はインターネットのクレジットカード決済でできますが，12月1日発売開始のようで，12月の学習連絡会の頃には売り切れます。エジンバラに夜行列車で着くときは，朝7時から駅ホーム上の手荷物預かり所が開くようです。カメラ等必要なものを取り出すのを忘れないように。また夜行列車で着いたあとすぐにバスツアーとなる場合は，あらかじめ日本でバスに乗る場所をきちんと特定しておくことが必要です。ウィスキーのお土産はThe Scotch Whisky Experience併設の店舗が充実しています。

**EDINBURGH：スコットランドの首都。
　　*Old Town（世界遺産の見事な街区。宮崎駿の世界の寒色版とも）/ Royal Mile（世界遺産の大通り）/ *Edinburgh Castle（丘の上の立派な城。ミリタリー・タトゥでも有名）/ The Palace of Holyroodhouse（英国王室の別邸。豪華）/ *Calton Hill（好展望の公園。新旧市街と山と海が一望のもと）/ Nelson Monument（塔の上まで上れる）/ National Monument（パルテノンを模したが途中で中断）/ The Scotch Whisky Experience（内部ツアーで楽しく勉強）/ Royal Scottish Academy（下記美術館の特別展用）/

【カレッジの芝生】原則として立入禁止。綺麗にメンテナンスされている。

第5章　事前研修

写真7　湖水地方の谷　　　　写真8　エジンバラ市街

National Galleries of Scotland（クラシックな絵画の美術館）/ National Museum of Scotland（歴史全般。斬新な建物の造りと展示）/ The Museum of Edinburgh（エジンバラの歴史全般）/ St. Giles' Cathedral（王冠型の屋根で有名）/ Museum of Childhood（おもちゃの博物館。現地人に懐かしい展示）/ The People's Story（近代の市民生活史の博物館）/ The Writers' Museum（文学者バーンズ，スコット，スティーブンソンに関する展示）/ Gladstone's Land（ナショナル・トラスト管理の古い家）/ John Knox House（古い家。見学可）/ The Queen's Gallery（英国王室の美術コレクションの展示）/ Scott Monument（登れるけれど相当怖い）/ Camera Obscura / The Scottish Parliament / Our Dynamic Earth / Georgian House / Scottish National Portrait Gallery / Scottish National Gallery of Modern Art & Dean Gallery / Royal Botanic Garden / Edinburgh Zoo / The Royal Yacht Britannia

ROSSLYN CHAPEL
LINLITHGOW PALACE
DUNBAR
MELROSE ABBEY
DRYBURGH ABBEY
KELSO ABBEY
JEDBURGH ABBEY
BERWICK-UPON-TWEED
HOLY ISLAND
ABBOTSFORD HOUSE

【カレッジの教会】ケンブリッジ大学の各カレッジに教会がある。

ST ANDREWS
　　St Andrews Cathedral（荘厳な修道院跡で迫害による凄まじい破壊の跡）/ Old Course（ゴルフゆかりの地ですから）/ St Andrews Castle（城跡）
LOCH NESS：かの有名なネス湖です。
URQUHART CASTLE：ネス湖のほとりにある城跡です。
THE ISLE OF SKYE：ハイランドのハイライトの1つ。橋で渡れます。
　　Old Mans Purr（尾根縦走コース上の切り立った崖）/ Danvegan Castle（こんなところにという立派な城）
*EILEAN DONAN CASTLE：ハイランドにある湖の中の小島にある美城。
GLEN COE：ハイランドの美しい谷です。
FORT WILLIAM
MALLAIG
OBAN
　　Oban Distillery / MacCaig's Tower / Pulpit Hill
MINARD CASTLE：私有でなぜか B&B になっている。
GLASGOW
　　Glasgow Cathedral（当時の建物が残っている古い大聖堂）/ St Mungo's Museum of Religious Life and Art（多宗教の展示あり）/ Provand's Lordship（市内最古の家）/ Kelvingrove Art Gallery and Museum（美しい建物と豊富な展示）/ Pollok Country Park（2008年のヨーロッパ・パーク・オブ・ザ・イヤー）/ The Burrell Collection（個人収蔵品だが建物も展示法も素晴らしい）/ Pollok House（このあたりで一番の邸宅。中は見学できない）/ Glasgow School of Art / The Tenement House / Glasgow Science Centre / Glasgow Green & People's Palace / Glasgow Botanic Garden / House for an Art Lover / Hunterian Art Gallery & Museum / Musuem of Transport / Scotland Street School Museum / Scotland Football Museum
PAISLEY：ペイズリー柄の名の由来。
　　Paisley Abbey / Paisley Museum & Art Gallery
NEW LANARK　世界遺産。綿製糸工場の遺構。
　　New Lanark Visitor Centre / Falls of Clyde Wildlife Reserve
AYE
STIRLING：古都の風情のゆったりとした美しい街。
　　Stirling Castle（スコットランド王室の昔の拠点。丘の上の美しい城）/ Wal-

【大学の教会】ケンブリッジ大学には，各カレッジ毎の教会の他，大学全体の教会がある。

lace Monument（対イングランドの戦いの勇士の記念碑）／ Stirling Smith Gallery and Museum（小さな地元の歴史美術館）

INVERNESS
ABERDEEN
PERTH
PITLOCHRY
SCOTLAND'S CASTLE TRAIL
    Drum Castle ／ Crathes Castle ／ Balmoral Castle ／ Braemar Castle ／ Corgarff Castle ／ Kildrummy Castle ／ Craigievar Castle ／ Huntley Castle

HEBRIDES
ST. KILDA：世界遺産。
ORKNEY ISLES：世界遺産。
SHETLAND ISLES
ISLE OF ARRAN
ISLE OF MULL
    Duart Castle ／ Torosay Castle
ISLE OF IONA
ISLE OF STAFFA

6）ウェールズ

　ウェールズの首都であるカーディフを中心にした南岸と，スノードン山とカーナヴォンを中心とした北岸のどちらかにターゲットを絞ります。中北部ウェールズは日本の田舎に近い風景を持ちます。ウェールズ最高峰のスノードン山頂（1,085m）に登る登山列車は最高です。2004年，2005年の研修生には徒歩登山組もいました。予約は込みます（ウェブ予約可）。朝9時の始発便がねらいです。

＊LLANBERIS
    ＊Mt Snowdon Railway（街から山頂へ一気に登る45分の蒸気の旅）／ Llanberis Lakeside Railway（小さく静かな保存鉄道）／ Wales Slate Museum（スレートについて勉強）

CAERNARFON CASTLE：近隣の城郭とあわせ世界遺産。英国皇太子プリンス・オブ・ウェールズの太子立礼の会場。
CONWY CASTLE：近隣の城郭とあわせ世界遺産。城跡だが堂々とした佳景。
BANGOR
    Penrhyn Castle ／ Bangor Cathedral ／ Menai Bridge

【ケンブリッジ大学図書館】本研修の研修生は入れないが英国国内発行書は全て所蔵。

ANGLESEY ISLAND
 Beaumaris Castle / Holyhead
CARDIFF：ウェールズの首都。
 Cardiff Castle（歴史は古いが建造物は新しいものが目立つ）/ St John's Church（町の中心の教会）/ City Hall（ドーム上にウェールズの象徴のドラゴンが）/ National Museum & Gallery（立派な収蔵内容）/ National Assembly（ウェールズの議会）/ Norwegian Church（英国初のノルウェー教会の跡）
CAERPHILLY CASTLE：天空の城ラピュタ似。かつてクロムウェルが攻めた。
*CASTELL COCH：赤い城。19世紀再建だが小さいながら高台の森の中で見応えあり。
*ST FAGAN NATIONAL HISTORY MUSEUM：野外に住居を展示した大規模博物館。
SWANSEA
 Oystermouth Castle（小さな城跡）
ST DAVID'S
 *St David's Cathedral（ウェールズ守護聖人の荘厳な大聖堂）/ Bishop's Palace（大聖堂横の大きな住居跡）
PEMBROKE CASTLE：堀に囲まれた立派な城跡。ペンブローク・カレッジの名の由来。
KIDWELLY CASTLE：ウェールズの小さな城の1つ。
BRECON MOUNTAIN RAILWAY：ナローゲージで人造湖の横を走る。
BLAENAVON INDUSTRIAL LANDSCAPE：世界遺産。

7) ロンドン（近郊）
**WINDSOR CASTLE：バッキンガム宮殿よりさらに見事。
*GREENWICH：世界遺産。子午線をまたいできてください。
 The Royal Observatory（展示充実。子午線をまたぐ写真は順番待ちの長い列）/ Queen's House（展示は少ない）/ National Maritime Museum（少し焦点の定まらない感じがする）
WIMBLEDON：テニスの博物館。試合のない日にはツアーでセンターコートが見学できる。
MIDHANTS RAILWAY：Thomas the Tank Engine の時がいいでしょう。
*HAMPTON COURT：ヘンリー8世治世の中心。大宮殿。
KEW GARDEN：世界遺産。王立。世界最大の植物園。8～9月は花が少ない。

【ペンブローク・カレッジ1】学内にパブがあり，学内飲酒可。何て素敵な。

第5章　事前研修

写真9　ロンドンのタワーブリッジ

写真10　ロンドンのウェストミンスター宮殿

EATON COLLEGE：キングズ・カレッジと関係深いパブリック・スクール。
8) ロンドン（市内）
**NATIONAL GALLERY：名画がおびただしく。圧倒されます。無料。
**BRITISH MUSEUM：さすがの展示量。無料。
**ST PAUL'S CATHEDRAL：Christopher Wren 作。ロマネスク式聖堂。
**WESTMINSTER ABBEY：宮殿とあわせて世界遺産。王室と結びついた英国国教会の重要な場所。多くの偉人が眠っています。
*MUSEUM OF NATURAL HISTORY：本格的博物館。圧倒的。無料。
**WESTMINSTER PALACE / HOUSES OF PARLIAMENT：アビーとあわせ世界遺産。議会内部の見学をネット予約の上ぜひ。
SCIENCE MUSEUM：自然史博物館の続きのようなもの。
TRAFALGAR SQUARE：ナポレオンを破ったネルソン提督の記念柱あり。
LONDON EYE：世界有数の観覧車。
TOWER OF LONDON：世界遺産。戴冠式で使用する本物の王冠があります。
TOWER BRIDGE：博物館にもなっている大型の跳ね上げ橋。
BUCKINGHAM PALACE：衛兵交替で有名な王室拠点。常に混み合います。
　　Queen's Gallery（ゆかりの絵画の展示）
VICTORIA AND ALBERT MUSEUM：陶磁器が特にすごいです。無料。
ROYAL ALBERT HALL：BBC プロムナード・コンサートで有名。
HORSE GUARD：ここでも馬上の衛兵が交替式をします。
KENSINGTON PALACE：ダイアナ妃も住んだ宮殿。
KENSINGTON PARK：宮殿のある公園。池がいい。
IMPERIAL WAR MUSEUM：戦勝国では展示の雰囲気に反戦が感じられない。ホ

【ペンブローク・カレッジ2】専属の庭師やオルガン奏者がいる。スゴイ。

ロコーストに関する展示は充実。
BANQUETING HOUSE：昔の王室宮殿の一部。
DOCKLANDS：新興オフィス街的観光スポット。東京のお台場のようだ。
THE GLOBE THEATRE：シェークスピア劇が当時上演された劇場を再建したもの。
ROYAL OPERA HOUSE
NATIONAL PORTRAIT GALLERY：National Gallery の肖像画分館的。
MUSEUM OF GARDEN HISTORY：展示量は少ない。
JEWELRY TOWER：国会議事堂向かいの小さな建物。
LITTLE VENICE：ここから運河ボートが運航されています。
LONDON ZOO：なかなか広い動物園です。
LONDON AQUARIUM：中心部にある大規模な水族館。
ADMIRALTY ARCH：有名な門の１つ。
KINGSCROSS STATION：ハリー・ポッターの $9\frac{3}{4}$ ホーム。
THAMES CRUISE：川の上から見るロンドンが素敵。
HYDE PARK：Speaker's Corner で有名な公園。
WESTMINSTER CATHEDRAL：カトリックの大聖堂。
THE BRITISH LIBRARY：世界の遺品。ビートルズや不思議の国のアリスの原稿は感激。
THE CHARLES DICKENS MUSEUM
PERCIVAL DAVID FOUNDATION OF CHINESE ARTS
ROYAL ACADEMY OF ARTS
COVENT GARDEN
LONDON TRANSPORT MUSEUM：大規模な交通博物館。
THEATRE MUSEUM
SOMERSET HOUSE
　　　Courtauld Gallery（規模は大きくないがまずます）/ Gilvert Collection
BANK OF ENGLAND MUSEUM
GUILDHALL　市議会や図書館等の市の施設になっている。
　　　Guildhall Art Gallery（市内に焦点を合わせた美術館）/ Clockmakers' Comapany Museum（市内時計業者による博物館）
MUSEUM OF LONDON：都市ロンドンをテーマにした大規模な博物館。
TATE BRITAIN：伝統的美術。

【ペンブローク・カレッジ３】フラムリンガム城を所有している（行くには車が必要）。

TATE MODERN：前衛的美術。かつての発電所の建物を再利用。
THE LONDON DUNGEON
MADAM TUSSAUD'S：世界著名人の蝋人形館。日本人は3人（吉田茂，千代の
富士，浜崎あゆみ）。
THE MONUMENT
SHERLOCK HOLMES MUSEUM：小説の世界からの住居復元。
WALLACE COLLECTION
SOSEKI MUSEUM IN LONDON：夏目漱石の英国留学を中心とした小さな私的
記念館。
HENDEL HOUSE MUSEUM：ヘンデルの住んだ家。
FLORENCE NIGHTINGALE MUSEUM：聖メアリ病院内にある。

9) その他

THE ISLE OF MAN：王室直轄領。
Douglas（島の中心都市。海岸がきれい。モーターレースの拠点）/ Castle Rushen（旧首都の小さいが保存状態のいい城）/ King William's College（島の立派なパブリック・スクール）/ Cregneash Village（島南端の素晴らしい小村。村全体が博物館）/ Great Laxey Mine Railway（19インチ軌間の蒸気ナローゲージ）/ Groudel Glen Railway（2フィート軌間の蒸気ナローゲージ）/ Isle of Man Steam Railway（3フィート軌間の中距離路線）/ Manx Electric Railway（簡素な中距離郊外路面電車）/ Snaeffel Mountain Railway（登山電車）/ Horse Tram（英国唯一の現役馬車鉄道）/ Manx Museum（モーターレース中心に充実）/ Tynwald（世界最古の現役議会の地とか）
JERSEY

5.3.5 週末旅行の準備

下記のような研修HP掲載事項を中心に，研修生が自力で旅程を組み，必要な手配ができるように指導する。

① 週末の過ごし方

現地研修期間中の週末は，金曜日午後5時には予定された授業が終了する予定です（1つだけ木曜夕方で終了の週末もあります）。その授業終了の翌日出発を旅行の原則としますが，ロンドン発の夜行列車に乗る場合に限り，即日の出発を認め

【ペンブローク・カレッジ4】同カレッジ出身の小ピットの像がある。

ます。しかし，週の授業終了日には夕食時間帯までカレッジにいてください。授業終了後に即時駅に向かい，20時からのミュージカルを見てロンドン泊などというのはだめです。臨時補習が5時以降に入るかもしれないからです。現地でそういう臨時の予定が入らないとわかった場合でも遠慮してください。また週末はケンブリッジに留まり，寮の部屋に泊まることもできます。食事は学食がパーティ等で閉鎖されていない限り，土曜の朝昼，日曜のブランチと晩に利用できますが，食事用のスワイプカードは平日分で計算されていますので，週末に学食を利用するとそれだけ平日分を食いつぶす形になります。もちろん旅行に出かけてもかまいません。日曜日（日曜日が旅行可能日でない週末においては土曜日）に週末旅行から帰還した人は，到着次第九大用掲示板の所定の張り紙に各人自筆で記入時の時刻を記入してください。旅行に出かけなかった方は，日曜日（土曜日）内に同掲示板に「Cambridge」と記入しておいてください。安全確認のためです。またケンブリッジ駅に時刻表上午後9時30分までに到着する列車で戻ってください。最終列車近くでトラブルが起きると帰ってこれなくなるからであり，翌日の授業に休養を十分取ってから臨んでもらうためです。あまり旅行を詰め込まず，ケンブリッジで過ごす時間をもっととっておけばよかったという人もいますので，よく考えて週末を御利用ください。

　20XX年夏の場合（参考）の週末は下記のような予定です。
第1週末：8月XX日（土）～XX日（日）　旅行可（金曜の夜行列車での出発可）
第2週末：9月XX日（金）～XX日（日）　旅行可（木曜の夜行列車での出発可）
第3週末：9月XX日（土）旅行可（当日出発し，日帰りのこと）
　　　　 9月XX日（日）全員でグランチェスターへハイキング

② 旅行の条件
  1. 12月学習連絡会最後で3日間連続で旅行できる週末へ行く方面別に集まり，研修生同士誘い合い計画づくりに取組んでください。この週末はバンクホリデイ・ウィークエンド（詳細は④に）で混む可能性が高いです。
  2. 計画は12月学習連絡会ページにリンクの張ってある「旅行準備状況」の指示に従って提出ください。
  3. 外泊を伴う場合は複数で行動し（男女1名ずつは避ける），宿泊は男女同室を避けてください。
  4. 「旅行準備状況」で申告した以外にケンブリッジ外へ週末に学生だけで出かけるときは，必ず世話教員に日付，旅程，同行者名と帰着予定時刻（宿泊する場合は宿泊地，宿泊施設名，その電話番号も）について，木曜までに（金曜から出発できる週末にあっては水曜までに），書面で知らせてください

【トーマス】各地保存鉄道が機関車トーマスを走らせることあり。

（世話教員の不在時は世話教員の部屋のドア前に置いてください）。
5. 道路や列車で渡れない島嶼部へ行かないでください。但しワイト島は例外とします。列車で行けても国外はだめですので、パリへというのはアウトです。
6. 平日は、夜行列車で週末旅行に出発する場合を除き、教員やPAの引率なしでケンブリッジ外へ行かないでください。
7. 自動車の運転は厳禁とします（どのみちレンタカーは25歳以上です）。
8. 金曜日（木曜日）に遠くまで行き、夜遅く民宿に着いていやがられることのないよう、無理のない計画をお願いします。
9. 旅行の準備はすべて国内で事前に自力で行ってください。宿泊施設も自分で直接予約してください。
10. 現地ではPA等のスタッフに緊急時以外で旅行の手配を頼まないでください。現地からの説明では旅行の手伝いも可とありますが、九大側は資金的貢献ができず、自力でできる九大生の質をアピールすることでペンブロークでの地位を確保したいと思います。

③ 旅行実現への流れ

旅行計画は以下のペースを守りましょう。有名観光地（特にエジンバラ）の宿泊はできれば1月2月のうちに済ませましょう。

1. どの週末にどの方面へどのメンバーで行くか、メール等で1月位までに確定させる。
2. 3月上旬までに旅程を決め、宿泊やツアー等の手配にかかる（エジンバラはもっと早く）。
3. 4月の学習連絡会で旅程を報告する。
4. 日本の国内業者で列車の予約を取る。（オンライン予約は⑧6)参照）

④ 特別な注意：銀行休日の週末

8月終わりのいずれかの週末は Bank Holiday Weekend で（月曜が Bank Holiday で銀行が休み）、日本のGW並みに混みます。英国人の同僚にこの週末に湖水地方へ行きたいと言ったら、渋滞で車が動かないからやめなさいと言われたことがあります。現地のバスツアーの係員からも同様の情報がありました。宿もこの期間は4ヵ月前でも予約でいっぱいでした。Bank Holiday は年に何日かある月曜日の休日で、週末とあわせて3連休になるため、旅行客が殺到します。宿等も高くなり、2連泊以上でないと予約を受け付けないというところも多いです。

⑤ 宿舎と駅の間

多くの人が寮（カレッジと離れている）から直接ケンブリッジ駅へ歩くと思い

【雲】大空に逆巻く雲を見るとターナーやコンスタブルの世界が解る。

ますが，野原を行く快適な道ながら，35分程度かかります。帰りが夜になる場合はこの道が街灯もなく真っ暗なので，何とか月明かりで通れはしますが（あるいは携帯画面を全員で照射），夜道が怖い方々は駅からタクシーを乗り合いすると楽でしょう。またバスで City Centre に出てから歩けば歩20分で明るい道です。最初の外出日には世話教員が一緒に寮から駅まで道案内がてら歩くことがあります。

⑥　鉄道の時刻表など

1)　ケンブリッジからロンドンへ出る場合のオンライン時刻表

1. Cambridge － London / Kingscross
http://www.firstcapitalconnect.co.uk/ (First Capital Connect) の Check Train Times

2. Cambridge － London / Liverpool Street
http://www.nationalexpresseastanglia.com/ (National Express East Anglia) の tickets & timetables

　　（いずれも1997年の英国国鉄分割民営化でできた鉄道。First Capital Connect は2006年3月までは WAGN と称していました。National Express East Anglia の前は One Railway が営業していました。）

　　早くに時刻を調べて旅程を組んでも，8月の時刻は変わる可能性があり，臨時のバス代行や保守作業による変則や当日の事故不通もあり得ますから，日本出発前と乗車直前に下記3つのチェックが必要です。

- 下記 Nationalrail HP での検索
- 現地駅で入手した路線別の冊子の時刻表（無料）
- www.firstcapitalconnect.co.uk の左下 live train updates

（出たページの planned changes to train times を常に参照し，目的の日に目的の列車が運行されるかどうか，よく調べておくべきです。ストが予定されることもあります。）

2)　中長距離の路線に乗る場合のオンライン時刻表

Nationalrail：http://www.nationalrail.co.uk の train times & fares（時刻から運賃検索まで可能）

　　目的の列車の運行会社が上記ページでわかりますので，その会社の HP で目的の日に目的の列車が運行されるかどうか，よく調べておくべきです。

3)　冊子体の時刻表（あまり必要ないでしょう）

　　British Rail Timetable：日本では入手困難。現地では駅でのみ買えます。英国は時刻表を普通の書店では扱っていません。

【河岸】イングランドは地形が穏やかで自然河岸が多い。

4) バスの時刻表など
- 全国長距離バスの national express：http://www.nationalexpress.com オンライン予約可（ロンドンからエジンバラへの夜行もあります）
- この他ローカルバスは各自インターネット検索で探し当ててください。ほとんどのバス会社が時刻をウェブに公開しています。
- 長距離バスはロンドンから英国全土にたくさん出ています。
- Cambridge － London Victoria Coach Station は，安く事前予約制。しかしバスは交通事情に左右されやすいので，時間が限られた私たちの旅にはお勧めしません。また列車でロンドンに行ってヴィクトリア・コーチ・ステーションで定期バスや観光バスに乗り換えるときは十分時間をとってください。ケンブリッジからの電車がかなり遅れることが多いからです。また，地下鉄 Victoria 駅からヴィクトリア・コーチ・ステーションまでは初めて行くと道に迷うので時間に余裕を持ってください。
- ケンブリッジ駅と City Centre 間にはバスがあります（City 1 と City 3）。日曜休日に 10 分おき，所要 7 分，料金は現地で確かめて下さい。駅からは City Centre 行きか Arbury 行きに乗ります。乗車時に行先を告げて支払い，チケットが発行されるバスではそれをもぎとります。自分の行先に行くバスであるかどうかドライバーに確認しましょう。もっともペンブローク・カレッジから駅までは歩 20～25 分なので歩いてもたいしたことはありません。市内のバスは http://www.stagecoachbus.com/cambridge/ の timetable を参照してください。

⑦ 地図

旅行プラン作成には地図があると便利です。鉄道の路線図は，福岡にある B（本書では名称を省略します）という旅行会社で指定券やパスを購入して請求すればもらえることが多いです。現地で突然の区間運休バス代行などというときに，どこの駅行きの代行バスに乗ったらいいのかなどを推定する時などに便利です。駅から宿泊地までの道順の確認にも地図は必要です。

- 英国全土から都市部詳細までの地図（地図上の操作で絞り込む）
  http://maps.google.com/maps?q＝United＋Kingdom&hl＝ja
- 英国の street までわかる詳細地図（郵便番号や通りの名称で検索）
  http://www.streetmap.co.uk/
- 英国の鉄道路線図
  http://www.nationalrail.co.uk/tocs_maps/maps/network_rail_maps.htm

（上記紙版がわかりやすいですが，計画段階ではこちらで十分でしょう）

【駅内演奏】ロンドンの地下鉄通路に見られる当局公認の街頭演奏の水準が高い。

⑧　列車と切符の種類
　　どういう切符を買ったら最も安いかは，研修期間の全外出を見比べてみないとわかりません。下記の情報をもとに調べてください。
1)　列車種別
　　英国はローカル列車と長距離列車しかなく，特急という名称も列車愛称もありません。特急料金もないです（列車によって 1 等，2 等はあります）。
2)　通常の切符
　　乗車券のみでローカル列車も長距離列車も乗れます。1 等と 2 等で料金が異なります。現地窓口で座席指定すると手数料がかかります（オンラインでは無料）。単純な片道（single）に比べ往復（return）が圧倒的に有利です。往復も，平日ラッシュ時以外に乗る場合の Saver Return は安く，日帰り往復の Cheap Day Return だとさらに割安。窓口で行程を示して最も安い切符を求めればよいかと思います。慣れれば券売機が早いです。
3)　レール・パス
　　列車の乗車券は連続何日間か有効のブリットレール・パス，または不連続何日間か有効のブリットレール・フレキシーパスが便利です。ロンドン近辺南イングランド限定のロンドンプラス・パス，イングランド内だけのイングランド・(フレキシー) パスなど様々な種類がありますから，旅行業者 HP 等で確認してください。購入にあたってはパスポートが必携です。ユース・パスだと安いですが 2 等しかありません。パスは外国人専用で，現地では買えません。パスだけで指定を取らないなら九大生協でも買えます。ロンドンプラス・パスの 2 等ならもしかしたらロンドン・ケンブリッジ間だけでも得かもしれません（レート次第）。
4)　16-25 Railcard
　　詳しくは http://www.16-25railcard.co.uk/ を参照してください。英国全土の旧国鉄で使えます。発行に 24 ポンドかかり（1 年有効），25 歳までで写真と年齢確認の身分証明書が必要という条件が付きますが，列車の利用時間帯に応じて 3 割引になるようです。Cheap Day Return からさらに 3 割引きですのでかなり有利です。
5)　指定席
　　予約するとその座席に予約の札が差されます。指定車両，自由車両といった区別はないので，予約なしでも乗れないことはありませんが，過去に，全席予約が入りデッキにも予約なしのお客で満員で乗れない研修生がいました。特にエジンバラ方面の予約をしないのはクレイジーです。

【鉄道会社】線路を保有する会社と列車を運行する会社は別。

第5章　事前研修

6) 予約開始日

　英国の列車の予約は12週間前からですが，日本国内の発券の場合は区間によって若干遅くなることもあるようで，一律に2ヵ月前からと業者はアナウンスしています。早めの相談が望ましいと思います。特に寝台は競争が激しいです。パスを使う場合は業者で指定を取るしかありませんが，往復等の普通の乗車券を同時に購入する条件であれば，オンラインで予約できます。nationalrail の HP（エジンバラ行きの夜行では Scotrail の HP）で予約できます。ということは，スコットランド方面の夜行をどうしても確保したいときは，少し割高になりますが，オンラインで夜行の予約を12週間前に片道乗車券付で取り，夜行以降からパスを使い始めるといった手もあります。こうすれば2ヵ月前という国内業者での予約よりも早いのかもしれません。夜行に限らず，昼の列車でも同じことです。また，夜行は座席でなく必ず寝台にしてください（健康上，セキュリティ上）。

7) レールパスで寝台に乗る場合

　寝台の場合，乗車券はブリットレール・パス（パスポート必携）でも OK で，例えば10日夜発11日朝着の列車の場合，夜行列車の出発時刻が19時以降であれば，11日（から）有効のパスで乗れます。従って，ロンドン発の夜行に乗るときは，ロンドンまで別途普通の切符で向かい，ロンドン発の夜行には，翌日から有効のパスで乗り込むとよいです。寝台は1人用の1等と2人用の2等があり，2等寝台の1人利用はだめです（ということは奇数人数のグループではだめ，また同室を男女で使用することは認められていません）（国内業者扱いの場合。オンラインでは知らない人との相部屋のオプションもあるのですが，安全のため，これは避けてください）。奇数人数グループでは，1人だけブリットレール・パス（乗車券）も寝台も1等にして，差額をみんなで負担しあったらいいと思います。寝台では朝食が出ますし，タオル，歯ブラシ，石けん，水がついています。スコットランド方面の夜行は，23：50発の場合でも22：50くらいから乗車ができ，最終到着駅でもしばらく滞留できます。なお，寝台に外からは鍵がかからないので注意してください。また寝台列車にはビュッフェもついてはいますが，出発駅のユーストン駅の食料品店が23：30まで営業していますから，そちらで仕入れ，早く寝た方がいいと思います。

8) 日本で列車指定券，寝台券の予約ができる方法の例（注：本書では社名と連絡先を省略します）

- 東京の業者 A

　03-xxxx-xxxx（http://www.xxxxxx.co.jp）

　但しこの会社ではブリットレール・パスのような商品と組合せないといけませ

【車内放送】聞き取りにくい車掌もおり，運転打切の案内等では戸惑うことがある。

ん。手数料は HP で調べてください。特定の列車に乗る必要があるときは頼んでみるとよいです。手数料は満席御免でも戻ってきません。

- 福岡の業者 B

    092-xxx-xxxx　毎日 10-19 時（http://www.xxxxxx.co.jp）

    この会社ではブリットレール・パス等の英国鉄道パスの扱いがありますが，指定券も 1 件 2,500 円（要確認）で扱います。手数料は満席御免でも戻ってきません。指定券購入にはパスか乗車券の同時購入が必要です。また，ロンドンの地下鉄のオイスター・カード（下記 11）に詳述）も取り扱いがあります。

- www.nationalrail.co.uk, www.scotrail.co.uk オンライン予約

    よくこのサイトを見るとオンラインで指定券が買えることがわかりますが，パスがあるから指定券だけというわけにはいきません。パス以外の乗車券部分も同時購入でよければ利用可能です。現地の大きな駅のオンライン予約チケットの引取機で発券します。

9) 予約の取れる区間と取れない区間

　　予約が取れない場合，そもそも列車の運行会社（train operator）の指定扱いのない区間があります。例えば London から Stratford-upon-Avon 方面がそうです。

10) ケンブリッジーロンドン

　　この項はすべて Kings Cross に行く First Capital Connect の 2 等利用の場合です（注：料金は 2011 年夏のもので毎年のように変わりますのであくまで参考程度に留めてください）。

- 正規片道は 17.90 ポンドです。
- 平日（Cambridge 発 9：30 以前と Kings Cross 発 17：30-19：00 は利用不可）か土曜日曜の日帰りは，Cheap Day Return がお得で往復 18 ポンド。下記の London Travelcard（Zones 1 & 2）を付けて 24 ポンドで買うこともできます（One-day travelcard to London）。16-25 Travelcard を作っておくと，Cheap Day Return からさらに 3 割引です。
- 2 日以上かけて往復する場合（平日朝 9：30 発までの列車はだめ），Saver Return がお得で往復 27 ポンド。
- 3 人かそれ以上で平日（Cambridge 発 9：30 以前と Kings Cross 発 17：30-19：00 は利用不可）か土日日帰りの場合，Groupsave という切符が，2 人分の Cheap Day Return の料金で，3 人か 4 人分の切符が手に入るため，大変便利です。ロンドン以外への都市へも使えることがあります。但し全員同一行程という制限がつきます。

【ロンドンの赤い 2 階建てバス】昔のボンネットタイプは今は観光用。

11) ロンドンの地下鉄バスと Travelcard と Oyster Card（注：料金は 2011 年夏のもので毎年のように変わります）

ゾーンによって運賃が違うので正確には http://www.tfl.gov.uk/tfl/（このサイト上方にリアルタイムの運転状況が流れます）の中を調べてください。大抵の市内観光地が含まれているゾーン 2 までの場合だと，平日 9：30 以降と土曜日曜の一日乗り放題の Off Peak Day Travelcard が 5.30 ポンドなので，何回か乗ればもとが取れます。Travelcard はロンドン地下鉄のマークをつけたバスにも有効です（個別に払うとバスは 1 回 2 ポンドです）。有名な 2 階建てバスに乗るのにいいですね。乗り放題ではなくちょっと乗るならチャージ式の Oyster Card を，駅窓口で作るか日本の旅行業者等で買っていくのが得。ゾーン 1 & 2 の正規片道は 4 ポンドですが，このカードで乗れば 1.5 ポンド。このカードはゲートで黄色い読み取り機に当てて使います。バスも乗れます。運転手横の黄色い読み取り機に読ませます。最初にデポジットとして 3 ポンド取られるので，最後は窓口でこの 3 ポンドと残額を返却してもらえます。但し窓口は常に混みます。

⑨ 鉄道の切符に関する注意

1) 無札処罰は日本より厳しい（注：制度は 2011 年夏のものです）

鉄道は改札や集札がないこともあり，車内検札で当該区間に有効な切符を持っていないとペナルティを課せられます（いわゆる乗り越しは御法度ということです）。ペナルティの額は，例えば First Capital Connect では，目的地までの無割引片道料金＋「20 ポンドか乗車駅から発覚直後の停車駅までの無割引運賃の 2 倍のうち高い方」を支払うことになります。地下鉄は改札，集札共にありますが，やはり車内検札で有効な切符を持っていなかったり降りる駅で精算という形になると罰金を課せられる可能性があります。検札はいい加減ですが，いざ見つかると厳しいのです。乗ってから買う，はだめです。検札がないだろうとたかをくくって，パスに使用開始日の記入を窓口で受けずに乗り，無札で旅行するようなことをしてはいけません。犯罪です。

2) 駅窓口は開かないこともある

駅の中にはピーク時しか窓口が開かない駅があります。ケンブリッジ駅の窓口の営業時間は月曜から土曜日までが 5：10〜23：00（列車の予約は月曜日から金曜日までの 10：00〜23：00），日曜日が 7：00〜22：55（列車の予約は不可）となっています（注：2011 年時点。営業時間は http://www.nationalrail.co.uk の駅情報で確認可）ので，窓口が開く前の早朝便にケンブリッジから乗る場合，必要な切符が当日朝券売機で買えるのか，あらかじめ前日までに窓口で買っておくのがよいのか，駅で確認しておいてください。レールパスなら前日までに記入してもらえば

【テニス】ウィンブルドンではセンターコートに入れるツアーあり。

よいですね。無札で乗車して見つかると，前項のように罰金等でかなりの出費となることがあります。ケンブリッジ駅の窓口はいつも並んでいるので，発車時刻の 15 分以上前に駅に到着していた方が無難です。また駅内にサンドイッチや飲物の売店があり，少なくとも土曜では 6 時には開店しています。

3) 駅窓口には 2 種類あることがある

Cambridge を含めて大きな駅には immediate travel（すぐ乗る人用）と booking（予約用）の窓口が別になっていますので，正しい方に並んでください。

⑩ バスの予約

1) Cambridge − London Victoria Coach Station

事前に窓口で予約して下さい。安いですが，鉄道の倍以上の時間がかかります。切符なしでいきなり乗ろうとすると断られます。

2) National Express

Cambridge 発便は Cambridge Bus Station で予約できますが，London Victoria Coach Station から全国への便の予約が Cambridge Bus Station で可能かどうかは未確認です。ウェブで予約できると思います。しかし鉄道の方が早いです。

⑪ 宿泊施設の選択・予約

自分たちで調べて直接現地とやりとりをして予約してください（ウェブでもいいですが直接メールすると勉強になります）。日本の大手旅行業者で簡単に予約できる格の高い高価なホテルは避けましょう。一人 2 万円などという値段になります。安いホテルか B&B（Bed & Breakfast：英国特有の綺麗な民宿で必ず 1 度は泊まって欲しい）を狙って下さい。ユースホステルは相部屋で鍵すらないことが多く，セキュリティ上勧められません。外観の写真を見てから予約したければ，⑮のウェブサイト等を参考にどうぞ。宿泊施設のファックス番号やメールアドレスがわかれば直接申し込めますね。国際電話に自信があればそれが最も確実ですが証拠が残りません。国際ファックスが自宅電話からできないときは，一部のコンビニや印刷サービス店でできるようです。何月何日何時頃に到着して how many nights 泊まるのか，朝食と夕食はどうするのか，何人か（how many of us there will be），シングルかツインか（B&B などでは単に 2 人と言うとダブルになることがありますし，ツインがなくダブルだけのところが多いです），などの情報が必要です。また，遅い到着の場合や，イベントに外出して深夜に戻ってくるなどの事情があれば，必ず事前に相談して，受入を認めてもらってから予約してください。B&B は英国独自のものなのでぜひ体験してください。

直接の申込みでは予約金を要求されることが多いです。クレジットカード番号

【飲酒年齢】英国では 18 歳から可。煙草は 16 歳から可。

第 5 章　事前研修

を教えてそこから引き落としてもらってください（ホテル等の予約でクレジットカードが必要なことが多いです）。メールの場合は番号を 2 便に分け，subject 名と発信時刻を変えて送るのが無難です。また，現住所は日本なわけですが，いついつからペンブローク・カレッジにステイすると言って電話番号も添えておくとよいです（山田太郎なら，Taro YAMADA (Kyushu University), c/o IP Office, Pembroke College, University of Cambridge として電話番号もつける (01223-338143 IP Office, Pembroke College, 国際携帯があるならそちらを)）。なお，ロンドンでは主要な地下鉄駅にホテル当日宿泊の手配カウンターがあります。出かけて日中に手頃なところの予約を済ませると有効に時間が使えますが，詳しいロンドンの地図を持って係員に場所を確認してください。宿がとれなければケンブリッジに戻って出直せばよいので気楽です。もっとも，夏の週末は大変混み合い，空いているところは良い施設ではないでしょう。

　どうしても現地で予約を入れるなら，ケンブリッジの Information Centre で宿泊施設のリストがもらえると思うので，自分で電話予約して下さい。自分で予約すると，場合によっては小切手を送れといわれることもあります。現地の郵便局で作って書留で送ります。

　予約は 3 月までには済ませましょう。エジンバラはもっと早く。

　支払いはカードが使える場合，代表者のカードで行い，日本で事前精算しておくと楽です。現地通貨で現地で精算するのは賢くないですね。また B&B はカードが使えないところが多いです。ひとりひとり適額を現金で用意しておくとスムーズです。

⑫　宿泊予約のトラブルの例
- 説明が下手でずれた日を予約されていて困ったというケースがありました。
- 自分の発音が下手で，thirteen と thirty を勘違いされていたということもありました。
- 予約されていないトラブルが多いです。メール等証明になるものが必携です。
- 予約されていないと言われても，氏名を逆にして登録してあることがあります。
- 予約業者のウェブサイト利用だと，ホテルに誤った内容で予約が入ることがあります。

⑬　宿泊の一般的注意
- ホテル等からの予約確認書や手付金のレシート等があれば持参して下さい。
- ホテルには普通，体洗いのタオルと歯ブラシ，歯磨き粉，シャンプーはないです。
- バスなしでシャワーだけというところも多いです。

【パブ 1】食物の注文は必要ない。出さない店もある。

- 到着が6時を過ぎるときは当日電話連絡する方が安全です。宿泊施設の電話番号を控えていってください。
- 宿泊施設を選ぶ際，また現地で宿泊施設にたどり着く際に必要なので，駅と泊地付近の地図を入手しておいてください。
- 英国の街地図：http://www.streetmap.co.uk/ が便利。郵便番号や通りの名を入れれば細かい地図とその場所が矢印で出てきます。英国では番地が必ず順番に並んでいるので通りの場所さえわかればあとは簡単です。
- 宿泊予約ウェブサイト等を通じ，直接ホテルとのやりとりではなく予約した場合は，予約後しばらくしてから直接ホテルに予約が正しく入ったかどうか確認してください。予約内容がずれている実例がありました。
- 予約方法にかかわらず，数週間程度前に予約確認のやりとりを必ずしてください。

⑭ 英国のホテル等を予約代行してくれるところの例（但し高い）
- 東京の業者A：本書では詳細省略
- 東京の業者C：本書では詳細省略
- ウェブ予約サイトA：日本語で書かれた英国サイト。本書では詳細省略
- ウェブ予約サイトB：本書では詳細省略

⑮ お得な宿泊施設
- http://www.travelodge.co.uk（廉価ホテルチェーン。駅至近でないが，日本からWEB予約可。2人で標準50ポンド，早割なら10ポンドというところも）
- http://www.premiertravelinn.co.uk（廉価ホテルチェーン。2人で55ポンド位。都心にも多い。日本からWEB予約可）
- http://:www.daysinn.com（廉価ホテルチェーン。泊まったことはないが多人数で安く泊まれそう。日本からWEB予約可）
- http://www.japan.holiday-inn.com 日本語のサイトで「ホリデイ・イン」のオンライン予約ができますが，クレジットカード前払いで，変更取消しが一切効きません。2名でも3名でも同じ値段です。

⑯ 宿泊施設検索で役立ちそうなもの
（ページ内のオンライン予約システムはたいていうまくいかないようです）
- http://www.visitbritain.com の宿泊施設のところ
- http://www.superbreak.co.uk
- http://www.a1tourism.com/index.html
- http://www.bestwestern.com
- http://www.beduk.co.uk

【パブ2】ビールは1パイント（568cc）もしくは半パイントで注文する。

- http://www.lake-district-links.co.uk（湖水地方）
⑰　ツアー等の予約
　　運転手やガイドには最終降車時にチップを渡しましょう。
1)　ロンドン発の日帰りツアー
　　現地会社の http://www.evanevans.co.uk が参考になります（オンライン予約のコーナーがありますが，日本からうまくいくかどうかは未確認です。上記で紹介した日本の旅行業者でもこの会社の全ツアー手配可です）。ロンドン発のツアーはピカデリー・サーカスのジャパンセンターでもいろいろ予約できます。ストーンヘンジなどバスの不便なところや，コッツウォルズのようにバスの未発達なところに便利です。このほかマイバス（http://www.mybus.co.uk/ 結構いいコースです）など，日本人用のツアーもあります。いろいろ調べてみてください。
2)　ケンブリッジ発の日帰りツアー
　　現地の Premier Travel や Information Centre や Coach Station でパンフレット（brochure）を入手し，週末の分は予約して構いません。
3)　湖水地方の半日・日帰りツアー
　　http://www.lakes-supertours.co.uk（Lakes Supertours）は有用なミニバンツアーです。但し山坂道を飛ばすので，乗物酔いのある方は注意。HP は日本語版もあります。あらかたのホテルや B&B でピックアップしてくれます。メールで予約できますが，利用日前日に確認の電話を入れるか直接出向いて確認しなくてはなりません。湖水地方は列車で行ける Windermere よりも奥が本当に趣深いので，こういうツアーを利用しないと入口だけしか見られません。これ以外にも湖水地方にミニバンツアーの会社があるので調べてみてください。
4)　エジンバラ発ハイランドの日帰りツアー
　　情報は必ず確認してください。金曜から旅行できる週末での利用が賢いです。エジンバラへの帰着時刻が遅い場合はホテルに通告しておく必要があります。Glen Coe, Loch Ness, Lomond 湖等名所がたくさんあります。ハイランドの大自然を楽しんで下さい。
- http://www.scottishtours.com（大型バス）
- http://www.rabbies.com（ミニバン）
- http://www.timberbush-tours.co.uk（ミニバン）
5)　コッツウォルズの日帰りツアー
- http://www.tourgems.com 2～6人向けのローカルなミニバンツアーがあります。
- http://www.cotswold-tours.co.uk/1024/home.htm はバースからのツアー

【パブ3】ビールは常温で出すものが多い。

です。
- この他ロンドンから多数ツアーあり。どの村に行きたいかを絞りこむ必要があります。

6) サッカー
- 現地 HP で直接ウェブ予約したらいいです。

7) ミュージカルやコンサート

　値は高いですが，国内の業者で購入することもできます。しかし現地 HP で予約することをお勧めします（http://www.officiallondontheatre.co.uk/）。エジンバラのミリタリー・タトゥは 12 月 1 日発売開始なので 12 月の学習連絡会では売り切れていることもあります。ロンドンで夜の部を見るときは，ケンブリッジへ帰る日は避けて下さい。このほか以下を参照してください。

- BBC のクラシックコンサート http://www.bbc.co.uk/proms
- ケンブリッジミュージックフェスティバル http://www.cambridgesummer-music.com
- オンラインチケットオフィス http://www.ticketweb.co.uk　日本へチケットを郵送。

⑱　先輩からのアドバイス
- ロンドンは回る所を決め少人数で行かないと右往左往して時間がたってしまう。
- ロンドンの寺院関係は日曜が休みなので注意。ウェストミンスターは長蛇の列なので開館時刻を襲うのがよかろう。
- マダムタッソー館は長蛇の列。必ず見たい人は開館時刻より充分早く行って並ぶべき。
- コッツウォルズはバスが少なく，タクシーで回るのも高いので，ロンドンかバースからのツアーがいいのでは。
- 切符を買うときは窓口にメモを渡すとよい。
- 限られた時間を有効に使うために，日本にいる時から事前に情報を入手しておくこと。
- 美術館にゴッホやピカソの絵もさりげなく置いてある。自分を含めた文化に関する考え方の違いに，いささか恥ずかしさを感じた。
- ビートルズのアビーロード，サッカーのリバプール，テニスのウィンブルドン等自分のこだわりの地へはぜひ行くべきだ。
- ケンブリッジのインフォメーション・センターで英国各地の B&B の情報も得られる。しかし湖水地方の B&B はどこも満室だった。
- 世界遺産バースはとにかく美しかった。

【パブ 4】パブの屋外スペースを beer garden と言う。

- ホテルや B&B を日本出発の 1～2 週間前に試みたが，どこも満室だった。
- ロンドンのハロッズではリュックをしょったままでは入店できないので，手に提げて入る。トイレが有料で 1 ポンドだった（注：ロンドンでは有料トイレが多い。20～50 ペンス玉を常備。鉄道駅でさえ有料！）。
- 前日も予約の確認をしたのに，到着が遅くなったら予約されてないと断られた（多数）。
- ロンドンでスリにあった。交番では日本人ばかりが列を作り，1 時間待たされたあげく，たらい回しされた。最後にはスリの証拠がないなら紛失だろうといってとりあってもらえなかった。バッグのヒモは首にかけ，取り出し口のチャックは自分の方を向ける。荷物を路面に置かない。
- 英国の鉄道は行き先やホームが変更だらけで大変。
- 電車に乗ったら，それが正しい電車かどうか必ず確認すること。
- 2 人で少し離れて歩いて地下鉄に乗ろうとしたら，1 人が乗ったところでドアが閉まってしまった。
- ホテルで予約が入ってないと言われたが，姓と名が逆にリストされていた。
- 列車が遅れて接続の最終列車が行ってしまったので，駅員にかけあったらタクシーを出してくれ，タクシーに 2 時間半乗った。
- 乗り継ぎであわててそのへんに止まってる列車に乗ったらドアが閉まって明かりが消えた。回送列車だったのだ。
- 正しい番線の電車に乗ったのに，反対方向に連れて行かれた。同じ番線に 2 本の列車が止まっていたのに気が付かなかった。
- 帰りに全員が居眠りしてしまい，列車を降り損なって，ケンブリッジに午前 3 時近くの帰還となってしまった。
- 湖水地方への列車の予約は 2 週間前でも希望列車は満席だった。
- 来た電車が満員で乗れないことがあった。よく遅れもするから，常に 1 時間くらい遅れたらどういう手を打つかを考えるべきだ。
- ストライキで列車運行本数が減ることがある。

5.3.6 過去の研修生の講話

　研修合格直後の 12 月の第 1 回学習連絡会での先輩による講話は，事前研修と現地研修を含む事業の全体がどのようなものであるか，事前研修ではどのように勉強を進めていけばよいのかの 2 つをトピックとして，良きスタートを切ってもらうことをねらう。

【パブ 5】古いパブにはかつて中産階級と労働者が別部屋だったので 2 つの入口が残っている。

学習連絡会が行われる直前の夏に現地研修を終えたばかりの学生から2人を選び，2ヵ月ほど前から打診して，講話の内容を練ってきてもらう。2人で30分程度の講話であるが，学習連絡会の参加者にとっては，研修に参加した先輩に出会う恐らく初めての機会であり，実際に参加した人の言葉に耳を傾けると，心浮き立つ思いがするであろう。

　すべてを知り尽くした世話教員の多くの言葉よりも，たとえ内容に正確さを欠く部分があっても，同世代の学生からの生の言葉が心に響くのである。各学習連絡会における過去の研修生による講話は，その意味で欠くべからざるものと思われる。その証拠に，講話を受けての質疑応答は活発である。

5.3.7　次回への課題

　次回4月の学習連絡会までに対応してもらう内容について確認する。4月6月8月と学習連絡会が続くわけだが，それらの間隔が2ヵ月であるのに対し，12月から4月までは4ヵ月ある。2月上旬には定期試験が控え，各自の試験日程が終了すると里帰りする学生が多いと見込まれるため，一斉参加を求める学習連絡会をその時期には設定しにくいという事情がある。そのため，冬休みと春休みという2つの休業がそこにははさまることとなる。そこでしっかりと12月の学習連絡会で課題を提示しておくのである。その内容は12月学習連絡会のHPにも下記のように明示してある。

　① 英語学習進捗表

　　学習連絡会と事前学習のページを踏まえ，英語学習進捗表に記入したものを，メール添付により12月X日12：30必着でお届け下さい。年内に英語学習計画に対する世話教員からのコメントをお返しするためですので，厳守でお願いします。世話教員からのコメントを受け取ったら，適宜手元の進捗表を修正して下さい。冬休みと春休みは英語に集中するチャンスですので，しっかり勉強してください。4月X日12：30までに，4月までの学習状況を記入してメール添付でお届け下さい。ファイル名は「進捗山田4月」などとしてください（注：単語，リーディング，リスニング，ライティング，スピーキング，英国文化等の6項目につき，計画，4月6月8月各時点での達成状況を記入することができるような表になっている）。

　② 旅行準備状況

　　ダウンロードして記入の上4月X日12：30までに，必要事項を記入しメール添

第 5 章　事前研修

付でお届け下さい。ファイル名は「旅行山田 4 月」などとして下さい（注：現地研修の各週末について，旅行先と簡単な旅程，同行メンバー，宿泊（場所，施設名，施設電話番号，予約者名），予約取得予定などを記入してもらう）。

③　マイレージカード

　国際線利用でのマイレージが数千ポイントたまりますので，必要な方は事前に加入しておき，5 月中旬までには必要に応じて番号を旅行申込書に記入することができるようにしておいて下さい。申込みから正式な番号の通知まで 1 ヵ月以上かかることもあります（注：この案内はあくまで以前に危ないところを救っていただいた航空会社への御礼の意味で行っていることで，特定の企業の利益をはかるものではない）。

④　英国に関する学習課題

　自分に割り当てられた項目（歴史は含まず）について，冬休み明け 1 月 X 日 12：30 までに，概略どのような細目を取り上げるつもりかメールで連絡して下さい。世話教員から折り返しアドバイスを送ります。そして春休みにかけて十分調べ，A4 で 1 枚の完成原稿を（メール添付ではありません）4 月 X 日 12：30 までに提出して下さい（鈴木右文研究室は伊都地区センターゾーン比文言文研究教育棟 215 室（注：2012 年現在）です。状差しへ入れて下さい）（歴史も含みます）。ワープロ使用をできるだけお願いします。小さなポイントの文字で密度は高めにお願いしますが，A4 で 1 枚ということはそう内容を欲張ることはできませんし，発表時間も短いです。A4 で 2 枚作成して縮小コピーしてはどうでしょうか。いただいたA4 サイズの完成原稿はそのまま白黒コピーして 4 月 X 日の学習連絡会で皆さんにお渡ししますので，そのつもりで作成して下さい。原稿の向きは縦でも横でも構いません。但し氏名と担当項目名をわかりやすいところに目立つ形で書いてください。また，余白を必ず取ってください。端まで書きまくる人が例年必ずいます。また，大学のプリンタで印刷したときに出るヘッダやフッタがあった場合は消去してきてください。なるべく写真や図表を駆使してビジュアルに仕上げて下さい。なお，使用言語は日本語としますが，固有名詞や重要用語などは英語も併記してください。皆さんの原稿から冊子を作成し，4 月 6 月 8 月の学習連絡会に分けて 1 人あたり発表 8 分・質疑応答 4 分で口頭発表をしていただきます（歴史については発表のみで時間は 5 分）。この発表ではパネルやパワーポイントの使用も歓迎です。持ち時間の範囲で工夫して下さい。パワーポイントは集合時刻前や休憩時に投影用パソコンのデスクトップにあらかじめ入れておいてくれれば使用可とします。但しファイル名に氏名を含めて下さい（デスクトップに並んだファイルが誰のものかわからなくなります）。

【ニュートンのリンゴの木】末裔がケンブリッジのトリニティ・カレッジに（本章中扉写真）。

139

⑤　リーディング教材

　2週間に3ページ程度のペースで，教材を参考にノートへ自分なりのビジュアルな英国史を日本語でまとめて下さい。但し用語や固有名詞は日英語併記とします。分量は教科書が1ページならノートも1ページを原則として見出しもつけてください。これは現地研修をよいものにするために英国史を身に付けようとするものですから，自分にあった方法で進めてください。単なる義務と考えると負担感が増します。そして，各学習連絡会等で，下記の部分についてのノートの白黒コピーを取り（オリジナルがカラーでも白黒で構いません），一番上の紙に氏名を記入して，ホチキス留めの上，提出をお願いします。下記の配分は最低限なので早めに先へ進めても構いませんが，提出は定められた時に願います。

- 第1回：世話教員研究室へ提出（郵送可）：pp4-9（1月X日12：30必着）
- 第2回：4月X日学習連絡会：pp10-29
- 第3回：6月X日学習連絡会：pp30-41
- 第4回：8月X日学習連絡会：pp42-50

5.3.8　懇親会

　懇親会は本来研修生が自主的に開催するものであるが，12月学習連絡会は初めての顔合わせであるため，世話教員が準備する。自由参加としているが，研修への意気込みの強い研修生が多く，毎年ほぼ全員が参加している。事前研修は1人でする作業がメインとなるため，なるべく研修生同士直接交流できる機会を持ちたいという考慮も働いている。

　学習連絡会で簡単な自己紹介は行ってもらうが，会合では互いに話し込む時間はなく，この懇親会が初めて打ち解ける場となる。4月6月と学習連絡会が進むうちに，懇親会が貴重な情報交換や打合せの場にもなっていく。

5.4　第1〜2回学習連絡会間の業務

　間が4ヵ月あるため，多くの業務がある。順を追って簡潔にまとめておくことにする。

① 英語学習進捗表へのアドバイス

　まず12月学習連絡会からしばらくたった12月中旬に，英語学習進捗表をメール添付で提出してもらうことにしている。学習計画の欄に，読解や単語な

【リス】ケンブリッジでは街中でよくリスを見かける。まれにハリネズミも。牛はわんさか。

どの学習領域別に，使用教材，学習分量や頻度などについて具体的かつ簡潔に計画内容を記述してもらうのだが，使用教材が選定されていないケース，使用教材名が漠然としていて特定が困難なケースなどがかなりあり，正確なタイトルや出版社などを後から知らせてもらうこともある。教材そのものについて，本人の実力から考えてあまりに安易なものの場合，まれに選定内容を見直すことを求めることもある。全体に，少なめながら確実に実行できる計画とするよう指導しており，欲張り過ぎの計画に対しても修正を求める。欲張り過ぎの場合，分量が過大なもの，単語，リーディング，リスニング，ライティング，スピーキング，英国文化等のすべての項目をすべて同時進行させようとするものなどがあり，分量の縮減を求めたり，学習領域を期間を区切って絞り込むなどのアドバイスを行う。またスピーキングでは，1分スピーチ（与えられた話題に対して即興で1分語る演習で1人で行う）の励行をことあるごとに強調しているにもかかわらず，頑として計画に盛り込まない者もいることがあるので，粘り強くその必要性を説く（研修生のレポートから：スピーチが終わってから日記に書く，話の内容を録音する，思い出すなどして文法や表現ミスをチェックすると効率よく学習できる。現地で政治について話したときにはスピーチの練習がとても役に立った）。

各学習連絡会の数日前に，学習実績についての報告をメール添付の形で送ってもらう。それらを見てその都度世話教員がアドバイスを返信することになるが，そのアドバイスをもとにして，研修生が次の提出時期までの学習に当たり学習計画を調整することを可とする。それは，成果が思ったほどでなかった場合に作戦を変更するという意味もあるが，時期によって集中して取り組む学習領域を変更することにより，一定の時間の中で十分1つ1つの領域に集中できるようにするという意味もある。

8月の学習連絡会前の報告が最終版となるが，満足に計画どおり学習できたとする研修生は減多にいない。いるとすれば，かなりの覚悟で時間を確保した猛者ばかりである。なかなかそこまで身を削って勉強するのは難しいのだが，あえてそれを目標としなければならない。

② 週1回の自由集合

授業期間の週に1回程度，集まれる研修生だけ集まって，対話の練習をしたり，単語試験の出し合いをしたり，現地週末旅行の打合せを実施したりするな

【照明】蛍光灯より電灯が多い。夜は暗いのが当然でそれに親しむ文化か。

どの機会を，2012年組の途中から提供している（2012年組の場合は毎週金曜日昼休み）。世話教員もできる限り参加して質問などに備える。

　③　英国に関する発表へのアドバイス

　1月の冬休み明けに，冬休みの勉強の成果を尋ねがてら，英国に関する発表の取り扱い項目の案を各研修生から報告してもらう。そして，発表の目的に沿わない部分の修正等のアドバイスを返信し，耳学問としてより体系的，一般的な内容の発表になるようにしてもらう。中には，自分の趣味の関係部分ばかりを取り上げようとしたり，他のメンバーに対する情報提供の役割を越えて過度に高度な内容を構想していたりといった不具合が見られる。また，計画があまりにも抽象的過ぎて，発表原稿がどのようなものになるのかイメージしにくいものも少なからずあるので，1往復のやりとりでは指導が済まない場合もある。

　春休みの間に，自主的に発表原稿のまとめ方についてのさらなるアドバイスを求めてくる研修生もいる。世話教員のところには過去の研修生の作成した原稿が残っているので，その中から傑出したものに基づいて，適切なアドバイスを行うように心掛けている。

　④　歴史ノートへのコメント

　1月の冬休み明けに歴史教科書のノートのコピーの提出期限が来る。集まったコピーに対し，全員の分のすべての記載項目についてこと細かに指導することはできないため，ポイントを絞って各研修生に指導のメールを送ることにしている。

　その指導内容は，用語の日英語併記がなされているかなどのノート作成の要件が満たされているかどうかのチェック，あとで読み返したときに歴史の流れが理解しやすいようになっているかどうか，他の研修生にない工夫が見られるかどうかといった点など，多岐にわたっている。1月の時点では，まとめのノートだというのに全訳をしてくる研修生もいる。それが本当に勉強になっているのならいいのだが，自分にとって身になることを「濾し取る」作業を経た方が一般的には勉強になるものと思われる。このノートは，現地研修で社会科学系の専門科目を受講する研修生にとっては特に役に立つ資料になるはずである。

　また，提出される回ごとに，頑張ったノート，工夫の見られるノートなどを

【酩酊】いわゆる酔っ払いを見ることは少ない。パブも23時に閉まるところが多い。

作成者の氏名を挙げて指摘し，激励するメールを一斉送信する。よくできたノートのどこがよいのかを指摘し，次につながるコメントとする。

⑤　プレゼンテーション・コンテスト

九州大学では言語文化研究院が，毎年1月に外国語プレゼンテーション・コンテストを実施している。これまで毎年研修生が出場しているため，世話教員も本番にはできるだけ顔を出し，成果をメールで研修生に広報することにしている。自発的にこうしたイベントに参加して，武者修行する仲間の存在から大いに刺激を受けて欲しいという，世話教員の願いが背景にある。

⑥　次回分のチラシの製作と後期定期試験

後期の定期試験は2月に入るとすぐに始まるが，その頃に正課の定期試験を頑張るようにメールで激励する。この研修は，「学術研修」であり，英語さえ勉強すればよいというものではなく，正課の学問に取り組む姿勢も向上させて欲しいのである。

この頃には，次の年度の研修の募集チラシの製作が進行しており，また前の年度の研修生がアルバムの自主製作にあたっていたりして，3組のグループに同時に世話教員が関わることになるため，互いに忙しいことになる。

⑦　春休み突入

後期の定期試験が終了した頃，試験勉強の慰労の言葉をメールでかけ，その上で，春休みを迎えるにあたって学習計画を練り直すことを推奨する旨を伝える。実情に応じて臨機応変に，見せかけだけではなくて実際にペースメーカーとなるような計画でなければ意味がないからである。また，春休みに別の研修等，海外へ特別なプログラムで出かける研修生がいれば，帰国後に簡単なレポートを寄せてくれるようにあらかじめお願いしておく。4月の学習連絡会の直前頃に，そうした報告をメールで配信し，互いの刺激にしてもらう。また，4月の学習連絡会後の懇親会について，自発的な幹事の申し出がなければ，世話教員から打診することもある。

⑧　航空券等の確定

例年，利用する航空便の予約が確定するのは2月下旬である。こうした動きは研修生に逐一メールで報告する。研修は，世話教員と研修生が一体となって作りあげる作品のようなものであるという信念があるからである。

【観光】現地の人の観光はまったり滞在型。日本人は早回り型。

⑨　ペンブロークからの訪問者

　例年であれば，3月上中旬に，前年夏に御世話になったペンブローク・カレッジの教員が別件で訪日されるのに合わせ，福岡に1泊の予定で週末においでいただくことになっていた。しかし残念ながらその「別件」がなくなったので，2011年以降については実現していない。

⑩　リクルートの要請

　3月下旬頃，各研修生に翌年度の研修生募集に関する協力要請のメール連絡を行う。まだ現地を経験していないとはいえ，先輩からの勧誘が効果的であることが過去の経験からわかっているからである。

⑪　4月学習連絡会HPの連絡

　4月学習連絡会用のページに対し，学習連絡会の時間割をはじめ，様々な微調整を行い，今からそのページを有効とする旨，3月下旬に研修生にメール連絡する。

⑫　現地部屋タイプの選択

　3月下旬に，メールで，現地の寮について1人部屋2人部屋の選択希望調査を実施する（2人部屋希望の場合は，ルームメイトの希望も出してもらう）。2人部屋の方が2万円程度安くなるため，料金の振込に関する案内を4月の学習連絡会で行う前に，どちらの部屋が割り当てられるのかを確定させようということが目的にある。調査の結果調整が必要な場合，特に他の要因がなければ，研修申込みの早かった方を優先させる場合がある。1人部屋の利点としては，静穏な環境で勉強がはかどる，スペースを広く使える，夜の出入りの際ルームメイトを気にしなくてよい，といったことがあり，2人部屋の利点としては，費用が若干安い，部屋で話し相手がいる，といったことがある。2人部屋は2010年の場合2人で鍵が1本だったが，2011年からは1人1本持てることになった。最終的な割り当ての結果は4月に入った頃に連絡する。

　寮はカレッジから歩いて20分ほどの，ケンブリッジ随一の高級住宅街の中にある。エクストラ・ベッドを入れて2人部屋として使える部屋もあり，可能な部屋をすべて2人部屋として使用すると学生32名まで宿泊できる（2011年度までは40名）。この収容人数の柔軟性のおかげで，参加人数の上下動がある九州大学のグループも，自分達だけでこの寮を独占できる。

【庭】一般家庭の小さな庭でも綺麗に作り込まれていることが多い。

第5章　事前研修

⑬　4月学習連絡会後の懇親会の案内

　手配は研修生の中のボランティアに一任するが，出欠の確認等の連絡は世話教員からすることがある。あるとすれば3月末の連絡になる。

⑭　春休みの成果報告

　春休みに特別な海外プログラムに参加した体験談などが集まれば，メールでの一斉連絡で紹介する。外に目を向けて行動を起こしている実例を間近に感じて欲しいということである。例えば九大生向けのタイ研修，ドイツ・インターンシップ研修などがある。

⑮　過去の研修生の訪問

　春休みというのは比較的時間のあるもので，世話教員の研究室を過去の研修生が訪ねてくれることもある。そうした出会いについても研修生にメールで報告するが，それは縦のつながりを感じてもらいたいということでもあるし，また自分の将来を想像してもらいたいということでもある。

⑯　英国に関する発表の原稿受理と冊子の製作

　4月の学習連絡会の数日前を完成原稿提出の締切とし，集まった原稿を人数分印刷する。50枚前後の原稿を人数分のクリアファイルの中に世話教員が1人で入れ込むのは気の遠くなりそうな作業なので，可能な研修生に集まってもらい，作業を手伝ってもらう（間に合わない場合は当日朝にも）。また，完成した冊子を人数分世話教員が学習連絡会の会場に持っていくのは難しいので，可能な研修生にはあらかじめ取りに来てもらうこともある。

⑰　英語学習進捗表の受理とアドバイスの記入

　4月の学習連絡会の数日前までに，英語学習進捗表に4月までの学習状況を記入したものがメール添付で届く。その報告内容は千差万別であるが，あらかじめ欲張りすぎる計画を避けるように指導しているため，途方もない計画に自分でついていけていないといったものはまずない。

　よく見られる傾向としては，単語，リーディング，リスニング，ライティング，スピーキング，英国学習のすべての項目に等分の力を割こうとしてどれもうまくいっていないというものである。そうした場合には，期間を分けるなどして，絞られた技能について集中的に訓練するように指導を行う。

　また，結局ほとんど進んでいないという正直な報告も時々見られるので，誰でもそれなりに多忙なのは理解できるが，わざわざ長時間をかけて，しかもケ

【街頭の花】あちこちで植木鉢一杯の花が街灯のような柱から吊るされている。

ンブリッジ大学の舞台に上がることを目指しての努力が求められている意味を思い出すように指導し，あわせて九州大学グループがペンブローク・カレッジでの地位を確保するには研修生が努力する姿を見せる他ないことを改めて指摘する。指導内容は添付されたファイルを印刷したものに朱書きして，4月の学習連絡会で研修生に手渡す。

⑱　旅行準備状況の受理とアドバイスの記入

旅行準備状況の書式には，現地研修の各週末について，旅行先と簡単な旅程，同行メンバー，宿泊（場所，施設名，施設電話番号，予約者名），予約取得予定などを記入してもらい，あれば国際携帯の番号を記入してもらう。12月の学習連絡会で一通り書き方を説明しているのだが，4月はじめの提出の段階では記入方法の不備が多数見つかる。この書類は，ペンブローク・カレッジに週末の行先や連絡先についてあらかじめ知らせるためにも使われるため，現地スタッフが見てわかりやすいものでなくてはならないのだが，本人の国際携帯の番号や，宿泊施設の連絡先電話番号が，英国内からかける番号になっていないことが多い（国際携帯の欄へは「英国の国際通話 00 ＋ 日本の国番号 81 ＋ 0 を抜いた局番」で始まる番号を記入する）。また，地名のスペルミスの類も多い。

旅行の日程の立て方に関しても世話教員からかなりのアドバイスが必要になる。英国でキリスト教関係の施設が日曜日に休みになる可能性を考慮していない旅程の立て方，日曜日に列車の始発が平日よりも遅くなることを考慮していないケース，エジンバラや湖水地方など宿泊施設が込み合う場所に泊まる予定にしているのに4月時点で予約が入っていないなど，心配な内容の報告が少なからずある。また，宿泊の予約や旅程の作成を人任せにして，自身の理解と責任においてきちんとした中間報告を書くことができていない手抜きのケースも目立つ。同一行動する者同士が異なる内容の記述をしている場合も多い。現実には他の研修生が手配する項目であっても，関係するメンバー全員が同じように情報を共有しておくべきである。それが現地の行動でのトラブル防止につながるのでなおさらである（はぐれるケースが過去に数件あった）。

指導内容は添付されたファイルを印刷したものに朱書きして，4月の学習連絡会で研修生に手渡す。

【家々】同じ色の屋根や壁の家が並ぶところが多い。

⑲ バスの予約

2月頃，ペンブローク・カレッジを通じて，現地研修でロンドン・ヒースロー空港とケンブリッジを往復する貸切バスの予約を世話教員が行う。世話教員を含めて35名を超えると，スーツケースもあるので，バスは2台となる。研修生が多くて2台予約したときもあったが，2013年組以降は参加数上限が32名となったため，同行者が3名までの場合は1台で済むことになった。

⑳ その他メールの記録より

以上見たような事項は，毎年繰り返されることになりそうなものばかりであるが，中にはその組限りのものもある。例えば2011年組の場合は，NZでの地震や東日本大震災にからめて，安全対策に万全を期すことの大切さを説いた。以前の組では，ロンドンでのテロや，SARS，豚インフルエンザ等，その組特有の問題を抱えた年もあり，事前にできる対策について指導した。

また，事前研修を進めていく上で突き当たった疑問を解消するために，研修生がメール等で質問してくることがあり（例えばメールでの海外とのやりとりの具体的内容について），なるべく丁寧に答えることにしている。一般性が高いと判断されれば，メールによる一斉連絡でやりとりを研修生全員で共有することもある。もっともたいていの組では，世話教員を除いた研修生だけのメーリング・リストを作っていることが多く，世話教員のところにまで来る質問というのは，自分達だけでは解決しにくい，なるほどと思える点を突いたものが多い。

5.5 歴史学習の効果

事前学習では英文で書かれた簡潔な英国通史を読み，そのノートを作成する作業が求められているわけであるが，現地で見聞を広めるにつれて，歴史の勉強の必要性に初めて気付くということが多い。歴史の長い英国においては，通時的文化理解に努めることなくして現地に行く意味はないとさえ言えるであろう（研修生のレポートから：事前研修で最も時間を充てるべきところだと私は思う。英国の歴史を勉強した，ノートにまとめた，だけでは不十分である。大事なのはそれをほかの人に説明できることだと強く感じた）。但し，世界史を高校で十分履修していない研修生もおり，この課題は人によってはかなりきつ

【挨拶】英国人は日本人より気持ちよく挨拶するような気がする。

い作業になる（研修生のレポートより：英国史の要約，和訳は相当大変だった。世界史を習ったこともないうえに，単語も難しく相当つらかった。今となってはよく最後までやり通したなと思う）。

5.5.1 英国通史学習の意義
　帰国後に研修生に尋ねると，この通史の勉強はとても重要なものだという返事が返ってくる（研修生のレポートから：著名な王，文人，首相を知っているとよりいっそう楽しめるので，最低限の勉強をしておいた方がいい）。現にこの学習において，英国史の諸相の理解が格段に深まる。鈴木（2010）で報告されている概略は以下のとおりである。詳細については原典を御覧いただきたい。
- はじめは全体の項目のおおよそ4分の1程度しか満足な理解がない。
- 研修生の15％程度は高校で世界史を履修せず，歴史項目の理解に乏しい。
- 高校で世界史を履修した者の方が理解度が高い。
- センター試験で世界史を選択した者の方が理解度が高い。
- 高校で世界史を履修しなかった学生は，学習後もセンター試験で世界史を選択した学生に比べて半分程度の理解にしか達しない。
- 英語で書かれた簡略な通史を学習することによって，満足な理解を示す項目が半数程度にまで上がる。
- そもそも理解度の高い項目，低い項目というものがある。
- 学習して理解度の高まる項目と高まらない項目とがある。学習時間が制限されている場合は前者に傾注するのが賢い。

5.5.2 おさえるべき英国史の内容
　英国通史を多くの紙数を費やしまとめて提示したいとまでは思わないが，どの程度の学習を行っているのかを示すため，研修生が理解の基礎として把握して欲しい流れをダイジェストで述べておきたい。なお，少なくとも2013年組までの数年はCunnigham（1991）を教科書として使用している。
　① ノルマン大征服（the Norman Conquest）の前まで
　英国には石器時代（the Stone Age）から人が住んでいた。この時代にヨーロッパ本土から農耕民族がやってきた。ストーンヘンジ（Stonehenge）はこの

【保存鉄道】全国に80箇所近くある。文化財とみなされている。

時代に建てられた。次は紀元前2100年頃からの青銅器時代（the Bronze Age）となり、紀元前700年頃には大陸からケルト人（the Celts）が侵入して鉄器をもたらし、鉄器時代（the Iron Age）となった。

　ローマ人（the Romans）が、シーザー（Julius Caesar）に率いられて紀元前1世紀に英国に侵入し、ケルト人たちはスコットランド、ウェールズ、コーンウォール（Cornwall）などへ逃れた。スコットランドには元々ケルト系とも言われる人たちがいたが、ローマ人はその人たちをピクト人（the Picts）と呼び、結局侵略はできず、境界線としてハドリアヌスの長城（Hadrian's Wall）を設けた。ローマ人はウェールズも次第に支配するようになり、3世紀にはローマの属州とした。ローマ人も法制度やアルファベットなどを残し、本国が危なくなってきたために、5世紀初頭に英国から引き上げた。この時代のローマの宿営地があった都市にはチェスター（-chester）、カスター（-caster）、セスター（-cester）といった名前が含まれている。その後ウェールズでは小さな王国がいくつもできた。

　続いてゲルマン諸族（the Germans）が英国に侵入し、アングル族（the Angles）がノーサンブリア（Northumbria）、マーシア（Mercia）、サクソン人（the Saxons）がウェセックス（Wessex）、サセックス（Sussex）、エセックス（Essex）、ジュート人（the Jutes）がケント（Kent）を建国、イースト・アングリア（East Anglia）とあわせて七王国（Heptarchy）を成した。

　イングランドを統一したのはウェセックスのアルフレッド大王（Alfred the Great）で、文化も花開いたが、北欧から頻繁に襲来したヴァイキング（the Vikings）を破り、しばらくアングロ・サクソン人（the Anglo-Saxons）とヴァイキングはイングランドで共存した。スコットランドでは9世紀に、支配的民族が土着のピクト人から、アイルランドから渡ってきたケルト系のスコット人（the Scots）に変わり、1034年にダンカン王（Duncan I）がスコティア（Scotia）を統一王国として開いたのがスコットランド王国の始まりである。この時代にウェールズでは、マーシアの王オッファ（Offa）がオッファの防壁（Offa's Dyke）を自国とウェールズの国々との間に設け、全体としてウェールズはイングランド領にならず、小国群の統一をはかろうとしては失敗していた。

　② **ノルマン朝**（the Norman Dynasty：1066-1154）
　北欧からフランスのノルマンジー地方にやってきてフランス国王に仕える身

【柵】危険な崖にも柵はない。自由と自己責任の世界だ。

となったノルマン人（the Normans）が，英国に侵入したのがノルマン大征服（1066年）である。ノルマン人は英国でウィリアム征服王（William the Conqueror）のもと，ノルマン朝を設立した。封建制（the feudal system）を敷き，荘園（Manor）を設け，アングロ・サクソン人を厳しく支配した。イングランドの王は現在のエリザベス2世（Queen Elizabeth II）に至るまで，すべてウィリアム征服王の血を引いている。イングランドを一気に制圧したノルマン人だったが，ウェールズはグィネス（Gwynedd）王国を中心に残った。その王ルウェリン2世（Llywelyn II）がウェールズを統一した上イングランドにこれを承認させた。しかしこれをきっかけにイングランドはウェールズを侵攻して国外領土とし，ルウェリン2世から王位がウェールズ人に継承されないように，プリンス・オブ・ウェールズ（Prince of Wales）の地位がイングランドの王位継承者に与えられた。

③　プランタジネット朝（the Plantagenet Dynasty : 1154-1399）

ノルマン朝では跡目争いが絶えず，アンジュー家に王位が移り，ヘンリー2世（Henry II）からはプランタジネット朝と呼ばれる。この王朝期には，宗教と王権の対立から起きたカンタベリー大司教のトマス・ベケット（Thomas à Becket）の暗殺，仕える貴族たちが王に王権の制約を認めさせたマグナ・カルタ（Magna Carta），議会の創設，フランスとの百年戦争（the Hundred Years' War）などの大きな動きがあった。

スコットランドでは，スコット人（the Scots）とイングランドとの戦いがあり，1305年にウィリアム・ウォレス（William Wallace）がイングランドに敗れて処刑された後，1314年にスコットランドがイングランドをバノックバーンの戦い（the Battle of Bannockburn）で破った。アイルランドは小王国同士が群雄割拠の状態だったが，1166年に一部の勢力がイングランドに加勢を求めたのがきっかけで，やがてイングランドが支配するようになった。

この時代イングランドでは，最後にやはり跡目争いで，赤バラが紋章のランカスター家（the House of Lancaster : 1399-1461 にランカスター朝として王位に）と白バラが紋章のヨーク家（the House of York : 1461-1485 にヨーク朝として王位に）がバラ戦争（the Wars of the Roses）を戦った。農耕や織布や交易も栄えた。

④　チューダー朝（the Tudor Dynasty : 1485-1603）

バラ戦争で争った両家を和解させる目的で，ランカスター系のチューダー家

【待つ】列を作って待つのを苦にしない。実におかしいほどに辛抱強い。

のヘンリーがヨーク家のエリザベスと結婚してチューダー朝を開き，ヘンリー7世（Henry VII）となった。次の王のヘンリー8世は，嫡男が育たないため，妃と離婚して新しい妃を迎えようとしたが，ローマ教皇（the Pope）側から認められなかったので，ローマ・カトリックから独立し，英国国教会（the Church of England または the Anglican Church）を設立し，国内のカトリック修道院を打ち壊し，その財産を奪った。その後宗派対立による動きが様々あった後，プロテスタント派のエリザベス1世（Elizabeth I）が，様々な政策を打って社会基盤を充実させ，国を強くし，大航海時代に交易を盛んにして，英国をヨーロッパにおける大国へと育てた。この時代にはシェークスピア（William Shakespeare）をはじめとして文化が興隆した。

16世紀には，アイルランドでイングランドによる支配への抵抗運動が目立った。またヘンリー7世がウェールズの出身だったので，ウェールズ人もイングランド王朝に登用されていたが，ヘンリー8世は1536年の連合法（the Act of Union）でウェールズを併合した。

⑤　スチュアート朝（the Stuart Dynasty：1603-1649, 1660-1714）と共和制（the Commonwealth：1649-1660）

エリザベス1世は結婚せず子をもうけなかったので，ヘンリー7世の娘と結婚したスコットランド王であるスチュアート家のジェームズ6世がイングランド王に迎え入れられ，ジェームズ1世（James I）として即位した。

この王は議会を重視せず，改革志向の強い清教徒（puritans）が勢力を持つ議会が抵抗し，清教徒革命（the Puritan Revolution：またはイングランド内戦（the English Civil War））が起きて，長老派教会（the Presbyterian Church）でプロテスタント化していたスコットランドに降伏したイングランド王チャールズ1世（ジェームズ1世の子）が，イングランドに引き渡されて処刑され，護国卿（Lord Protector）のクロムウェル（Oliver Cromwell）による共和政が施行された。

彼は独裁に走ったので，死後に跡を継いだ息子は軍に退けられ，招集された議会がチャールズ1世の息子をチャールズ2世として王に迎え，王政復古がなされた。直後の1665年にはペストの流行，1666年にはロンドン大火があった。また，初めての政党として，王族寄りのトーリー党（the Tories）とそれに対立したホイッグ党（the Whigs）が生まれた。

【蚊】夏でもほとんどお目にかからない。

チャールズ2世には子がなく，弟のジェームズ2世が王位を継いだが，カトリック教徒であったため，議員たちがジェームズ2世の娘でプロテスタントのメアリ2世とその夫のオレンジ公ウィリアム（William of Orange）をオランダから呼び寄せて，2人とも王として共同統治の形を採った。ジェームズ2世は戦わずしてフランスへ亡命した。これを名誉革命（the Glorious Revolution）という。王の2人は，議会を最高権力とする法律の権利章典（the Bill of Rights：1689）を受け入れた。

　1707年には連合法（the Act of Union）により，イングランド・ウェールズとスコットランドが統一され，連合王国（the United Kingdom）となった。17世紀にはアイルランドで，移住したプロテスタントの人々と土着のカトリックの人々の反目が始まった。

　⑥　ハノーヴァー朝（the Hanoverian Dynasty：1714-1837）

　スチュアート朝の最後の王アン（Anne）の子がすべて亡くなったので，親戚がドイツから招かれてジョージ1世（George I）となった。この時代に首相（Prime Minister）と後世から呼ばれるようになる大臣が生まれ，ロバート・ウォルポール（Robert Walpole）が初代となった。この後英国は，経済発展期を迎え，産業革命（Industrial Revolution）を成し遂げる。18世紀は戦争が多く，大陸で起きた紛争に関与し続けた。また18世紀末にはアメリカ独立戦争（the American War of Independence）が起き，1783年に英国はアメリカの独立を認めた。

　小ピット（William Pitt the Younger）が英国最年少の首相となり，ナポレオンとの戦争があった。仏西連合艦隊をネルソン提督（Admiral Nelson）が破った1805年のトラファルガーの海戦（the Battle of Trafalgar）が有名である。

　ハノーヴァー朝の時代に，海外では，インド支配の進行，カナダ，オーストラリア，ニュージーランドの獲得などがあった。アイルランドの独立運動の興隆などもあったが，1801年には連合法（the Act of Union）により，アイルランドがイングランドに併合された。

　⑦　サックス・コーバーグ・ゴータ朝（the Saxe-Coburg-Gotha Dynasty：
　　　1837-1917）（事実上ハノーヴァー朝の改名）

　この時期で重要なのはヴィクトリア女王（Queen Victoria）で，英国が最も急速に大英帝国を発達させ，世界一の地位を占め，文化も栄えた時代である。

【夏】湿度が低いので汗もすぐ引く。最高気温も20℃台。

政治では概ねトーリー党が前身である保守党（the Conservative Party）のディズレーリ（Benjamin Disraeli）と，概ねホイッグ党が前身である自由党（the Liberal Party）のグラッドストン（William Gladstone）が首相を争った。選挙法や労働法などの整備や労働組合の設立など近代的動きが見られた。学校教育や公衆衛生の整備も行われ，社会も発達した。

海外では，インドでの騒乱，ロシアの南下と戦ったクリミア戦争（the Crimean War），中国での権益を確保したアヘン戦争（the Opium Wars），スエズ運河の防衛に絡んでのスーダンへの介入，南アフリカの資源と民族対立を巡ってのボーア戦争（the Boer War）などがあったが，最も悲惨だったのは第1次世界大戦（World War I）である。兵器の近代化で大量の犠牲者を出した。

⑧　ウィンザー朝（the Windsor Dynasty：1917-）（前王朝が敵国ドイツ系の名前だったのを改名）

1929年に世界大恐慌（the Great Depression）が起こり，失業者が大量に出た。やがて第2次世界大戦（World War II）となり，戦費もかさんで，チャーチル（Sir Winston Churchill）首相のもと戦勝国にはなったが，英国は世界の中心の地位を失った。海外の植民地も次々に独立した。

アイルランド南部は1921年にアイルランド自由国（the Irish Free State）という自治州となり（北アイルランドは英国へ併合），1937年には自治国のエール（Eire）となり，1949年には完全独立のアイルランド共和国（the Republic of Ireland）になった。

戦後は労働党（1900年に労働代表委員会として創立，1906年に現名称に）がアトリー（Clement Attlee）内閣を作り，「揺りかごから墓場まで」の高福祉政策が採られた。その後事業の国有化，貨幣制度における十進法の採用等の出来事があった。70年代には不況となり，ストが相次ぎ，アイルランド共和国軍（IRA）による爆弾テロも頻発した。保守党のサッチャー（Margarette Thatcher）内閣が登場し，福祉への支出を抑制し，国営事業の民営化を進め，フォークランド紛争（Falklands War）を戦った。ヨーロッパ内の協同の動きには独自の立場で対応し，現在欧州連合（EU）には加盟しているものの，統一通貨であるユーロ（Euro）には参加していない。なお，戦後のウェールズではウェールズ語（Welsh）の保存運動が盛んになった。

その後の内閣では1997-2007年の労働党のブレア（Tony Blair）政権が時代

【教養】ケンブリッジ大学の学生の教養の厚さにはため息が出る。大学に教養課程もないのに。

を画した。アメリカと共同歩調を取るイギリスにとって，湾岸戦争（1991），アメリカ同時多発テロ（2001）等が大きな出来事であった。

5.6 英国に関する課題

英国に関する調べ物の課題を事前研修の中で課しており，担当する課題に関する希望を出してもらい，第1回学習連絡会までには研修生への課題の割り当てが確定する。1月上旬までには構想のアウトラインを知らせてもらい，それに対して世話教員がアドバイスを送る。4月上旬には完成原稿を提出してもらい，4月の学習連絡会では，全員分の原稿を印刷した冊子を配布し，4月6月8月と3回の学習連絡会にわたって口頭発表してもらうことになる。

5.6.1 英国に関する課題の意義

グローバル化した世界で，異文化理解は当然のことのように求められる。その対象のひとつとして，英語文化圏の諸相について学ぶことは意義深い。しかし，大学生活のスケジュールの中で，研修生1人ひとりが，次項に掲げるようなすべての項目についてしっかり勉強するのは難しい。そこで事前研修においては，分担者が自分に割り与えられたテーマについてしっかり調べ，その成果を全員で共有するために，各学習連絡会において発表をしてもらう。限られた時間で聴衆にできる限りの理解をしてもらうためには，発表者自身がかなり深く広く勉強しておかねばならない。

また，それぞれのテーマは，事前研修での発表だけのものではなく，発表後も鋭意勉強を続けてもらい，そのテーマについてグループの中で最も詳しい知恵袋的存在になってもらうことを理想としている。そのようにして，グループ全体としての力量を高め，集団で研修に取り組むことの長所としようというわけでもある。

5.6.2 英国に関する課題の内容

組によって研修生数が異なるため，どのような課題項目を立てるかもそれに応じて異なってくる。しかし2011年組は宿舎の定員の関係で，最大33名に絞られたので，本項では33の項目を前提に，項目とその簡単な内容やねらいな

【在学年限】イングランドの大学は3年制で教養課程は普通ない。

どを示しておく。
　① ケンブリッジ大学の概要
　3.1に扱われているように，まずケンブリッジ大学の構造を学部とカレッジと研究所等に分けて述べ，他の大学とは異なる特徴が他にもあればそれらについても説明してもらう。学部やカレッジを網羅した見取図があればさらによい。どのような側面を選択してまとめるかが発表者の個性の出る部分になる。また，「ケンブリッジ大学の歴史」や「ペンブローク・カレッジの概要」と重複のないように発表者間で直接調整してもらう。
　② ケンブリッジ大学の歴史
　3.2と3.3に扱われているように，ケンブリッジ大学の創立の経緯から現在に至るまでの歴史の中で，大学の発展の足跡を見渡すことができるような発表としてもらう。年表のような解りやすい形でまとめるのがよい。カレッジの創立，大学の制度の発達，有名な人物などに注目する他，発表者が何を重視してその他の項目を盛り込んでくるのかが楽しみである。また，「ケンブリッジ大学の概要」や「ペンブローク・カレッジの概要」と重複のないように発表者間で直接調整してもらう。
　③ ペンブローク・カレッジの概要
　3.5にあるように，カレッジの創立の事情から始めて，歴史の概要，要人などについて述べ，学生数や特徴などについて解説してもらう。その他に国際プログラムがこのカレッジの特徴になっているため，その概要を，研修に参加している九州大学以外の大学の紹介も含めて扱ってもらう。その他カレッジのどの側面を扱うかが発表者の個性の出る部分である。
　④ ケンブリッジ大学の各カレッジの概要
　ケンブリッジ大学はカレッジ制度に特徴があり，それぞれのカレッジで個性が異なるため，どのようなカレッジがあるのかの概要をつかむことができるような発表が望ましい。
　⑤ 英国の政治制度の概要
　欠かせない項目がいくつもある。日本国憲法のような最高法規とは異なる不文憲法のあり方，内閣（Cabinet）の概要と権限，王と政治，貴族院（the House of Lords）と庶民院（the House of Commons）の概要，現在の政党の紹介，小選挙区制による選挙，中央と地方の議会の区別には必ず触れてもらう。その

【ボロ】スカボロ等のボロはアングロ・サクソンの言語で「要塞」の意。

他どのような項目を盛り込むかは発表者の個性による。

⑥　英国の医療・社会保障制度

　戦後発足した国民皆保険制度である NHS（National Health Service）の概要の解説を中心に，かかりつけ医にまずはかかる GP（General Practice）の制度や，民間病院との並存の実態などを取り上げてもらう。その他年金制度等の福祉の概要を調べてもらう。日本とは異なることばかりで時間がかかるが，勉強になる上，この課題の担当者がグループの中で医療・福祉のことがわかる人になるというのは心強い。

⑦　英国の国内問題

　戦後斜陽した経済がどのようになっているのか，王制や爵位の制度については安泰なのか，スコットランドの独立問題はどうなっているのかあたりを必ず解説してもらうこととする。それ以外に発表者が興味を持つ国内問題を加えてもらうことが望まれる。伝統的な問題だけではなく，新しく浮上した問題も取り上げるとよい。北アイルランドの所属問題（アイルランド島にありながら所属は英国）は国際問題とこちらのどちらかに入れてもらう。

⑧　シェークスピアについて

　フランスが絵画，ドイツが音楽で目立っているとすれば，英国が目立つのは文学においてであり，その最大の文学者について独立した項目として取り上げる。「ハムレット（Hamlet）」「オセロ（Othello）」「マクベス（Macbeth）」「リア王（King Lear）」の四大悲劇を筆頭に，有名な作品を取り上げ，シェークスピアの文学史上における位置づけやシェークスピアの人物像に触れてもらう。どの作品を取り上げるかが悩ましいところであろう。

⑨　英国の文学の概要

　「ベオウルフ（Beowulf）」から始まり「カンタベリー物語（Canterbury Tales）」を通って，スペンサー（Edmund Spenser），ミルトン（John Milton），などの初期の詩人，ワーズワース（William Wordsworth）等のロマン派の詩人，近代小説のオースティン（Jane Austen），ディケンズ（Charles Dickens），ブロンテ姉妹（Brönte Sisters），ウルフ（Virginia Woolf）などに言及する。なじみのある「シャーロック・ホームズ（Sherlock Holmes）」「宝島（Treasure Island）」「ピーター・ラビット（Peter Rabbit）」「熊のプーさん（Winnie the Pooh）」「不思議の国のアリス（Alice's Adventures in Wonderland）」「マザー・

【バラ】エジンバラ等のバラも前項同様に「要塞」のこと。

グース（Mother Goose）」等を含めても面白い。シェークスピアは独立した項目になっているためはずすことになる。

⑩　英国の演劇事情

まずは現在ロンドンにある有名な劇場や，身近な「オペラ座の怪人（The Phantom of the Opera）」「キャッツ（Cats）」「マイ・フェア・レディ（My Fair Lady）」といった作品の情報に触れてもらう。次に，中世の教会での教えの一環としての演劇から始めて，簡単に各時代における演劇の特徴を指摘しながら歴史をまとめてもらう。シェークスピアの詳述は不要だが，シェークスピアと同時代のマーロー（Christopher Marlowe），ノーベル文学賞のショー（Bernard Shaw）には触れて欲しい。

⑪　英国の映画事情

原稿に含めて欲しいタイプの作品としては以下のようなものがある。キャロル・リード（Carol Reed）の「第三の男（The Third Man）」「落ちた偶像（The Fallen Idol）」，デヴィッド・リーン（David Lean）の「アラビアのロレンス（Lawrence of Arabia）」「インドへの道（A Passage to India）」，リチャード・アッテンボロー（Richard Attenborough）の「ガンジー（Gandhi）」「遠い夜明け（Cry Freedom）」，その他「テス（Tess）」「炎のランナー（Chariots of Fire）」「ブラス！（Brassed Off）」「日の名残り（The Remains of the Day）」「いつか晴れた日に（Sense and Sensibility）」「恋に落ちたシェークスピア（Shakespeare in Love）」「ノッティング・ヒルの恋人（Notting Hill）」「エリザベス（Elizabeth）」「ハリー・ポッター（Harry Potter）」「麦の穂を揺らす風（The Wind that Shakes the Barley）」「リトル・ダンサー（Billy Elliot）」。

⑫　英国の博物館

ロンドンにある大英博物館（The British Museum）や自然史博物館（The Museum of Natural History）やロンドン博物館（The Museum of London）は欠かせないが，その他発表者の興味に応じて，バースの浴場博物館（Roman Baths），ポーツマスのヒストリック・ドックヤード（Portsmouth Historic Dockyard），ストラトフォード・アポン・エイヴォンのシェークスピアの生家（Shakespeare's Birthplace），ヨークの国立鉄道博物館（National Railway Museum），リヴァプールのビートルズ・ストーリー（The Beatles Story），マンチェスターの科学産業博物館（Museum of Science and Industry），グラスゴーの

【カスター】ランカスター等のカスターはローマの言語（ラテン語）で「宿営地」の意。

ケルヴィングローヴ美術館博物館（Kelvingrove Art Gallery and Museum）などのうちから追加するとよい。

⑬　英国の美術館

ロンドンにあるナショナル・ギャラリー（The National Gallery），テート・ブリテン（Tate Britain），ヴィクトリア・アルバート博物館（Victoria and Albert Museum）ははずせないが，この他発表者の興味に応じて，国立スコットランド博物館（National Galleries of Scotland），テート・モダン（Tate Modern）などを取り上げるとよい。

⑭　英国のクラシック音楽事情

作曲家のホルスト（Gustav Holst），ブリテン（Edward Britten），エルガー（Sir Edward Elgar），ヘンデル（Georg Handel），楽団のロンドン交響楽団（London Symphony Orchestra），ロンドン・フィルハーモニー管弦楽団（London Philharmonic Orchestra），ホールのロイヤル・アルバート・ホール（Royal Albert Hall），コンサートのBBCプロムス（BBC Promenade Concert）などへの言及は必須であろう。発表者の興味に応じてもっとマイナーなものも含めていく。

⑮　英国のポピュラー音楽について

1950年代あたりから始めて，ビートルズ（The Beatles）以降のポップスやロック等の流れを解説する。言及が好ましいアーチストとしては，ローリング・ストーンズ（The Rolling Stones），ピンク・フロイド（Pink Floyd），レッド・ツェッペリン（Led Zeppelin），エリック・クラプトン（Eric Clapton），クイーン（Queen），セックス・ピストルズ（Sex Pistols），ポリス（The Police），U2，エルトン・ジョン（Elton John），オアシス（Oasis），コールド・プレイ（Coldplay）などがある。この他，ケルト系の音楽，スコットランドのバグパイプによる民族音楽などにも触れるとよい。

⑯　英国のスポーツ

英国発祥とわかっているものやそうではないかと言われている，サッカー，ラグビー，クリケット（Cricket），クロッケー（Croquet），ポロ，テニス，ゴルフなどを中心に据え，その起源を記述する。日本でなじみの薄いクリケット（野球に似ている）やクロッケー（ゲートボールのような競技）については，何を争うスポーツかを紹介することも必要であろう。ゴルフの全英オープン

【チェスター・セスター】これらも前項同様。例はマンチェスターとサイレンセスター。

（The Open Championship）やテニスのウィンブルドン選手権（The Championship, Wimbledon）などの有名な大会に触れるのも望ましい。

⑰ 主要な建築・デザイン様式

英国のノルマン朝以降の様式の時代区分に沿って，それぞれの特徴や具体的な例を画像で紹介してもらう。ダーラム大聖堂（Durham Cathedral）を例とする11～12世紀のロマネスク（Romanesque），カンタベリー大聖堂（Canterbury Cathedral）を例とする12～16世紀のゴシック（Gothic），クイーンズ・ハウス（Queen's House）を例とする15～17世紀のルネサンス（Renaissance），セント・ポール大聖堂（St Paul's Cathedral）を例とする17世紀以降のバロック（Baroque），ケンブリッジ大学のフィッツウィリアム博物館（Fitzwilliam Museum）を例とする18世紀以降の新古典主義（Neoclassical）といった流れを中心に置く。建築家のクリストファー・レン（Sir Christopher Wren），イニゴ・ジョーンズ（Inigo Jones）や，建築としての教会の構造にも言及できるとよい。

⑱ 英国の科学者とその業績の概要

英国は高名な科学者が多い。言及して欲しいのは，万有引力の法則のニュートン（Sir Isaac Newton），ハレー彗星のハレー（Edmond Halley），ボイルの法則のボイル（Robert Boyle），フックの法則のフック（Robert Hooke），電磁場のファラデー（Michael Faraday），電磁力のマックスウェル（James Maxwell），進化論のダーウィン（Charles Darwin），ジュールの法則のジュール（James Joule），宇宙物理学のホーキング（Stephen Hawking）などの歴代の偉人や，ノーベル賞受賞者の中で，DNA二重螺旋構造のワトソン（James Watson）とクリック（Francis Crick），パルサーを発見したヒューイッシュ（Antony Hewish），クェーサーを発見したライル（Sir Martin Ryle），原子関係のラザフォード（Lord Ernest Rutherford）などである。

⑲ キリスト教の歴史

英国の理解にキリスト教の歴史は欠かせない。イエスの時代のキリスト教の出現から，ローマ・カトリック（Roman Catholic）と正教会（Orthodox Church）への東西分裂，十字軍（the Crusades），宗教改革（Religious Transformation）でのプロテスタントの出現，英国国教会の出現，現代の宗派というように歴史の流れを見たあと，英国史に目を移し，キリスト教の伝来から始め，ケルト系でなくローマ・カトリックを採用したウィットビー教会会議（Synod of Whit-

【アフタヌーン・ティ】下からサンドイッチ，スコーン，ケーキの三段重ねが有名。

写真11　フィッシュ・アンド・チップス

写真12　ハンプトン・コートの庭園

by），修道院（Monastary, Convent），英国国教会へと続いていく流れをたどるとよい。

⑳　英国の食文化
　まず現代英国に見られる郷土料理として，フィッシュ・アンド・チップス（fish and chips），ロースト・ビーフ（roast beef），ヨークシャー・プディング（Yorkshire pudding），シェパーズ・パイ（shepherd's pie），キドニー・パイ（kidney pie），コーニッシュ・パスティ（cornish pasty），ラバー・ブレッド（laverbread），バブル・アンド・スクイーク（bubble and squeek），ダンディー・ケーキ（Dundee cake），エクレス・ケーキ（Eccles cake），トライフル（trifle），イングリッシュ・ブレックファスト（English breakfast），サンデー・ランチ（sunday lunch），アフタヌーン・ティー（afternoon tea）などに言及するとよい。英国における食事の歴史を取り上げるとなおよい。俗に英国の食事はまずいという先入観がある背景まで探るのも面白い。

㉑　英国の酒類概要
　英国と言えば，常温で飲むビールが有名であり，ホップで苦味を強めたビター（bitter），上面発酵によるエール（ale），焙煎した麦芽を使った黒ビールのポーター（porter），ホップを多く使い焙煎した麦芽を使った黒ビールのスタウト（stout）などがある。スコッチ・ウィスキー（Scotch whisky）も有名で，蒸留所がハイランドの各地にある。この他リンゴや梨の発泡酒のサイダー（cidre）が各種ある。さらに，日本に比べてラム酒やジンなどもおいしい。こ

【アカデミック・ガウン】ケンブリッジ大学では事ある毎に着用する。

れらのアルコール度数や簡単な製法や銘柄などを調べるとよい。また，パブの文化について調べる必要もある。

㉒　英国の園芸文化

幾何学的構成に特徴のある大陸式の整形庭園（formal garden）が英国でも長く見られたのに対して，自然を活かした自然式庭園（landscape garden）が18世紀に流行して英国式庭園（English garden）の典型になったこと，19〜20世紀にはより自然に近いコテージ・ガーデン（cottage garden）が流行したことを扱う必要がある。さらに，ハンプトン・コート（Hampton Court），チャッツワース・ハウス（Chatsworth House），ヒドコート・マナー・ガーデン（Hidcote Manor Garden）など，発表者の興味に応じて選択した有名な庭をいくつか紹介するとよい。また家庭の豊かな庭，街路に吊り下げられたポット入りの花などの文化にも触れるとよい。

㉓　英国の貿易・物産

英国の貿易は輸出入ともに工業製品が主力で，その相手国はEUが半分程度を占め，あとはアメリカやアジアが主体である。産業としては第3次産業が最も目立つが，食糧自給率がほぼ100％であること，国土の半分が牧草地であることが特筆に値する。第2次産業としては，イングランド中部地方の重工業，ランカシャーやヨークシャーの織物，ストーク・オン・トレントの陶磁器，スコットランドのシリコン・グレン（silicon glen）のIC産業等が有名である。また，油田やガス田があるのも有利である。こうした情報の他，BP（British Petroleum）やグラクソ・スミスクライン（GlaxoSmithKline）等の有名企業も紹介するとよい。

㉔　英国を取り巻く国際情勢

英国は世界の中で，2010年現在GDP（国内総生産）で第6位，軍事費の額で第4位，ODA（政府開発援助）の額で第2位であり，国際連合の常任理事国を務める大国である。しかし政治的には米国と密接な関係にあり，ユーロに加盟していないなど，EU（欧州連合）とは微妙な関係にある。だが，米国との関係もユーロの問題も揺れている。また国内が多文化社会になっているため，海外の国々との関係も複雑である。こうした情勢の中で，時の時事問題を絡ませながら，発表者が適宜具体的な話題を選んで発表することが求められる。

【フォーマル・ホール】カレッジで行われる立派な晩餐会のこと。

㉕ 英国の世界遺産

　世界遺産はユネスコ総会で採択された条約に基づくもので，文化遺産と自然遺産に大きく分かれている。2011年現在英国には23の文化遺産，4つの自然遺産，1つの複合遺産があるが，すべてをリストアップし，その中から現地研修中に訪問可能なところ，あるいは日本でなじみの深いところなどの基準により，発表者が絞り込んで取り上げることが求められる。はずせないのは，ストーンヘンジを含むもの，ウェストミンスター宮殿を含むもの，カンタベリー大聖堂を含むもの，グリニッジなどであろうが，産業関係のものや宗教関係のものに重点を置いてもよい。いずれにしても，良い画像を選び，遺産としての意義を語る必要がある。

㉖ 英国の都市

　人口で見ると1位のロンドン，2位の工業都市バーミンガム（Birmingham）が群を抜いており，以下毛織物産業で発達したリーズ（Leeds），鉄鋼業で発展したシェフィールド（Sheffield），ローマ時代からの大都市であるレスター（Leicester），海商都市として栄えたリヴァプール（Liverpool），綿工業で発達したマンチェスター（Manchester），産業都市グラスゴー（Glasgow），スコットランドの首都エジンバラ（Edinburgh）などが互いに似た規模で続く。これらの他，人口以外に知名度の高さから，海の玄関ドーヴァー（Dover），ノルマン大征服の戦いがあったヘイスティングズ（Hastings），かつての軍港ポーツマス（Portsmouth），メイフラワー号のプリマス（Plymouth），ケンブリッジ（Cambridge），オックスフォード（Oxford），イングランド北部の中心都市であるヨーク（York），ゴダイヴァ（Godiva）で有名なコヴェントリー（Coventry），ロビン・フッドで有名なノッティンガム（Nottingham），重工業で発達したニューカッスル（Newcastle）等も含めて，人口や特徴を含めて都市の紹介をするとよいであろう。但し地図を示す必要がある。

㉗ 王室

　英国の王室はノルマン朝のウィリアム征服王から始まっているが，この発表では，現在の王室のエリザベス2世（英語での正式呼称は36単語に及ぶ），夫のエジンバラ公フィリップ（Prince Philip, Duke of Edinburgh），チャールズ皇太子（Charles, the Prince of Wales），その子供たちのウィリアム王子（Prince William）とヘンリー王子（Prince Henry）などの現王室の構成に触れ

【円形教会】英国に幾つか残るうちの1つがケンブリッジにある。

る必要がある。その他呼びかけの敬称（王は his/her Majesty，王族は his/her Royal Highness 等），王位継承権，王室の財政，王立と国立の違い，王室御用達，国王の権限，日本の皇室との比較などについても言及があると面白い。

㉘ 貴族

まずは貴族というものの始まり，現代の貴族の人数や生計，貴族院議員の資格などに言及する。加えて，公爵（Duke），侯爵（Marquess），伯爵（Earl），子爵（Viscount），男爵（Baron），騎士爵（Knight）の階級について，男性の正式敬称（公爵は"The Most Noble Duke of「領地名」，侯爵は The Most Honourable the Marquess of「領地名」，伯爵は The Right Honourable the Earl of「領地名」，子爵は The Right Honourable the Viscount「姓」，男爵は The Right Honourable Lord「姓」，騎士爵は Sir「下の名」），その夫人の敬称，女性が爵位を持つ場合の名称（Duchess / Marquioness / Countess / Vicountess / Baroness / Dame）と敬称，子弟の敬称，貴族と准貴族の相違，一代貴族と世襲貴族の相違などのうちからまとめる。

㉙ 英国の城郭

英国の城郭は，建築された年代により様式が異なり，スコットランドではイングランドとの戦いで荒れたものが多い。ウィンザー家の居城のウィンザー城（Windsor Castle），スコットランド王朝の本拠であるエジンバラ城（Edinburgh Castle），英国皇太子の立太子礼が挙行されるカーナヴォン城（Caernarfon Castle），世界遺産のコンウィ城（Conwy Castle），イングランドで最も美しいと言われるリーズ城（Leeds Castle）などを中心に，観光施設として改装されている典型例のウォリック城（Warwick Castle），第2次世界大戦時の地下基地があるドーヴァー城（Dover Castle），ハイランドの名城であるエラン・ドナン城（Eilean Donan Castle），「天空の城ラピュタ」を思わせるウェールズのケールフィリー城（Caerphilly Castle）なども加えて構成するとよい。

㉚ 英国の地理的条件

英国全体と四大地域別の人口と面積を見る。気候については暖流により緯度の割には温暖なことを述べ，地域別の月別平均気温・降雨量の推移や日の出・日没の時刻等を示す。また日本との時差が基本で7時間であることを確認し，それが8時間となるサマータイムの期間や切り替えの方法等について述べる。さらに地域別の地形的植生的特徴を概観し，河川（セヴァーン川（River

【ケンブリッジ大学の博物館】大小様々な博物館や植物園がある。

写真13　エラン・ドナン城

写真14　イートン校

Severn），トレント川（River Trent），テムズ川（River Thames），マージー川（River Mersey）等）や山脈（ペナイン山脈（the Pennine Chain），グランピアン山脈（the Grampian Mountains），カンブリア山脈（the Cumbrian Mountains）等）や山岳（英国最高峰ベン・ネヴィス（Ben Nevis：1,343 m），イングランド最高峰スコーフェル・パイク（Scafell Pike：978 m），ウェールズ最高峰スノードン（Snowdon：1,085 m）等）等の具体的名称を取り上げて欲しい。

㉛　英国教育制度と大学のランク

英国の学制については日本ほど単純ではないので表にまとめて欲しい。義務教育が5～16歳であること，公立の学校の他に私立のパブリック・スクール（イートン校（Eaton College），ラグビー校（Rugby School），ハロー校（Harrow School），ウィンチェスター校（Winchester College）等）があること，中等教育修了試験のGCE（General Certificate of Education）にGCSE, A/S Level, A Levelの3種類があること，大学入試としてはA Levelがありそれを目指して義務教育修了後はA Levelの3科目の勉強に邁進すること，大学入試の方法は日本のような大学毎の試験ではないこと，イングランドの大学は3年制であること，などに触れて欲しい。さらに，英国内の大学のランキングも参考までに挙げるとよい。英国の主要紙の2011年のランキングを平均してみると，1位はケンブリッジ大学（The University of Cambridge），2位はオックスフォード大学（The University of Oxford），3位はロンドン・スクール・オブ・エコノミックス（London School of Economics），4位はセント・アンドリュース大学（The University of St Andrews），5位はユニバーシティ・カレッジ・ロンドン

【世界遺産】英国に28箇所ある（2012年現在）。

(University College, London) とインペリアル・カレッジ (Imperial College) である。

㉜　英国の行政区画

概ねイングランド，スコットランド，ウェールズ，北アイルランドの四大地域と海外領土（セントヘレナ（Saint Helena），バミューダ諸島（Bermuda Islands），フォークランド諸島（Falkland Islands）等）に分かれるが，アイルランド島との間にあるマン島とフランスとの間にあるチャンネル諸島（Channel Islands：ジャージー島（Jersey Islands）等）は王室属領（Crown Dependency）で，厳密には連合王国に含まれていない。イングランドは9つのリージョン（region）に分かれ，それらはさらに6つの都市カウンティ（metropolitan county），34の非都市カウンティ（non-metropolitan county）（世間的にはシャー（shire）のこと）と41の単一自治体（unitary authority）とグレーター・ロンドン（Greater London）に分かれる。都市カウンティは郊外が広い都市圏，非都市カウンティは日本でいう県のような存在，単一自治体は概ねカウンティの下のディストリクトを持たないもの，グレーター・ロンドンはさらにシティ・オブ・ロンドンと特別区に分かれる。

イングランド以外の地域の自治体の実態も含めて，わかりやすく自治体の構造を示す必要がある。また，連合王国よりも大きな単位で，旧植民地で英国王を君主と仰ぐ16の国で構成する英連邦王国（Commonwealth Realm）があり，さらに旧植民地ながら独立した君主を持つ国々も含めた緩やかな連合体である英連邦（Commonwealth of Nations）があることも言及に値する。

㉝　九大その他からの英国留学へのアプローチ

九州大学から大学間学生交流協定に基づいた交換留学ができる英国の大学は，バーミンガム大学（The University of Birmingham），グラスゴー大学（The University of Glasgow），ニューカッスル大学（Newcastle University），ブリストル大学（The University of Bristol），シェフィールド大学（The University of Sheffield），ロンドン大学アジア・アフリカ学院（School of Oriental and African Studies, the University of London）である。この他の英語圏では，アメリカに13校，カナダに2校，オーストラリアに2校あり，英語のみで交換留学できる英語圏以外の大学は，韓国に3校，シンガポールに2校，タイに3校，中国に1校，フィリピンに2校，ベルギーに1校ある。発表では，九州大学が持つ

【くまのプーさん】ゆかりの地がロンドンから少し離れた南方にあり。

各種短期留学プログラムや，海外から学生を集めるプログラムやその参加学生を世話するチューターや，日本語会話パートナーの制度などに触れて欲しい。余力があれば，日本学生支援機構の留学支援や，各種留学支援の民間プログラム等にも言及するのが好ましい。

5.7 第2回学習連絡会

4月に第2回の学習連絡会が開催される。会合の前に，英国に関する発表や歴史に関する発表の原稿のコピーを，クリアファイルのポケットに入れる作業を，自主的に早めに会場に来てもらった（元）研修生に手伝ってもらう可能性もある。

5.7.1 会合

具体的な時間割はおおむね下記のとおりである。

11：00	集合
11：10～11：20	出席確認，提出物受取（英国史学習ノートコピー），課題冊子の配布，学習進捗表・旅行準備状況の返却
11：20～11：40	研修概要（HP等の復習）
11：40～11：50	日程等の確認，入金の案内・費用の説明，保険の説明
11：50～12：30	ケンブリッジ概要冊子講読（全員が順に音読：和訳はしない）
12：30～12：40	休憩（発表pptファイルをPCへ）
12：40～12：55	単語テスト
12：55～13：10	鉄道指定券について
13：10～13：30	6月学習連絡会の準備
13：30～13：40	休憩（発表pptファイルをPCへ）
13：40～15：10	課題発表1～6と歴史発表1～5を交互に
15：10～15：20	休憩（発表pptファイルをPCへ）
15：20～16：50	課題発表7～12と歴史発表6～10を交互に
16：50～17：00	休憩
17：00～17：30	昨年の研修生の講演

【くまのパディントン】ロンドンのパディントン駅が舞台。銅像が立っている。

17：30〜17：50　全体Q&A
18：30〜20：30　懇親会
① 課題冊子の配布，学習進捗表・旅行準備状況の返却
　英国の文化や歴史に関する調査発表のためのハンドアウト集を，場合によってはこの学習連絡会の直前までかかって準備するわけだが，それを配布し，早速即日一部の発表を聞くことになる。また，学習連絡会の数日前を締切として提出を受けた英語学習進捗表と旅行準備状況をプリントアウトして指導コメントを付したものを返却する。また，英国史のノートのコピーの提出を受ける。
② 研修概要
　研修のHPの中で申込者を対象としたページに，研修の発足の経緯や，ペンブローク・カレッジおよび本研修の簡単な歴史を記してあるが，現地研修へ出発するまでの勉強に確実に力を入れてもらうため，4月の段階で改めてこの研修の位置付けを確認し，研修生がどのような立ち位置にいるのかを感じ取ってもらう。この研修は，現地研修で何かいいことがあるだろうと漠然と期待するだけでは効果が薄い。事前研修で培った力を現地に試しに行くというスタンスで，むしろ事前研修に力を注いで欲しく，そのためにはいわゆる中だるみに対する対策が必要である。
③ 日程等の確認，入金の案内・費用の説明，保険の説明
　これより後の学習連絡会の日程をはじめ，現地研修のスケジュール，往復の航空便の説明を行う。例年の往復の航空便はおおむね以下のとおりである。
8月X日：11：45 福岡空港国内線第2ターミナル1F ANAカウンター前集合
　　　　　福岡13：30 NH2144 → 15：20 成田　クラウンプラザホテル成田泊
8月X日：成田11：30 NH201 → 16：00 ロンドンヒースロー
9月X日：ロンドンヒースロー19：35 NH202 →
9月X日：→ 15：20 成田17：00 NH2143 → 19：00 福岡
　また，料金の振込金額やその内容，振込先口座の情報，入金の締切等について案内する。費用の内容について学習連絡会で改めて概略を説明するが，本節では省略する（4.2.2 の「費用」を参照）。口座は「英国英語研修会」の名義としており，ここに5月中旬までに振込をしてもらう。締切をこの時期に設定するのは，5月発券と6月発券とで航空運賃の燃油加算分（燃油サーチャージ）が異なって，6月の方が高くなるということがありうるからであり，5月中に

【長城1】ローマ支配時代のハドリアヌスの長城が世界遺産。

発券してもらうには，それまでに旅行業者への振込が完了していなければならないからである。振込金額は寮を1人部屋とするか2人部屋とするかで異なるが，ペンブローク・カレッジへの送金を後日行う場合の為替レートが不明なため，幾分多めに振り込んでもらう。また，振込人名義は，研修生に同じ姓の者がいない場合は同一姓の家族でもよいが，同じ姓の者がいる場合は本人名義にするよう注意を与える。というのは，その場合に家族の名義で送金すると，誰からの送金か通帳の印字で名義を見ただけではわからない場合があるからである。

海外旅行保険は強制的に加入してもらう。加入しない者は参加を断る。それは，英国で発病して，医師と看護師付で東京まで担架に乗せられて定期便にのると，費用が約350万円などという試算があるからでもある。盲腸の手術は約50万円，日本の保険証はもちろん効かない。航空券の発券にあたり，旅行業者に旅行申込書を提出する必要があるが，この業者が取り扱う保険に加入する場合は，申込書にその旨記載してもらう。自力で他社の扱うものに加入するのは自由だが，条件等は自分でしっかり確認してもらう。特にクレジットカード付帯のものは補償が少ないか，意外な制約が課されている場合があり，クレジットカード付帯保険の補助という保険も発売されているほどである。保険申込みにあたり，旅行の目的が「留学」でなく「観光」になることを説明するが，ここで研修生は，短期留学というのは本当の意味での留学ではないということを悟る。また，意外と厄介なのは，現金の盗難が補償の対象になるという思い込みである。さらに，現地で携行品の盗難があった場合は，現地警察への届け出により，証明書（police report）を発行してもらう必要があるということをよく説明しておく。日本人はよく盗難に遭うからか，警察で面倒がられるケースもよく耳にする。

④ 発音指導

5.3.1⑧の「英語発音資料」を使って，英語の母音と子音の発音のコツ，英語のアクセントや音の変化等につき，端的な指導ポイントについて練習を実施する。多くの時間を割くことができないため，割愛せざるを得ないポイントも多く，日本語による母語干渉で注意不足になりがちな項目に絞ることになる。

母音については，*hat-hut-hot*（米音）の「ア」の系列の区別に絞る。子音については，語頭の破裂音を帯気音を伴って発音すること，[r] と [l] の区別

【長城2】長城上の見張台を置いた間隔をマイルと言った。

(*right-light*），［f］と［h］の区別（*food-hood*），［b］と［v］（*boat-vote*），［θ］［s］［ʃ］の区別（*thick-sick-chic*）に絞る。アクセントについては，日本語では高低で区別するのに対して，英語が長短強弱に注意すべきことを練習する。音の変化については，単語毎に声門閉鎖（glottal stop）を介さずリンキングして読むことを練習し，*put it out* 等での弾音化現象，暗い l（dark el）等についても触れる。

⑤　ケンブリッジ概要冊子講読

5.3.1③の「ケンブリッジの略史資料」を，研修生に交代で音読してもらう。発音指導での注意点を活かす機会でもあり，また，現地研修の舞台に対する理解を深めてもらう機会でもある。かなり平明な英文なので，発音に注意する余裕も生まれ，内容理解が容易にできる。また，簡単な英国通史に加え，特定地域についての幾分詳細な記述に触れることで，他の地域についても豊かな歴史が存在することを想像できるようになる効果も期待できる。

⑥　単語テスト

5.3.1⑨の「英単語試験」の項にある単語集から出題する。研修生は遅くとも12月から単語の集中的な学習を行っているので，12月学習連絡会での成績と比較することによって，単語学習の効果が確認できる。

⑦　課題発表

英国の文化等に関する発表は，4月はじめに提出してもらった原稿を見ながら聞くことになるが，多くの発表者はパソコン用にプレゼン資料を用意してくる。世話教員が用意したノートパソコンに，あらかじめ資料のファイルをコピーしてもらっておく。

話題がそれぞれ異なるとはいえ，発表を多数連続して聞くのはきついので，3回の学習連絡会に発表時間を分割することとしている。しかし，他の項目との兼ね合いで，6月に発表の多くを配置し，4月は少なめに，8月は最小限に留める。内容理解を優先して，発表での使用言語は日本語としている。

発表は7〜8分程度とし，質疑応答を3〜4分程度としている。いずれも短時間で終わらせるにはもったいないと思えるような発表が続く。後で研修に関するレポートを見てわかるのは，この発表の際に，仲間がどれだけ知的に優れているかを悟り，この集団の中にいることの幸せを感じ始めるということである。昨今は高等学校でプレゼンやプレゼンのソフトウェアについての学習を経

【公立】公的なものには国立（national）と王立（royal）がある。

てきているため，以前のようにはっきり見劣りのする発表というのはほとんどない。但し質疑応答は苦手のようで，自分から働きかけない限り何事も始まらず，人から評価してはもらえないという世界標準の学習態度を身につける必要を感じてもらういい機会であり，質疑応答の様子に応じて短く指導のコメントを世話教員から加える。

⑧ 歴史発表

英国の歴史に関しては，薄い教科書の読解を個人でこなす課題の対象としているわけだが，同じ教科書を範囲として発表を割り当てることで，英国の通史に二度触れてもらおうというわけである。こちらの方は時間の都合で5分程度の発表だけで，質疑応答の時間は取っていない。

⑨ 鉄道指定券について

英国の鉄道指定券は，パスを利用する場合の日本国内の業者を通した予約は2ヵ月前からの発売であるが，オンラインで乗車券も同時購入であれば12週間前からの発売なので，6月の学習連絡会よりも前に利用列車を確定して予約行動に移りたいところである。特に寝台券の場合は売り切れを心配しなければならない。従って，旅行グループ内で早めに旅程に合意して予約行動に入れるように，4月の学習連絡会で切符のルールや業者の紹介などを行う。

5.7.2　過去の研修生の講話

12月の第1回学習連絡会における講話の担当者は，事前研修と現地研修を含む事業の全体がどのようなものか，事前研修ではどのように勉強を進めていけばよいかについて語ることができるという点に主眼を置いて選んだが，4月の第2回学習連絡会の講話は，前年の研修で最も影響を受けたと思える研修生2名にお願いして，事前研修中間点における中だるみ対策とする。

例えば2011年4月の学習連絡会では，研修を謳歌し研修後の成果物としてのアルバムを1年かけて製作するなどの粘り強さを見せた研修生と，驚異的な成長を遂げて4.2.1⑦の「2010年夏現地研修の方のレポート」を執筆した研修生にお願いした。研修から最も影響を受けた場合にどういうことになるのかということを目の前で知ることができる機会というわけである。

【ハリー・ポッター1】ロンドンのキングズクロス駅に $9\frac{3}{4}$ ホーム有。

5.7.3 次回への課題

6月の学習連絡会までにこなすべき項目についての案内を行う。

① 費用の払込み

航空券は発券時期により燃油加算分が変わるため，正確な見積りがまだ4月時点では間に合わないので，例年どおりとの仮定のもとでの概算に為替レート変動を勘案した余裕分を含めて徴収額を仮に決めて研修生に知らせる。5月中旬を期限として，研修の銀行口座へ振り込んでもらう。

② パスポートのコピーと旅行業者へ提出する申込書

パスポートの発給には数週間かかり，航空券の発券の時点（燃油加算分が夏期に上がるようなら5月末）で必要になるため，5月上旬までに発給を受けるように注意を促す。ということは，旅行申込書も発券に間に合うように送付してもらうことになる。燃油加算分（燃油サーチャージ）は2011年分の場合，5月内の発券と比べてそれ以降での発券では16,000円高くなるとわかったので，5月内の発券に照準を合わせた。但し，発券してしまうと，キャンセルする場合にキャンセル料がかかる（当時1人22,500円，搭乗直前には跳ね上がる）ため，出発直前に発券してもらう場合に比べ，万一7月あたりにキャンセルとなった場合に，キャンセル料の有無で違いが生じる。研修生に確認したところ，万一のキャンセル料を嫌って発券をぎりぎりまで待ち，燃油サーチャージが高くなってもいいという研修生は誰1人いなかった。

写真と氏名の掲載されているページのコピーを3枚とってもらう。4月学習連絡会のHP上からダウンロードした旅行申込書に1枚を貼り付け，それを5月中旬までに旅行業者へ確実に届けてもらう。6月の学習連絡会にもう1枚を教員へ提出してもらい，控えとする。最後の1枚はパスポートの紛失に備えて自ら現地研修に持参してもらう。

4～5月に20歳になる研修生の場合，20歳になってからの発給だと10年旅券を取得できるので（未成年は5年旅券に限定），ぎりぎりになって発給を受けようとする傾向にあるが，万一の提出遅れを避けるため，研修生には余裕をもって受給するように指導しておく。既にパスポートを所有している研修生には，英国入国時点で3ヵ月以上有効期間が残っているのが条件になることをしっかりと伝える。

旅行申込書には，業者に海外旅行保険を取り次いでもらうかどうかの意思表

【ハリー・ポッター2】ホグワーツ魔法学校はグロスター大聖堂がモデルになっている。

示をする欄があり，世話教員もこの保険に例年加入しているため，この保険への加入を薦める。保険会社への連絡先等が世話教員にとってわかりやすいのはお互いにメリットである。しかしこの保険会社の利用を強制するものではない。

また，パスポート記載のローマ字氏名と航空券上の表記（スペリング）が完全一致していないと出国できないということについて注意を与える。

③　健康申告書

これは現地の保健室から要請されていることで，持病の有無等を記入して4月末までに世話教員へ送ってもらう。世話教員のチェックを経た後で，現地担当オフィスへ転送する。世話教員の方針としては，持病があっても，主治医が現地研修参加を差支えないとする限り，問題なしとして扱う。但し症状によっては，研修生に万一の場合の対処方法を簡単に講習することがある。

投薬等が必要な場合は，航空機での持ち運びや現地での入手の可不可等について，本人に十分リサーチするように指導する。

現地保健室では，この申告に基づいて，食堂や事務室等に，特定の学生についての万一の場合の対処法についての文書を送っておくことになる。さらには日本で医師の指示書を発行してもらうように求められることがある。また，特に必要と現地看護師が認めた場合は，現地到着後直ちに本人を交えての面談が待っており，万全の体制ができている。

最も避けるべきは，本人が症状を秘匿して現地で具体的な問題が発生するケースである。研修の歴史上，何度か問題が発生したことがあったので，研修の申込時にこうした症状や持病等については申告を義務としている。

この他恐ろしいのは，現地で発病する事態である。筆者が同行するようになる以前に，現地研修終盤に発熱し，ケンブリッジ大学附属病院に入院して，遅れて1人で帰国することになったケースがあると聞いている。快復後空港までの見送りをするなど，現地の体制がしっかりしていればこそ何とかなった事態であろう。なお，こうした事態は予約便に乗れないことを意味するわけだが，料金はそのままに後日の便に変更してもらえることも期待できる一方，単純に正規片道運賃を支払うことになっても仕方のないところである。海外旅行保険には，利用便が天候等でキャンセルになったために余計な宿泊を生じた場合の補償が付くものが多いが，さすがに自己都合での事態までカバーするものでは

【マン島】四大地方いずれにも属さない国王直轄地で大幅な自治権がある。

第5章　事前研修

なさそうである。
　④　講義クラスの選択
　現地研修での授業には，英語科目と専門科目とがあり，専門科目は例年3科目が用意され，事前に研修生の希望を尋ね，原則として均等に振り分ける。必ず第3希望までを表明してもらい，同点で希望がぶつかったようなときは研修の申込みが早かった者を優先することがある。担当講師から授業概要と受講の準備としての専門語彙や推薦図書のリストをいただき，研修生に転送して参考にしてもらった上で，メールで履修科目の希望を届け出てもらう。振り分けの結果は研修生と現地に伝える。
　⑤　英語のニックネーム
　現地研修において現地スタッフを含めて互いを呼び合う呼称として英語のニックネームをあらかじめ現地に伝える。2010年までは現地研修のオリエンテーションの中で決めていたが，その場の短時間で決定するのが酷だという面もあり，またあらかじめ決めておくと世話教員もそれを憶える時間ができるということもあって，2011年組では現地からの求めに乗じて事前研修の段階で決めることとした。第2希望までをメールで申告してもらい，万一重複があれば調整する。現地スタッフに発音しやすいものを目指し，Ayaka → Ivy のように最初の音が一致するものを選ぶことを原則とする。さらに2012年組からは合格発表後，12月の学習連絡会までに調整し，着用してもらう名札に記載するのに間に合わせるようにしている。
　日本人に英語式のニックネームを付け，日本名を普段用いないのは適切でないようにも見えるが，筆者もビジネス・スクール（九州大学大学院経済学府産業マネジメント専攻のこと。QBSと略称）での英語で実施する授業では，中国等からの交換留学生に英語式ニックネームを申告してもらって授業で用いており（彼ら自身の提案でもある），今や不思議なことではない。
　⑥　食材制限
　現地学生食堂は，研修生のアレルギー，宗教，菜食主義等による食材の制限についての配慮をしてくれるので，該当項目があれば研修生から世話教員にメールで知らせてもらい，世話教員から現地にまとめて報告する。
　⑦　メールアドレス
　2010年組までは，特にノートパソコンの持ち込みについて何の指導もして

【観光】http://www.flc.kyushu-u.ac.jp/~yubun/destinations.html を見てほしい。

おらず，持参する研修生は少なかったが，2011年組からは積極的に持参を推奨し（但し現地IT管理室はセキュリティ・ソフトのインストールを条件としている），現地でチェックできるメールアドレスについての報告を求め，まとめて世話教員から現地に報告する。

⑧ パスポートのコピーと写真等の現地研修への持参

現地での紛失に備え，パスポートのコピーとパスポート用予備写真2枚と戸籍謄本（運転免許証でもよい）を現地研修に持っていくべく用意しておくように指導する。

⑨ 成田からの分流

帰国時，本来福岡空港でグランド・フィナーレを迎えるので，そこまで全員で移動したいのだが，国際便で成田空港に到着した際に離脱することは認めている。それは，直接帰省したいなどの希望がある場合があるからである。また，大阪便など，成田または羽田発のANA国内主要路線で，ロンドンからの到着便の到着時刻から24時間以内に出発する便は，国際線乗り継ぎで無料になるため，成田空港と福岡空港以外が実家の最寄の空港である場合，福岡便の国内線を別の行先に変更することもある。こうした希望は4月末日までに知らせてもらい，早ければ5月中となる発券に間に合わせる。

⑩ 成田での合流

行きにグループで利用する便以外を利用することはこれまで認めていない。但し，トランク等が実家にあるなどでどうしても希望する場合は，相談の内容次第で成田での合流を認めることもありうる。

⑪ 海外旅行保険

旅行業者を通した加入であれば，世話教員もこれに加入するので，英国からの問合せ先等は把握できており，全員がこれに従えば世話が楽であるが，保険会社を強要することはできないので，どの会社の商品でもよいこととしている。但し全く加入しないのは認めない。

5.7.4 懇親会

4月の学習連絡会では，懇親会の幹事を研修生の誰かとして，自主的に開催してもらう。もちろん世話教員は積極的に参加する。世話教員としては，研修生に出国までに他の全員と少なくとも言葉を交わして欲しいし，できるだけ親

【遅い朝食】宿泊施設で朝食を出すのは普通8時半から。日本人はお腹が減る。

交を深めてもらいたい。

5.8 第2～3回学習連絡会間の業務

① 歴史ノートへのコメント

4月の学習連絡会で提出のあった歴史ノートのコピーに対し，研修生1人ひとりにコメントを送り，また全体的講評を一斉連絡する。その中には，特に注目すべき出来栄えや工夫などの情報の共有も含まれる。また，ローマ「法皇」のような1人で進めていては気が付かないような誤り（正しくは「法王」もしくは「教皇」）の指摘なども役に立っていると思われる。

② 週1回の自由集合

授業期間の週に1回程度，集まれる研修生だけ集まって，対話の練習をしたり，単語試験の出し合いをしたり，現地週末旅行の打合せを実施するなどの機会を，2012年組の途中から提供している（2012年組の場合は毎週金曜日昼休み）。世話教員もできる限り参加して質問などに備える。

③ 英語学習進捗表と旅行準備状況の回収

6月の学習連絡会に向けて，その数日前までに両書類を提出してもらう。それにコメントを朱書きしたものは，学習連絡会の中で研修生に返却されることになる。旅行準備状況については，鉄道指定券の予約のタイミングが近づいており，旅程の具体化ができているかどうかに注意して指導する。

④ 航空券類の代金の送付

5月内の発券が必要であればそれに間に合うように，世話教員が旅行業者に支払いを行う。

⑤ 6月学習連絡会HPの確定

6月学習連絡会HPの内容を最新のものに更新し，事前に目を通すように研修生に案内する。

5.8.1 現地との連絡

① ショートビジット

2011年度に，日本学生支援機構が，日本から海外の大学等へ学生グループが短期訪問するプログラムに対して，1人1ヵ月毎に8万円の奨学金を支給し

【踏切】原則として車は一時停止しない。

た。研修生に声をかけて了解を得た上で，これに応募したところ，6月下旬に採択の連絡があった。出発前には学生から「振込先口座通帳の写し」「プログラム参加確認簿」をもらい，旅行業者から航空券の写しをもらう。帰国後は，学生から「プログラムの成果に関するレポート」「奨学金受領署名」の提出を受けることになる。様々な要因で，振込は出発日に間に合わないが，それでも8万円の援助は研修生にとって大いに助かるもののはずである。残念ながら2012年度は採択に漏れた。同種の財政支援の道があれば，可能な範囲で応募していきたいと考えている。2013年度は「ショートビジット」が「短期派遣」と名称が変わることになった。

　② 滞在証明書

　ペンブローク・カレッジ国際プログラム主事名で発行された，研修生および世話教員の滞在証明書が届く。これは英国入国にあたって必要となる書類であり，6月の学習連絡会で配布することになる。

5.8.2　次年組関係業務

　5月から募集を開始する次年組申込者向けのHPの閲覧開始がこの時期に必要となる。その内容は，前年夏の現地研修を受けて，必要と思われる修正事項を反映させたものとなる。毎年かなりの箇所に及ぶ。

　また，5月に複数回の説明会を実施する。その説明会にも，前年に現地研修に参加した数名に講話してもらう。申込み前に，実際の研修生の声を直接聞き質問することができる機会を提供することは意義深い。

　また，申込書が届くようになるので，それへの対応も行う。つまりは，その年の夏に現地研修に行くグループの事前研修と，翌年に行く研修生の募集業務が同時進行になるわけである。

5.9　第3回学習連絡会

6月に第3回学習連絡会がある。

5.9.1　会合

11：00　　　　　　集合（発表pptファイルをPCへ）

【個人の庭】期間限定で一般公開する催しがある。

11：05〜11：10　出席確認，提出物と配布物
11：10〜11：35　準備事項：国際学生証，クレジットカード，学習連絡会後にすること
11：35〜11：50　単語テスト
11：50〜12：10　英語学習・旅行計画について指導
12：10〜13：40　課題発表13〜18と歴史発表11〜15を交互に
13：40〜13：50　休憩（発表pptファイルをPCへ）
13：50〜15：20　課題発表19〜24と歴史発表16〜20を交互に
15：20〜15：30　休憩（発表pptファイルをPCへ）
15：30〜15：45　持ち物について
15：45〜16：45　課題発表25〜28と歴史発表21〜23を交互に
16：45〜16：55　予備時間
16：55〜17：05　休憩
17：05〜17：35　先輩の講演
17：35〜17：55　全体Q&A
18：30〜20：30　懇親会

① 提出物と配布物

歴史ノートのコピー，パスポートのコピーの提出を受ける。パスポートのコピーは万一に備えて世話教員が現地研修に持参するものである。

ペンブローク・カレッジから届いた滞在証明書と，旅行業者から届いた海外旅行保険の申込書を配布する。滞在証明書は，紛失すると英国の入国が難しくなる可能性があることをしっかり伝え，現地への移動中に預け荷物の中に入れずに機内持ち込み荷物の中に入れるように指導する。

② 単語テスト

12月4月に続いて3回目の単語テストを実施する。

③ 英語学習，旅行計画について指導

6月学習連絡会の直前までに提出のあった書類について，個別のアドバイスは書類へ書き込んで返却するわけだが，共通の事項として注目に値する項目については口頭でも説明する。特に残り2ヵ月となった段階でせめて英語学習は何に取り組むべきかということに関する概論を述べる。研修生によって処方箋は異なるので，一般的な内容に留める。旅行については，6月中下旬に鉄道指

【スカート】スカートをはいた男性がエジンバラの町で見られる（スコットランドの民族衣装）。

定券の予約を行うことになるので，ウェブ上の時刻表で列車の時間や旅程を確認するように指導する。英国の鉄道のウェブ時刻表は乗車の3ヵ月程度前に更新されるので，当初の見込みどおりに列車が走るとは限らないからである。

④　発表

英国に関する調べ物についても，英国の通史についても，6月の学習連絡会が件数的に最大の発表の場になる。知識を大幅に広げる機会となっている。

5.9.2　現地研修への持ち物について

持参が必須なものとして指定しているのは，「eチケット」（空港集合時に配布），「パスポート」，「パスポートのコピー」，「パスポート再発行用写真2枚」，「運転免許証または戸籍謄本」，「クレジットカードの無効連絡先」（紛失・盗難時の対処），「海外旅行保険の証書と相談連絡先情報」，「現金類」，「フォーマルウェア」，「薬」，「週末旅行先に関する予備知識」である。「薬」というのは，英国での市販薬は効能が弱く，普段それよりも強い市販薬を飲みつけている日本人には効かないことが多いため，風邪薬や胃腸薬等が貴重である旨を伝える。「現金類」については，日本でポンド建てのトラベラーズ・チェックを購入し，現地の両替所で換金するのが有利である。ケンブリッジではマークス＆スペンサー（Marks & Spenser）の3階の両替所で1日に1回250ポンドまで換金可能で，パスポートの提示が必要であり，現地での住所（Pembroke College）と郵便番号（CB2 1RF）を尋ねられることがある。

あると便利なものとして指定しているのは，「コンセント・アダプタ」（240Vで角形三穴式），「かさばらない程度の日本食」（日本食恋しさは，普通は醬油ひとなめで治る），「洗濯ネット」（共同で大型洗濯機を使うとき自分の分がわかりやすい），「体を洗うタオル」，「洗面器」（体を洗うタオルを洗うのに便利で，さらにシャワーのかわりに蛇口だけのバスしかないときにはありがたい），「国際学生証」，「セーターやパーカー類」，「コート，ストール類」，「電子辞書」，「傘」，「雨よけ衣類」，「爪切り」，「運動靴」，「ハンドクリーム，リップクリーム類」（乾燥する），「海外用ドライヤー」，「デジタルカメラ」，「オペラグラス」，「部屋履きスリッパ」，「生理用品」（現地のものは品質が違うとのこと），「のり・はさみのような文具類」，「ノートパソコンと短いLANケーブル」（居室で接続可）である。

【クリケット】試合時間が野球より長い。パブでのTV観戦も大変そうだ。

また，意外となくてもよいかもしれないものとして，「洗剤・シャンプー類」（日本のものは現地の水と相性が良くないかもしれない），「バスタオル」（現地にある），「ハンガー類」（ロッカーに入っていることが多い）を挙げている。

5.9.3 過去の研修生の講話

研修合格直後の12月の第1回学習連絡会での先輩による講話は，事前研修と現地研修を含む事業の全体がどのようなものであるか，事前研修ではどのように勉強を進めていけばよいのかの2つをトピックとして良きスタートを切ってもらうことをねらい，4月の第2回学習連絡会の講話は，前年の研修で最も影響を受けたと思える研修生2名にお願いして中だるみ対策としているわけだが，現地の出発へあと2ヵ月，8月の最終学習連絡会を残しただけの6月の段階で実施される第3回学習連絡会では，現地研修を楽しみに思ってもらうための講話と，留学に進むあるいは経験した先輩からの講話を聞くのが理想である。

例えば，2011年6月に2011年組に対して実施された学習連絡会では，2010年組の女性に現地研修に持参すべきものについて実際に参加した立場から講話してもらい，実際に現地へ行くための準備について語ってもらうことで，いよいよだと高揚した気分になってもらうねらいがあった。次に2006年組で，MITの博士課程に正規留学が決まった方から，将来を見据えてこの研修をどのように位置づけて取り組むべきか，学問に身を捧げることを覚悟した立場からの講話をしてもらった。また，昨今特に理系の学問では英語が必須であり，たとえ専門の勉強の時間を削って多くの時間を英語に割くことになっても構わないこと，発音が大切だという話があって，世話教員としても意を強くした。

5.9.4 次回への課題

国際学生証の利点を説明して必要と思われる研修生のみ用意するように伝える。パスポートで年齢は証明できるものの，学生割引を受けるためにはこれが必要となることがあり，大学生協で発行を受けるには料金がかかるため，映画等で十分ペイするかどうかを考えるように指導する。（研修生のレポートより：国際学生証があると，入場料が安くなるだけではなく，買物をする際に学生割引を適用できることがある。）

【水道水】レストランで飲物の注文の際無料の水道水（tap water）を頼んでも可。

クレジットカードはほぼ必須といえ，ない人にはこの際作るように勧める。英国は日本以上にカード社会であり，レートも悪くはない。4桁の暗証番号と3桁のセキュリティ・コードを確認しておくようにも指導する。

また，次回最終8月の学習連絡会に向けて対応すべき事項を説明する。まず海外旅行保険の証書のコピーと緊急時の相談先電話番号の用意がある。続いて九州大学に所定の様式で海外渡航届を出してもらう。用紙や記入例は12月に配布した研修のクリアファイルの中に入れてある。またこの研修により英語の単位を申請する者には申請書を用意するよう伝える。さらに8月学習連絡会のHPからチェック表をダウンロードして準備を進め，準備状況を記入したチェック表を8月学習連絡会で提出するように伝える。最後に用意するものとして，万一のパスポートの再発行に備えた運転免許証または戸籍謄本，それに現地での晩餐会用のフォーマルウェアについて案内する。フォーマルウェアは，黒の礼服と靴を基本とする。

5.9.5 懇親会

6月学習連絡会後も懇親会を実施するが，研修生が自発的に設定する。世話教員は積極的に参加する。この頃までには研修生同士がかなり打ち解け，話が大いにはずむ。

5.10 第3～4回学習連絡会間の業務

① 歴史ノートへのコメント
例年全員が着実に取り組んでいることが確認できて，心強い限りである。

② 週1回の自由集合
授業期間の週に1回程度，集まれる研修生だけ集まって，対話の練習をしたり，単語試験の出し合いをしたり，現地週末旅行の打合せを実施するなどの機会を，2012年組の途中から提供している（2012年組の場合は毎週金曜日昼休み）。世話教員もできる限り参加して質問などに備える。

③ ショートビジット・プログラム
2011年度の新規の業務は，日本学生支援機構のショートビジット・プログラムによる奨学金に関するものである。この年度から新たに始まった奨学金制

【ガイドブック】に記載されていない城に日本人観光客はいない。本に頼りすぎではないか。

度であるが，九州大学を通じて申請したところ採択された。詳細は 5.8.1 に譲る。

④　ペンブローク・カレッジへの送金

ペンブローク・カレッジへ費用を送金する。一千万円近い海外送金になり，銀行での手続きにかなりの時間がかかる。これでほとんどの支出が済んだことになり，研修生への返金残額が確定する。8月の学習連絡会の前には返金用の現金を用意することになる。

⑤　ポンドの購入

現地には夕方の到着であり，翌日もオリエンテーション類が立て込むので，現地通貨への両替は国内でしておかないとなかなかする機会がない。そこで上記返金分の一部を英国ポンドとするため，銀行で両替しておく。大勢の分を1度に予告なく両替しようとすると，ポンドの場合は在庫が切れる可能性があるのであらかじめ銀行に問い合わせておく（際どい年があった）。

⑥　定期試験対策

研修生に，定期試験の日程，再試験となった場合の実施日程について確認し，万一出発日またはそれ以降に日程が組まれる場合には世話教員まで直ちに相談するように連絡する。過去には，世話教員から試験担当教員へ繰り上げ実施の配慮をお願いしたことが数回ある。また，出発日に再試験を受験して，別便で追いかけ，深夜に成田のホテルで合流した研修生もあった。こういう不便さを避けるために，もう1週間程度出発を延ばしたいところであるが，そうすると帰国が遅くなって，世話教員の後期授業の準備が間に合わなくなり（ある英語科目丸ごとの世話役をしており，全クラスの受講者の割り振りをして教材業者へ連絡しオンライン教材へ搭載してもらい，授業担当マニュアル，受講説明書等を準備しなければならない），医学部の試験にも間に合わなくなる。

⑦　8月学習連絡会 HP の確定

8月学習連絡会 HP の内容を最新のものに更新し，事前に目を通すように研修生に案内する。

⑧　ペンブローク・カレッジの注意書

ペンブローク・カレッジから，研修生一般を対象とした十数ページにわたる英文の注意書が送られてくる。研修生に配布することはもちろんだが，8月の学習連絡会でそれを扱うか，時間がなさそうであれば，割り当てを決めて和訳

【エスカレーター】ロンドンの地下鉄では右端に立ち，急ぐ人は左端を歩く。

してもらい，メールで転送して全員が学習しておくこととする。

⑨　話題の準備

現地研修ではその時期の国際的時事ネタが話題となることが多いので，それに対応できる単語や英語表現を調べておくように指導する。時事英語であれば辞書に掲載がない項目も多い上，政治的話題を日常的に取り上げることのあまりない日本の学生にとってはもともとハードルが高いため，準備が必要である。2011年組に関しては震災原発問題関係に注意するようメールで指導した。

⑩　バスの確認

ロンドンのヒースロー空港からケンブリッジまでは貸切バスとなるので，2月頃にペンブローク・カレッジを通じて予約しているが，その予約の確認を行い，ドライバーの携帯電話を調べ，ヒースロー空港での乗り方を確認する。ヒースロー空港では，定期バス以外のホテルのバスや貸切のバスの発着場の混雑を避けるため，乗り場に行き，係員（coach marshal）に行先とバス会社名を告げ，別の駐車場に待機しているバスを呼び出してもらうことになる。その方法に変更がないかということの確認と，万一の場合のドライバーの連絡先を必要としているわけである。

⑪　その他

この時期，特に出発間際にパスポートの紛失があると，出国ができず，せっかく長期にわたって準備してきた研修が台無しになってしまう恐れがある。現に2011年度では7月に紛失の報告があった（結局は間に合った）。常にパスポートの重要性を伝えておく必要がある。国内での保管は盲点かもしれない。

2011年組では出国日が近づいた段階になってロンドンで暴動が起きた。2005年組ではロンドンで地下鉄テロが発生した。こうした事態に対して世話教員としては沈黙できず，外務省海外安全情報やペンブローク・カレッジの見解などを確かめ，研修生に対して実施決断の経緯と安全上の措置を伝える。他校が中止しても決行したことがあるのは，大学の公的研修でないからこそできたことかもしれない。

5.11　第4回学習連絡会

現地研修出発前最後の学習連絡会である。提出物はチェック表（全員），学

【七王国】7〜8世紀頃アングロサクソン時代の国。サセックス，ウエセックス，エセックス，

習進捗表（全員），旅行準備状況（全員），歴史ノートコピー（全員），単語試験用紙（学習連絡会で試験実施後），振込先口座通帳コピー（ショートビジットに採択された場合の九大生のみ），保険関係文書（旅行業者委託でない研修生のみ），単位申請書（2011年組までは希望者のみだったが2012年組からは原則として全員）である。

5.11.1 会合

集合時刻より前に，世話教員側から渡す書類を入れた封書を受け取ってもらい，中身を引き抜いた後で提出書類を入れて提出してもらう。その後以下のようなスケジュールで最後の学習連絡会が実施される。

11：00	集合・出席確認
11：10〜11：20	帰国後のこと（採択されていればショートビジットの処理）
11：20〜11：40	緊急対応，集合から現地到着までの確認
11：40〜12：00	現地時間割確認，会計報告
12：00〜12：10	持参物に関する注意（復習）
12：10〜12：20	予備時間
12：20〜12：40	単語テスト（終了後回収）
12：40〜12：50	休憩（発表pptファイルPCへ）
12：50〜13：45	課題発表29〜33
13：45〜13：55	休憩
13：55〜14：40	レポートと成績，ケンブリッジの案内
14：40〜14：55	テーブル・マナーの講習
14：55〜15：05	休憩
15：05〜16：05	現地での注意
16：05〜16：35	ペンブロークからの注意書
16：35〜16：45	休憩
16：45〜17：00	旅先の注意
17：00〜17：30	先輩の講演
17：30〜17：50	全体Q&A
19：00〜21：00	懇親会

ケント，ノーサンブリア，マーシア，イーストアングリア。今でも使われる地名である。

① ショートビジットの処理

ショートビジット・プログラムに申請しかつ採択された場合の話であるが，「プログラム参加確認簿」に署名を受ける（詳細は5.8.1を参照）。

② 帰国後のこと

従来は帰国後メール連絡でレポートの提出等の案内をしていたが，ショートビジット・プログラムに採択された場合は，帰国直後に提出してもらう書類があるため，出国前に，レポートや帰国後の成績開示のスケジュールや単位認定の進行，同窓会，帰国後にできる九州大学での留学生支援等について案内しておく。

③ 緊急対応

現地研修出発日の集合時刻と場所，往復の利用便について確認した後，現地から日本への連絡方法（メール，公衆電話，郵便）について案内し，また日本から現地への連絡方法（ペンブローク・カレッジ国際プログラム・オフィスへの電話・ファックス・電子メール・郵便，世話教員への国際携帯・電子メール）について案内する。昨今は国際携帯を持参する研修生が多いのであまり心配は要らないのだが，残念ながら寮では携帯の電波の状態が不安定である。週末については研修生がばらばらに旅行するため，世話教員が研修生への連絡の仲介ができないことはあらかじめ知らせてある。この他現地での緊急対応として，特に途中帰国の場合の航空券（最悪の場合は片道正規料金の別払い），パスポート紛失時の対応（警察での証明書，運転免許証か戸籍謄本，写真），病気（ペンブローク・カレッジ保健室，外来診察，保険），盗難（保険用に警察での証明書）等についての説明をしておく。

④ 集合から現地到着までの確認

出発日の福岡空港の集合時刻と集合場所を再度確認する。福岡空港で国際線ターミナルと勘違いした例が複数あるので，国内線ターミナルである旨十分強調する。また，万一遅れそうになった場合に世話教員の携帯に連絡することもしっかり伝達する。

福岡空港出発からケンブリッジ着までは，要所要所で点呼することになるため，学部等により4〜5程度の班に分け，そのメンバーを発表しておく。

また，国際線搭乗24時間前から携帯で座席指定ができるので，URLとともに案内しておく（PCからはプリントアウトが必要になる）。

【1等車】列車の1等車では飲物と茶菓が出る。朝路線によっては軽食も。

第5章　事前研修

　その他，パスポート，ペンブローク・カレッジからの招請状，eチケットを預け荷物に入れてしまわないように指導し，機内での英国の入国カードの記入方法を簡単に説明し（国籍を Japanese と形容詞で記入する等），英国入国・出国の手順についても簡単に流れを示しておく。

　⑤　現地時間割確認

　現地研修の時間割は直前まで修正が続くのが通例となっており，8月の学習連絡会で目を通すことになるのは直前版とでも言うべきもので，最終版ではないが，全体のスケジュールの流れを見ておく。平日はいかに時間割の空きがあろうとも，研修生のみでケンブリッジの外へ出てはいけないことを繰り返しておく（週末旅行に前日の夜行列車で出発しようとする場合を除く）。

　⑥　会計報告

　学習連絡会の冒頭で会計報告を行う。研修生から集めた費用は研修生自体が負担する金額なので研修生自身がよくわかっているが，支出については丁寧に領収書等の書類の写しをつけて，内容を明確にする。またこの研修は営利事業では毛頭ないが，研修生1人あたり数千円の残金を出し，出資者の了解のもとに研修の口座にプールする。その場では使途を確約できないながら，研修に関係した将来の特別な事業に使うためと説明している。この残金の従来の使途としては，ペンブローク・カレッジの教員等を福岡に招聘するための費用等に使用してきている。いずれも使途として直接報告する先がないが，適切に使用しているものと考えている。

　⑦　持参物に関する注意

　6月に見た分の復習なので，詳細を述べたHPを見ながら，簡単に要点を押さえておく。

　⑧　研修創始者挨拶

　研修創始者の廣田稔九州大学名誉教授が現地で御一緒いただく場合は御挨拶をいただく。その場合，6月か8月かいずれかの学習連絡会においでいただくことにしている。

　⑨　単語テスト

　単語テストは4回の学習連絡会で同じ用紙に実施し自己採点されているので，それを回収する。40点満点で15～18点あたりを続けた研修生と22～25点あたりを続けた研修生とにおおむね分かれている。最もよかった研修生は最

【住所】通り沿いの番地はきれいに並んでいるので，目的地が探しやすい。

後に30点に到達した。全体に4回を通して点数は上昇傾向にある。

⑩　課題発表，歴史発表

6月に比べて8月は出発直前に指導する内容が多いので，課題発表や歴史発表の件数は少なめである。これらの勉強は必ずや役に立っているものと思われる。帰国後のレポートでもそのように指摘してくれる研修生が少なからずいる。

⑪　現地での注意

現地で注意すべきことを網羅したHPを見ながら注意を与える。

⑫　ペンブロークからの注意書

ペンブローク・カレッジから送付される注意書（Rules of Conduct）の内容について注意を与える。

⑬　テーブル・マナーの講習

現地研修では，正装での晩餐会（Formal Hall）があるため，西洋式のテーブル・マナーの基礎中の基礎の7つのポイントだけを憶えてもらう。

・イスに座るときは左側から座る。
・ナプキンは食事が運ばれる直前か，上席の人が取ってから取り，二つ折りで膝に掛ける。口を拭くときは，折りたたんだ内側で。食事中にどうしても中座する必要のある時はイスの上におく。食事を終えて席を立つ時は，使ったことがわかるようにしてテーブルの上に置く。
・ナイフは右手に，フォークは左手に持つ。テーブル上にナイフ・フォーク・スプーンなどが並んでいる時は，左右の外側から内側へ順々に使う。ナイフを置いてフォークを右手に持ち替えて食べてもよい。食事中に置く場合は，皿に少し深めにハの字型に置く。食事を終えたら，柄を右に向け，ナイフは刃を手前に，フォークは腹部を上に向け，2つをそろえて置く。どうしても使いにくい時は，ナイフ・フォークを左右逆に持って使っても問題ない。ただし食べ終わってナイフ・フォークを揃えて置く時には，右利きの人と同じように柄の持つ方が右にくるようにして置く。その都度食べ物を左側から1口分の大きさに切って食べる。1度に全部切ってしまわない。落としたら自分で拾わず，給仕人に取り替えてもらう。
・スープは，手前から向こうへスプーンを動かす。スープが少なくなったら，皿手前を少し上げてすくう。ずるずる音を立てない。取手付カップでは手に

【狭い地下鉄】ロンドンの地下鉄は古いので車両が狭い。

持って直接口をつけて飲んでよい。(参考：英語ではスープを eat する。drink ではない。) スープを食べ終わったら、スプーンは皿の上に横向きにおく。裏返す必要はない。
- パンは、自分から見て左側のものを取る。最初から皿に用意されていても、スープからデザートまでの間に食べる。丸かじりせず、手で１口分の大きさにちぎりバターをつけて食べる。魚や肉料理のソースをつけて食べてもよい。バターがテーブル上のバタークーラーなどに盛られている場合、直接パンにつけず、まず１切をパン皿に取り、その後パンにぬって食べる。
- 魚料理では魚を裏返さない。中央に横にナイフを入れ、手前半分と向こう半分を食べる。次に背骨を外し、下の身を食べる。
- グラスは自分から見て右前にあるものが自分の分である。使うグラスも酒の種類によって異なる。食事中に飲み物を飲む時は、面倒でも１度ずつナプキンで口を拭いてからグラスに口を付ける（油がグラスに付着しないように）。

⑭　ケンブリッジの案内

学習連絡会では言及する内容であるが、本書では第６章に譲る。

⑮　旅先の注意

既に12月の学習連絡会で概略を述べているが、現地で特に週末旅行で犯しそうな失敗に対する注意を与える。次のようなポイントが研修HPにアップされている。

- 遅れ：統計では長距離列車が20分以上遅れる確率は７分の１だそうですが、世話教員の実感ではもっと頻繁です。ケンブリッジからキングズクロスへ行く電車は20〜30分遅れると思っておくといいです。また、自分の乗る列車の発車番線に発車時刻に遅れた別の列車が入ってくることがありますから気を付けてください。また、出発番線が直前にならないと発表されないことも多いです。
- 接続：長距離列車の遅れをローカル列車が５分待つことすらないことがあり、乗換え損ね電話ボックスで冷気を避け集団野宿したケースがあります。
- 運休：運転士が足りないので運休、なんてこともあります。
- 指定：指定席券を確保したのに指定の札が差してないことがあります。逆に札のさしてある自分の席に他人が座っていることも。
- 時計：モニタの時計とホームの時計がずれているのはざらです。
- 代行：突然故障でバス代行になることがあります。寝台列車の車両が短くなり、

【マーケット】町の中央広場に小屋が林立してマーケットになっている所が多い。

あふれたお客がバスに振替えられた例もあります。
- **変更**：ホーム上のモニタに表示された発着番線が突然変更になることがあります。直前まで確認を怠らないでください。
- **ホーム**：同じ番線の両端に別々の列車が止まっていることがあるので注意してください。
- **手動ドア**：列車のドアは押しボタンを押さないと駅に着いても開かないことがあります。長距離列車の中には，窓をあけて手を外に出し，列車の外側にあるドアハンドルを回すというものすらあります。
- **ドア**：列車のドアは日本のように乗る人のためにいったん閉めたものをまたちょっとあけてくれるということはないと思ってください。複数人数で乗るときは途切れることなく乗り込んでください。過去の研修生に置いてきぼりが頻発しています。グループの各人が必ず行程を把握しておき，取り残された場合の対策をたてておいてください。
- **地下鉄**：ロンドンなのにラッシュ時に次の列車まで20分だなんてことがざらにあります。とにかく運転打ち切りや間引きなどが横行し，時刻表も掲出されていません。

5.11.2 現地での注意

実際に学習連絡会で注意を与える項目のうち，かなりの部分は第6章に譲っていることをお断りしておく。

① 週末の過ごし方

現地研修期間中の週末は，金曜日午後には予定された授業が終了する予定で（1回だけ木曜夕方で終了の週末もある），その授業終了の翌日出発を旅行の原則とし，ロンドン発の夜行列車に乗る場合に限り，授業終了日の出発を認める。週の授業終了日には夕食時間帯までカレッジにいてもらう（臨時補習が入るかもしれない）。授業終了後に即時駅に向かい，20時からのミュージカルを見てロンドン泊などという旅程は認めない。また週末はケンブリッジに留まり，寮の部屋に泊まることもできる。食事は学食がパーティ等で閉鎖されていない限り，土曜の朝昼，日曜のブランチと晩に利用できるが，食事用のスワイプカードは平日分で計算されているので，週末に学食を利用した分はそれだけ平日分を食いつぶす形になる（但し実際には余る研修生が多い）。日曜日（日曜日が旅行可能日でない週末においては土曜日）に週末旅行から帰還した時

【サービスエリア】高速道路は無料なので地元の人も利用できる。

は，到着次第九大用掲示板の所定の張り紙に各人自筆で記入時の時刻を記入する。旅行に出かけなかった場合は，日曜日（土曜日）内に同掲示板に「Cambridge」と記入する（安全確認のため）。またケンブリッジ駅に時刻表上午後9時30分までに到着する列車で戻ってくることが必要である。最終列車近くでトラブルが起きると帰って来れなくなるからでもあり，翌日の授業に休養を十分取ってから臨んでもらうためでもある。あまり旅行を詰め込まず，ケンブリッジで過ごす時間をもっととっておけばよかったと反省する過去の研修生もいるので，よく考えて週末を利用してもらう。

5.11.3　過去の研修生の講話

研修合格直後の12月の第1回学習連絡会での先輩による講話は，事前研修と現地研修を含む事業の全体がどのようなものであるか，事前研修ではどのように勉強を進めていけばよいのかの2つをトピックとして良きスタートを切ってもらうことをねらい，4月の第2回学習連絡会の講話は，前年の研修で最も影響を受けたと思える研修生2名にお願いして中だるみ対策としているわけだが，現地の出発へあと2ヵ月，8月の最終学習連絡会を残しただけの6月の段階で実施される第3回学習連絡会では，現地研修を楽しみに思ってもらうための講話と，留学に進むあるいは経験した先輩からの講話を聞くのを理想とした。8月の最終学習連絡会では，事前研修が間もなく終わり，いよいよ現地研修に進むということで，盛り上がった気分にさらに一押しをしてくれそうなスピーカーを選ぶことにしている。

5.11.4　懇親会

現地研修出発前最後の懇親会で，以前は福岡都心部のスコットランド系のパブで行っていたが，そこが閉店してしまったため，2011年組からは別の英国パブを借り切り，英国の料理や飲み物を前倒しで楽しむこととしている。この頃まではすっかり研修生同士も仲良くなっており，日本名も English nickname もかなり覚えている。

【ドライブイン】トラックの運転手の方々の食べるイモ等の量に絶句。

190

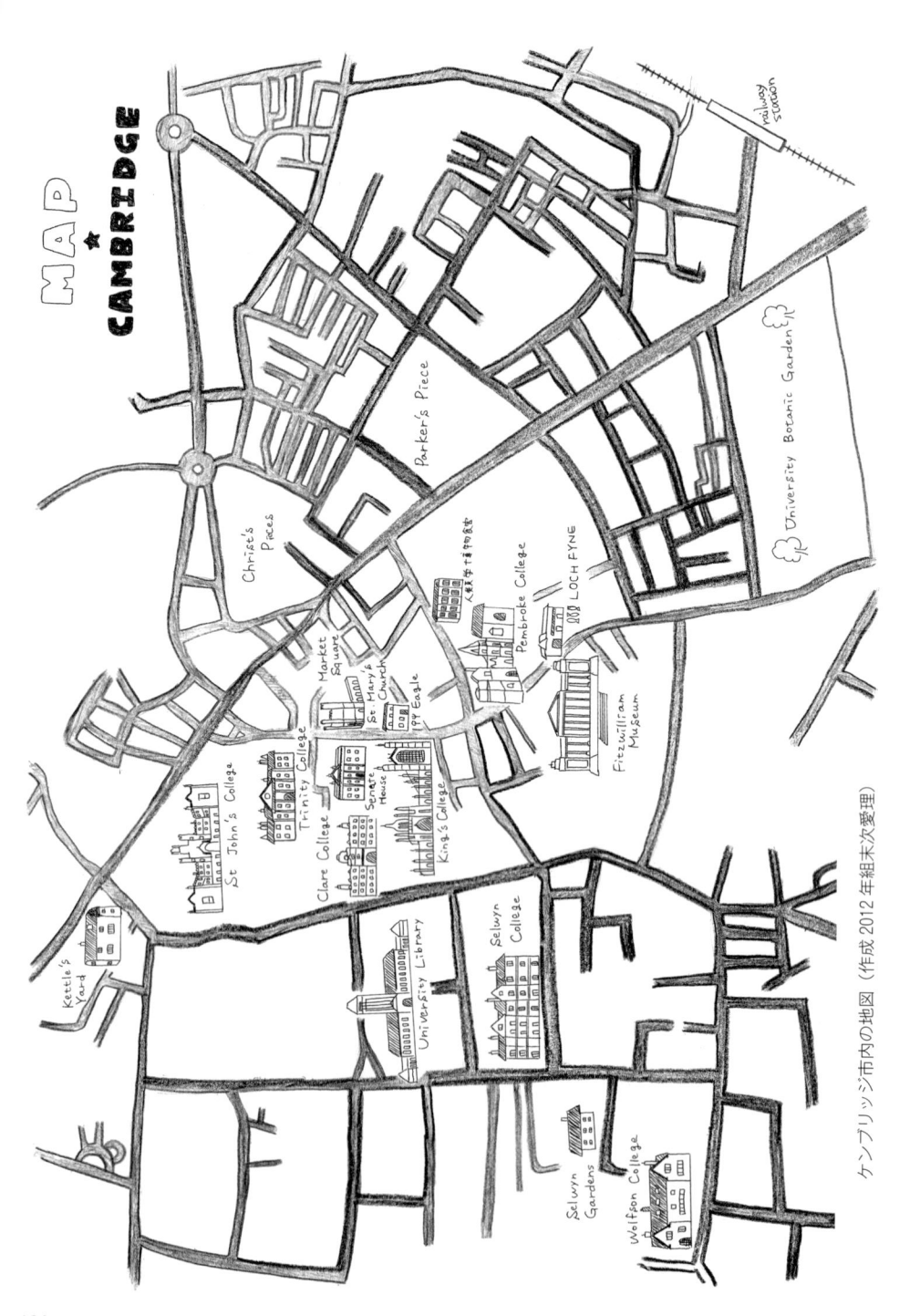

第6章

現地研修

DNA二重螺旋構造着想の地として有名なパブ・イーグルのビア・ガーデン

現地研修の日程は様々に動いてきた。九州大学で前期授業日程が7月上旬に終わり定期試験が9月だった頃は，7月中旬から8月上旬にかけての実施だったが，定期試験が夏期休暇の前に繰り上がると，8月7日前後〜9月2日前後の実施に大きく変更となった。またその後定期試験を除いた授業回数の15回確保をはかるようになってから，8月16〜20日〜9月9〜12日前後となり，それでほぼ固定となっている。第6章では，便宜的に2011年組の日程で語ることにするが，2012年以降も基本的に2011年同様の日程となるであろう。また，現地研修の内容の詳細は，年度によって変わるため，代表として2011年夏のものをベースとして述べる。

なお，ペンブローク・カレッジの国際プログラム・オフィスが扱っている春期・夏期の研修は，2011年度現在，九州大学の他，成蹊大学，日本大学，明治大学，早稲田大学，同志社大学，北京大学，カリフォルニア大学（カリフォルニア大学以外の学生も応募できる）である。

本章も読者層によっては余計な詳細が含まれているものと思われる。必要ない部分は読み飛ばしていただくようにお願いする。

6.1 出発日

出発日は8月19日（2012年以降同様）である。福岡空港早朝発の接続便でも接続可能なので，8月20日早朝出発でもよいのだが，万一国内線に遅れが生じた場合，この繁忙期に我々の人数では代替便が考えられない。あるいは早朝の集合に遅れる研修生がいた場合，国際線に間に合わないことを意味する。いずれにせよ大きなトラブルとなり，現地研修の実施に決定的な影響を与える。そこで，前泊費用がかかってもよいものと考え，行きの旅程に余裕を持たせている。

福岡空港集合時に，旅行業者よりeチケットと搭乗券を受け取り，次の集合点呼場所が成田空港到着時の手荷物受取所であることを告げ，国際便の座席指定を携帯で行える点を再度アナウンスした上で解散し，預け荷物の手続きをした後国内線で成田空港へ飛ぶ。手荷物を受け取った後で点呼を行い，専用に手配された送迎バスに乗って宿泊先のホテルに向かう。

▶ここからは現地で使える英語表現をいくつか見てみましょう。

ホテルでは翌朝の集合時刻と，その時間までにチェックアウトを済ませてロビーで集合する旨伝える。パスポートとeチケットとペンブローク・カレッジからの招請状を預け荷物に入れてしまわないように再度注意する。2011年組では，この時点で招請状を自宅に忘れて来たことに気がついた研修生がいたが，ファックスで送ってもらって事なきを得た。もし1人暮らしであったら，最悪の場合英国に入国できなかったところである。最後にはカードキーを渡されて解散となる。夕食はホテルの送迎バスを利用して成田駅周辺で取る研修生が多いようである。

6.2 出国日

成田のホテルでの朝の集合時間に点呼を行う。送迎バスで9時にホテルを後にし，空港へ向かう。途中空港敷地内へバスが進入する地点で，グループ代表者（世話教員）が利用便とパスポートのチェックを受ける。空港到着後には諸注意を与える。研修生の中には海外が初めてという者もいて，長い搭乗時間での運動の重要性（エコノミー・クラス症候群の予防），時差ボケのこと，腕時計の修正などについて知らせる。航空会社カウンターでチェックインおよび預け荷物の手続きを済ませた後，各自で出国審査を受け，搭乗口まで行き，搭乗時刻前に点呼を行う。

搭乗中は最後の事前学習を個人で行ってもらいたいところであるが，リラックスの時間と割り切って機内映画三昧という研修生もいる。中には大学の前期のレポートが終わっておらずにその執筆に充てるという者もいる。途中シベリアのツンドラも見え，初めての海外渡航の研修生には機内でも目新しい経験が多いであろう。

6.3 現地到着

英国の8月は日本より8時間遅れているので，ロンドン・ヒースロー空港（Heathrow Airport）着の現地時間午後4時は，日本時間では日付の変わり目の24時ということになる。着陸の前には，イングランドの平たい地形と，同じ色の屋根の町並みを目にすることになり，ロンドン都市部上空も通過するた

Q1：スーパーで言われる「ダヤニダバ」とは何でしょう。

め，晴れていればタワー・ブリッジやウェストミンスター宮殿の姿に感嘆の声が上がる。着陸後は見たことのないデザインの航空機で空港が埋め尽くされている光景を目の当たりにすることになる。航空機を降りた直後の空港内通路でいったん集合し点呼した後で，集団となって出国審査に向かう。

　出国審査の形態は年によって，係員によって異なる。世話教員を先頭に団体として同じ窓口を通過することが求められる場合があるかと思えば，個人としてばらばらに特定の窓口に限らずに通過せよと指示される場合もあって，どちらになるか尋ねてみないとわからない。いずれにせよ，研修生には「入国カード」「パスポート」「ペンブローク・カレッジからの招請状」「eチケット」の4点セットを用意しておくように言っておく。また，通過後は階下の手荷物受取所で待つように伝え，世話教員は全員の通過を見届ける。特に入国で問題が生じたことはない。2012年五輪後からは，日本のパスポート所有者は特別な窓口（Fast Track）を利用して早く入国できるようになるとの報道があったがその後のことは未確認である（対象国は日本の他，アメリカ，カナダ，オーストラリア，ニュージーランド）。

　手荷物を受け取った後は点呼してバス乗り場に向かうが，降機したときから外国であり，荷物を地面に置いて目を離すことのないようにするように指導しておく。また，荷物を受け取った後の移動で空港係員から呼び止められて別室で尋問を受けた研修生が過去におり，空港内を探し回ったことがあった。それ以来，呼び止められたらあわてずにまず先頭の世話教員に伝えてもらうように指導している。

　到着した第3ターミナルに隣接して送迎バス乗り場があるが，そこの係員（coach marshal）に利用貸切バス会社名と行先を告げ，別の駐車場に待機しているバスを呼び寄せてもらう。

　バスは2時間弱でケンブリッジまで一行を運んでくれるが，道中は英国が初めてであれば面白いことばかりである。広い無料の高速道路，左側通行，距離のマイル表示，分岐点を示す予告標識，どこまでも続く牧草地，集落に必ずある教会，郊外の一戸建て住宅ののびやかに見える生活，ターナーの絵にあるような逆巻く雲，アメリカに比べて少ない日本車，踏切で一旦停止しない車（一旦停止は法規違反とか），摩天楼のないロンドン周辺，などなど。しかし，丘陵地帯のアップダウンのある狭い片道一車線の一般道を100キロ近くの速度で

A1: Do you need a bag?（レジ袋は御利用ですか）

第6章　現地研修

写真15　セルウィン・ガーデンズの寮

写真16　トマス・グレイ・ルーム

バスが飛ばすのには驚くであろう。乗り物酔いのある人には十分な備えをとは指導してある。

　ペンブローク・カレッジ到着15分程度前になったら，携帯で九州大学用のプログラムの統括者（programme director と呼ばれ，2011年までの数年はロンドン大学との兼任のジャクリーヌ・トーマス（Jacqueline Thomas）氏，2012年からヒラリー・デイ（Hilary Day）氏に交替）に降車地点での出迎えを要請する電話をかける。バスはケンブリッジ市内に入り，優雅な1戸建ての郊外の町並みから中心部へ入り，ジェームズ・ヒルトン（James Hilton）の『チップス先生さようなら』（Good-bye, Mr. Chips）で有名なパブリック・スクール（public school：私立の中等教育機関）のリーズ・スクール（Leys School）をかすめると，すぐにペンブローク・カレッジのバックゲート（Backgate）に到着する。プログラム・ディレクター1名とプログラム・アシスタント（PA）3名が出迎えてくれる。バスは一行を降ろし（荷物はそのまま），PAたちを乗せて郊外の寮に向かい，PAは寮のコモンルームに荷物を搬入し，またカレッジに戻ってくる。

　一行は降車後初めて直接目にするペンブローク・カレッジの美しい佇まいに感嘆した後，トマス・グレイ・ルーム（Thomas Gray Room：この部屋については6.5の該当項目を参照）に通されて，軽食をいただきながら，簡単なオリエンテーションを受け，翌日の朝食やスケジュールを確認した後，寮の部屋の鍵を受け取って，PAの先導により，徒歩で郊外のセルウィン・ガーデンズ（Selwyn Gardens）と呼ばれるケンブリッジ随一の高級住宅街区にある寮へ向

Q 2：お店で Lovely！と言われた私はかわいいのでしょうか。

かう。

　寮ではコモンルーム，洗濯室，台所（共用の冷蔵庫，電子レンジ，コンロ，流し，分別のゴミ箱がある），シャワー，各自の部屋等の説明を受けて，早々に床につく。研修生の中には持ち込んだノートパソコンのLAN接続を早速試す者も多い。

　寮は3階建煉瓦造りの大きなアパートで，一行で独占するのにちょうどいいサイズである（PAたちも平日はここで寝泊まりする）。バーベキューもできる広い庭もある。ベッド・メーキングとゴミ箱の回収は最低1～2日に1回，シーツの交換は1週間に1回程度となっている。部屋には洗面台はあるが，バス・シャワー，トイレは共用である。各自の持つ鍵で，建物の入口の扉の鍵も開閉でき，入口横には九大プログラム用の掲示板が用意されている。また各階の台所を共用で使用できる。

　日本の30℃超の世界からいきなり朝夕は10℃台の世界へ来たので，この夜は尿意で目覚めることもある。だが滞在数日でそういうことも少なくなる。

6.4　オリエンテーション日

6.4.1　スケジュール

　到着日は日が暮れてから寮へ移動したため，まだ一行は道順がよくわかっていない。再びPAたちの先導で朝食のためカレッジへ向かう。もっとも時差のせいで，ほとんどの研修生が4時には目が覚めており，朝食へ向かう時点で近隣を散歩してきている者も多い（早速迷子になったという話もある）。

　① 朝食

　朝食は長いことパンやトーストやシリアルなど，調理の必要のないものが中心のカフェテリア方式であったが，2012年にはオムレツ，目玉焼き，ベーコン，ソーセージ，パンケーキ，ワッフル等も出るようになった。交付されたスワイプカードで支払う。初めてホールで食事をすることになるが，カレッジゆかりの過去の人物の肖像画に囲まれての食事は独特の雰囲気である。まさにハリー・ポッターの世界である。

　② 安全面の説明（Fire Talk）

　朝食の後，法で求められている消火器の使い方を中心とした安全面の説明が

A2：店員がお客としてのあなたにありがとうと言ったのです。

ポーター（Porter）によってポーターズ・ロッジ（Porters' Lodge）の前の戸外で進められる（ポーターとポーターズ・ロッジについては6.5⑤を参照）。この説明には，コンロで火災が発生した場合の消火用布の使い方等も含まれ，女性には防犯ブザーの貸し出しもしてもらえる旨案内がある。

③　メインのオリエンテーション

安全面の説明の後，その他の諸点についてのオリエンテーションがオールド・ライブラリー（Old Library：この部屋については6.5⑦を参照）で行われる。内容の詳細については6.4.2に詳述している。

④　getting to know each other

午前中の残りの時間は，英語科目を担当する講師たちと研修生たちが，getting to know each otherと銘打って，まずは打ち解けるためのセッションを行い，互いの名前や特徴をしっかりと憶える。

この後は，2011年組の例だが，猫派 vs 犬派，コーヒー派 vs 紅茶派，春派 vs 秋派，ブラッド・ピット派 vs ジョニー・デップ派，寿司派 vs お好み焼き派，数学派 vs 語学派，ハリー・ポッター派 vs ロード・オブ・ザ・リング派などのグループに次々に分かれて，グループ内でペアを作り，自分達の選択について語り合うゲームを行う。

フルーツ・バスケットも楽しむ。鬼になった者が名前を告げ，座っている者がその名前を復唱してから先へ進む。

次はThe World's Longest Sentenceというゲームで，まず5人組の研修生が1人1つの単語を担当し，Jackie gave Sharyn a present.のような文を作って並ぶ。これに次々と研修生が自分独自の単語を決めて割り込んで正しい文になるようにする。研修生の人数分の語数からなる文を作ることになるので，かなりの文法力と集中力が必要であり，誰でも容易にできるというものではなく，出来たときの達成感が大きい。

最後は，Cut Cut Click Clickというゲームで，手拍子を中心にしたリズムに合わせて，与えられたカテゴリーを成すものの名称を交代で順に挙げていくもので，リズムに遅れたり詰まったり同じものを言ったりしたらアウトとなり，次のカテゴリーに移行する。

⑤　昼食

昼食もホールだが，調理したものが出る初めての食事となる。英国の食べ物

Q3：地下鉄でMind the Gap.とあるのは何でしょう。

はまずいという先入観を持っている者にとってはいい意味で驚くことになるかもしれない。詳しくは6.5③を参照。

⑥　クラス分けテスト

　午後の最初のスケジュールは英語科目のクラス分けテストである。標準的には，文法を15分，リスニングを5分，ライティング（家族へ宛てた手紙）を20分で実施する。辞書の参照は認められない。文法は日本人学生にとっては簡単なものだが，リスニングはそこそこの難易度がある。クラス分けの結果はこの日の夜に寮の掲示板に発表される。クラス分けはペンブローク・カレッジが利用している算出式により，コンピュータが自動的に振り分けるのだそうだが，TOEFL（-ITP）のスコアとは相関がないと言っていい。授業を始めてみて現場の教員に違和感がある場合は，世話教員に相談してもらった上で，クラスを移動してもらうことがありうるし，実際にそのようにしたケースも過去にあった。

⑦　図書館利用方法説明（Library Induction）

　クラス分けテストの後は図書館の利用方法のガイダンスである。その後は生活用品の買い出しの案内があり，生活必需品を購入した後，寮にいったん戻って正装に着替え，再びカレッジに向かう。このときに防寒着を忘れないようにしないといけない。

⑧　集合写真（Group Photograph）

　カレッジ内で集合写真を撮る。例年はライブラリー・ローン（Library Lawn）という，図書館前の芝生の区画で撮影されるが，2011年の場合は，雨天のため，珍しくオールド・ライブラリーで行われた。世話側も含めた全員での撮影と，世話側に加えて学生が福岡女学院大学のみという形での撮影が行われた。

⑨　レセプション（Reception）

　その後芝生（CourtもしくはLawn）上でのドリンク・レセプションがある。6.11.1-2で詳述する。

⑩　フォーマル・ホール（Formal Hall）

　晩餐会（Formal Hall）へと進む。レセプションと晩餐会については6.11.1-2で詳述する。

A3：ホームと列車の間の隙間に注意ということですよ。

6.4.2 オリエンテーションの内容

以下,安全の説明とその後のオリエンテーションで言及されること,事前研修の学習連絡会において取り扱われることを特に区別せずにまとめておく。

① 鍵

鍵は自分の部屋用とカレッジの門用がある。ほとんどの部屋がオートロックなので,鍵を身につけずに外へ出てはいけない。万一失敗したときは,ポーターズ・ロッジで合い鍵を借りて対処する(往復40分であることを忘れずに!)か,もしくはPAの持つ合鍵を借りるが,夜中にポーターの方やPAを起こす必要がないように,夜間は特に注意する。過去に締め出された者は何人もいる。紛失の場合は鍵も錠も交換になるので,弁償にかなりの金額がかかる。カレッジの門用の鍵は3カ所の出入口用で,普段はスワイプカードで開くはずの門が開かない時に使う。

② 自室

部屋を離れるときは必ず鍵をかける。自室にパスポート等の貴重品を置かず,必ず持ち歩く。現金のように小分けできるものは,リスク分散のため,置く分と持ち歩く分に分けてもよい。

割り当てられた部屋の交換はできない。部屋の広さや調度品などはばらばらなので,当たり外れは我慢する。ベッドを移動してツインの部屋を仕立てることはしてはならない。

たいていの部屋には洗面台があるが,トイレとシャワー(バスのところもある),冷蔵庫と電子レンジと湯沸かしは共用である。部屋に電気スタンド,電気のコンセント,クローゼットはある。本数にばらつきはあるが,ハンガーもある。タオルは概ね1週間に1回の交換,また1〜2日に1回ゴミ箱回収とベッドメークがある。シャンプーと石けんは最初の1回分だけ置いてある。

③ 門限

カレッジは夜間(22:30-6:00)扉が施錠される。原則として,夜間でも限られたゲートで,貸与されたカードまたは鍵を使って出入りができるはずである。また,夜間の緊急事態はポーターズ・ロッジのポーターに連絡する。ポーターズ・ロッジが無人の夜間(0:00-6:00)は,その近くにNight Porterという宿直のポーターの方が仮眠している部屋があるので,この方を起こして対応してもらうが,これは最悪の事態のみとする。

Q4:聞き取りそこなったことを相手に繰り返し話して欲しいときは何と言いましょう。

寮は入口が施錠されており，部屋の鍵で開錠でき，オートロックとなっている。

④　連絡

連絡は全て指定された九大グループ用の掲示板（寮入口横）で行われる。月〜金の平日は1日に午前と午後の最低2回見ることを義務とする（週末は旅行からの帰着後夜1回）。これは大変重要な点で，連絡事項は24時間以内に徹底されるということを意味する。絶対にチェックを怠らない。

⑤　時間

時間に遅れない。これが毎回徹底しないので困っている。律儀さも研修成功のひとつの要因である。

⑥　電球

部屋の電球が切れた場合は，切れた電球をはずしてポーターズ・ロッジへ持参し，同じタイプのものを引き替えにもらう（A light bulb has gone！「電球が切れました！」）。場所によって日本式のねじ込み式のものと，カチッとはめるタイプのものがあり，後者の着脱は慣れない日本人にとってかなり難しい。

部屋は電気スタンドも含めて電球タイプのものが多くて暗いのだが，英国では夜は暗いのだからむしろその暗さを楽しむものであるという文化的背景があるようにも思われる。

⑦　静粛

カレッジには先生方が研究のためにおられるので，夜間屋外での話し声は慎しむ。特に23：45-7：30のキャンパス内の歩行時は無言とする。朝までうるさくて寝られなかったという苦情が来たことがある。特に病身の先生方もおられるかもしれないので注意する。

⑧　会合

居室1つに12人以上が集まるときは，プログラム・ディレクターに届ける必要がある（但し共用の部屋を除く）。

⑨　共用テレビ

学内の自由利用のテレビ室のテレビは午前中利用不可（日曜は11時から）。

⑩　ゲーム

ジュニア・パーラー（6.5⑪に詳述）のゲーム類は12〜24時のみ。

⑪　他大学からの参加者

　日本大学，早稲田大学，明治大学，同志社大学，北京大学など，九州大学以外の大学からペンブローク・カレッジに来ている学生や教職員もいるので，遠慮せず随時交流して欲しい。この他カリフォルニア大学からも来ている。

⑫　医療

　医者に行く人は事前か事後に世話教員に連絡する。行く先の医者の相談はナースの方かPAか夏期講座事務室（Hステアケース3階H6：ステアケースとは建物内の階段室のこと）まで。

⑬　交通安全

　横断歩道のないところは車が優先。横断歩道のない十字路をまっすぐ渡るときでも，右左折の車が優先で突き進んでくるから注意する。歩行者用信号は原則押しボタン式で，ボタンを押さないといつまで待っても青にならない。歩行者用の信号（特に押しボタン式）はとても青が短い。青になってすぐ渡り始めても間に合わないことが多い。

　自転車を借りる際は，左側通行，歩道の走行禁止，信号の遵守，手信号を励行する。ヘルメットも同時に借りる。英国ではかなり厳しく守られている。

6.5　ペンブローク・カレッジの施設・設備・伝統

①　夏期講座の事務室

　Hステアケース3階（H6）にあるので，困ったときはこの部屋を訪ねる。郵便物の受け渡しもここになる。現地で事務室位置の変更等もありうるので注意しておく。

②　図書館

　カレッジの図書館はスワイプカードで入室する。朝～22時のオープン。内部座席でノートパソコンをネットワークに接続できる。週末も利用可。利用が少ないと嘆きの声もある。大学全体の図書館は残念ながら夏期講座の研修生では利用できない。

③　ホールとカフェ（Hall & Pembroke Cafe）

　食事の時間帯は日によって異なることもあるので，各自現地で配布される案内書や入口付近の掲示を常時確認する。2011年の場合は平日朝8：00-10：00，

Q5：税関で申告物がないときは何と言いましょうか。

写真17　ホール　　　　　　　　　　　写真18　学内パブ

　昼12：00-13：30，夕18：00-18：45（フォーマル・ホールがあるときは17：30-18：30）であった。週末は土曜日が朝とブランチの2食提供されるのに対し，日曜日はブランチと夕食になり，パーティや休暇等で週末平日ともに休業になることがある。食事はスワイプカードと呼ばれるプリペイドカードにより支払うので，その場で現金を使う必要はない。最初はこのカードに全員一律の金額（2011年で240ポンド）が入っていて，レジ（Till）で残額が確認できる。スワイプカードをトレイに置いたまま紛失することが多いので，首にかけるひも付きで与えられる。テーブル上に無料の水が置いてあるので，ドリンク代を節約することはできる。しかし外食を頻繁にすると残額がかなり出るのが実情である。
　バタリー（Buttery）と呼ばれる部分で，カフェテリア方式により食べ物をトレイに集める。飲料としては，冷蔵棚にペットボトル入りの飲料や牛乳（1パイント（約568ml）なのでひとり1回では飲みきれない）があり，お湯（ティー・バッグで紅茶とする）とコーヒー類のサーバーがある。水（炭酸入り（sparkling）と炭酸なし（still））は所定の安いプラスチック・ボトルを買えば，サーバーから汲み出して安く購入し，繰り返し持ち出すことが出来る。パンやサンドイッチのコーナーがあり，ジャケット・ポテト（大きなジャガイモのアルミ・ホイルでの包み蒸し焼き）のコーナーがあり，メインは肉料理，魚料理，菜食用料理から選び，副菜も多数あり，その他にサラダ・バーと果物がある。朝食の場合は日本式の食パン（クロワッサンもある）とシリアルの類のみだったが，週末及び2012年の朝食には伝統的イングリッシュ・ブレック

A5：I have nothing to declare.

ファストに近いものが出た。最後はレジが待っている。

集めた食事はホール（Hall）（写真17）へ運んでいって食べる。2011年の場合は，ホールの改装工事があり，実際には横の芝生区画に仮設された大型のテント（Marquee）内で食事をした。本来のホールは，ハリー・ポッターのホグワーツ魔法学校のホール（モデルはオックスフォード大学のクライスト・チャーチというカレッジのホール）の雰囲気である。テーブル上には水差しが用意されている。以前に法律が改訂されて，レストランで客が有料の飲物を注文せず，水道水（tap water）を求めたときはそれを出さなければならないことになった影響でもあると聞いている。

学内パブ（Pembroke Cafe）（写真18）で平日昼だけホットサンド等を中心にした営業があり（10-15時（2012年には延長された）），スワイプカードが使えるが，夜間（20-23時）のバーとしての営業での酒類には使えず，現金のみとなる（週末は休業）。

スワイプカードの使い残しの払い戻しはない。余る人が足りない人に融通するとよい。1度に飲みきれるはずもない本数の飲物を取っていくような行為は慎しんで欲しい。2011年までは，最終日が朝食までの契約だったので，最終日の昼食は特に世話教員から許可を願い出て，黙認の形でカードを使っていたが，2012年からは，契約上最終日の昼食までと変更された。

缶，瓶，コーヒーカップは専用のリサイクル箱へ入れる。また，調味料のコーナーにあるマーマイト（Marmite）は研修生に評判が悪い。これはビールの醸造後に沈殿した酵母のいわば廃物利用で，いわく理解し難い味である。

④　トマス・グレイ・ルーム（Thomas Gray Room）（写真16）

詩人でペンブローク・カレッジに学びフェローにもなったトマス・グレイ（Thomas Gray：1717-1771）に因んで命名された会合室。贅を尽くした内装の部屋である。本研修では，オリエンテーション，クリーム・ティー（紅茶およびクロテッドクリームとジャム付のスコーンのセットを味わう），修了式などで使われることがある。

⑤　ポーターズ・ロッジ（Porters' Lodge）

ポーターと言うのは，守衛，受付係，用務員，施設管理等々様々の役割を担うカレッジの顔で，きちんとした身なりの方々であり，普段彼らが詰めているのがポーターズ・ロッジという守衛室で，正門の入口にある。

Q6：ホテルのフロントで最初に何と言いますか。

写真19　カレッジ・チャペル　　　写真20　国際プログラム・オフィス

⑥　国際プログラム・オフィス（International Programmes Office）

　研修生が直接出向くのは，到着が予定されている郵便を受け取りに行くくらいしか考えられないが，各プログラムの中枢部である。ここには日本からのお土産品が並ぶが，写真20にはサトウサンペイ氏の漫画が見える。これは，かつて廣田稔教授の働きかけで，同氏が研修に同行されたときに書かれたものである。

⑦　オールド・ライブラリー（Old Library）

　オールド・ライブラリーというのは，当初はカレッジ・チャペルとして使用されていた部屋で，現在では行事に利用されている。古くて伝統があり，装飾豊かである。清教徒革命による共和制の頃からしばらく図書館に用途変更されていたためにその名がついている。本研修では，最初の言語セッションや晩餐会（フォーマル・ホール）等に利用されている。

⑧　カレッジ・チャペル（College Chapel）（写真19）

　クリストファー・レン（Sir Christopher Wren：1632-1723）のケンブリッジ第1作。彼はオックスフォード大学の出身で，同大学で天文学の教授となった建築家であり，1666年のロンドン大火後の都市再建計画案を立案した（実現はしなかった）。代表作に，ロンドンの聖ポール大聖堂や，ケンブリッジ大学トリニティ・カレッジのレン図書館などがある。ケンブリッジ大学の建造物も多数手がけたが，その第1作がペンブローク・カレッジ・チャペルである。横の歩廊（cloister）には，2つの世界大戦で犠牲になった450人のペンブローク人たちの名前が刻まれている。

⑨　マスターズ・ロッジ（Master's Lodge）

カレッジ長の住まいで，どこのカレッジでも敷地内にある。建物も庭も立派なもので，普段は立ち入り禁止になっている。庭では要人を集めたレセプションが行われることもある。

⑩　教室

カレッジというのは基本的に個人指導の場であり，まとまった人数を対象とした講義は学部の建物で行われるため，カレッジには教室として意図された大きさの部屋はない。従って，教室以外の用途に設定されている大きめの部屋が教室として利用されていたり，あるいはもともとの敷地の外にある建物を教室棟としたりしてきている。前者の例としては，ダンスなどのレクリエーションに使われているニュー・セラーズ（New Cellars）という地下の部屋に蛍光灯を追加した例が挙げられ，後者としては，通りをはさんでカレッジの敷地の向こう側にある建物（Chris Adams House）を利用している例が挙げられる。この他，敷地内の地下室なども使われる。

九州大学以外のサマー・プログラムでは，運営こそペンブローク・カレッジが実施していても，よそのカレッジの教室を借りているケースが多い。九州大学は，日本大学に続いて2番目に長い研修の歴史を持つため，カレッジの敷地内，もしくはそれに近い部屋を教室として利用できている。これは，食事がペンブロークの食堂で取ることができることとあわせ，カレッジへの帰属意識を高め，事後の満足感につながっているものと思われる。

⑪　ジュニア・パーラー（Junior Parlour）

学部生またはサマー・スクールの学生が入ることのできる談話室であり，カフェやカレッジ・バー（学内パブ）の隣にある。立派なソファや，ビリヤードやサッカーゲームなどの遊戯施設もある。この他に大学院生用のグラジュエイト・パーラー（Graduate Parlour）や教員用のシニア・パーラー（Senior Parlour）もある。

⑫　コンピュータ室（Computer Room）

現地研修で研修生がネットワークへ接続するには，コンピュータ室での端末利用と自室での有線LANの2つの方法がある。コンピュータ室では持ち込みのノートパソコンの接続は許されていないが，USBで文書を持ち込んでプリントすることはできる。但し日本語のフォントがないので，日本語を印刷する

Q7：航空券，搭乗券，入国カードは何と言いますか。

写真21　教室での授業風景　　写真22　ジュニア・パーラー

すべは pdf 化しかないであろう。

⑬　保健室（Sick Bay）

カレッジに平日決められた時間（10：00-13：00）にナース（College Nurse）が待機している（G9（G ステアケースの1階））。

⑭　芝生（Court or Lawn）

芝生の中に入ってはいけない。ボーリング・グリーン（Bawling Green）の縁は例外。また昼食時間後のクロッケー・ローン（Croquet Lawn）でのクロッケー（Croquet）も可。また，ライブラリー・ローン（Library Lawn）はレセプションの場合だけ立ち入ることができる。

⑮　調理器具等

電子レンジ，湯沸しポット等調理器具の使用中はその場を離れない。240Vなので使用時間に注意する。過去に，電子レンジのスイッチを入れた後で目を離し，食べ物が焦げて煙を出し，夜中に火災報知器が鳴って，大騒動になったことがあった。冷蔵庫は，空いているようなら使ってよい。但し帰国時には原状復帰を忘れずにしておかねばならない。栓抜きと缶切りを持っていくと便利である。寮の台所では，黒がビン，緑がペットボトルの回収箱である。部屋のゴミ箱にはこれらを入れない方が回収者には楽である。

⑯　喫煙所

キャンパス内は 2007 年より原則禁煙になり，ジュニア・パーラー横の喫煙スペース1カ所のみ喫煙可となっている。

A7：an airline ticket, a boarding pass, a landing card

⑰　防音音楽室

カレッジの教員を通じて予約を取り，鍵は時間に遅れずポーターズ・ロッジに取りに行く。

6.6　大学の見学のポイント

研修生は大学関係の施設を，授業であるいは個人で訪問することになるが，見逃しがないように，世話教員が独断で選んだ場所のリストを知らせておく。研修 HP では開館日・時間，料金等の情報も載せているが，こうした情報は変更されがちなので，本書では掲載していない。ペンブローク以外のカレッジは，立ち入り可能な時間帯が定められ有料のところ（下記キングズ・カレッジからコーパス・クリスティ・カレッジまで），無料で一般人も庭程度には入ってよいと明記しているところ（ペンブローク・カレッジとピーターハウス）があり，それ以外は，原則として一般人の立ち入りお断りと掲示しているところと，特に何も表示していないところとがある。なお，以下創立年については，ケンブリッジ大学のカレッジとして正式に認知された年代や，前身の機関が創立された年代など，見方によって様々に考えられるため，各種の書物やケンブリッジ大学の HP 等で若干ずれがあるが，本書では Taylor (2008) の年表に従う。以下有名なカレッジを先にし，残りは創立年代順としている。

①　キングズ・カレッジ（King's College）（写真 23）

1441 年創立で 31 カレッジ中 7 番目に古い。創立者は王であるヘンリー 6 世。経済学者のケインズ（John Meynard Keynes）や小説家の E. M. フォースター（E. M. Forster）等が卒業生として有名。チャペルは 1918 年以降毎年行われる「九つの日課とクリスマス・キャロルの祭（Festival of Nine Lessons and Carols）」で有名で（最近では BBC で中継される），ケンブリッジ大学では最大の建物であろう。パブリック・スクールのイートン校（Eaton College）もヘンリー 6 世が創立したためこのカレッジと関係が深い。

②　トリニティ・カレッジ（Trinity College）

1546 年創立で 31 カレッジ中 14 番目に古い。創立者はチューダー朝のヘンリー 8 世。ニュートン（Sir Isaac Newton），フランシス・ベーコン（Francis Bacon），バイロン（Lord Byron），アルフレッド・テニソン（Alfred Tenny-

Q 8：搭乗口，手荷物受取所は何と言いますか。

写真23　キングズ・カレッジ　　写真24　セント・ジョンズ・カレッジ

son), バートランド・ラッセル (Bertrand Russell), ラザフォード (Ernest Rutherford), ウィトゲンシュタイン (Lutwig Wittgenstein), インドのネール (Jawaharlal Nehru) 首相等で有名で, ケンブリッジでも有数の財政的に豊かなカレッジである。奥のレン図書館 (Wren Library) では, ニュートンの遺髪や直筆原稿や『プリンキピア (Philosophiae naturalis principia mathematica)』の原本や, A. A. Milne の『熊のプーさん (Winnie the Pooh)』の原本を見学することができるが, 公開時間が短い。この図書館は当時の大建築家である Sir Christopher Wren の設計によるものだが, ペンブローク・カレッジのチャペルは彼の第1作だと言われている。カレッジの入口にあるリンゴの木は, 万有引力の法則に関係した木の末裔を移植したものだそうである。

③　セント・ジョンズ・カレッジ (St John's College) (写真24)

1511年創立で31カレッジ中12番目に古い。創立者はチューダー朝のヘンリー7世の母親であるマーガレット・ボーフォート (Lady Margaret Beaufort)。ロマン派詩人で桂冠詩人 (Poet Laureate) であるワーズワース (Wordsworth) が卒業生として有名。他の多くのカレッジと異なり, ケム川の両側に建物が広がる大きなカレッジである。川をわたる橋のため息橋 (Bridge of Sigh) (250頁の写真37) の名は, ベニスの同名の橋が囚人の収監による命名であるのと異なり, 成績発表後の学生のことなどと言われている。

④　クレア・カレッジ (Clare College)

1326年創立で31カレッジ中2番目に古い。創立者はエドワード1世の孫娘エリザベス・ド・クレア (Lady Elizabeth de Clare) である。このカレッジは庭

A 8 : a boarding gate, a baggage claim area

で有名で，ケンブリッジ大学に31あるカレッジのうち，1284年に創立されたピーターハウス（Peterhouse）に続いて2番目に古い。カレッジの入口には桜の木があり，広島から送られて来たという話もあるが本書では未確認である。白洲次郎が学んだことでも有名。

⑤ クイーンズ・カレッジ（Queens' College）

1448年創立で31カレッジ中8番目に古い。創立者はヘンリー6世の妃のアンジュー家のマーガレット（Margaret of Anjou）。チューダー朝様式の建物が見られる。このカレッジは『愚神礼賛』（The Praise of Folly：1509）のエラスムス（Desiderius Erasmus）でも有名である。数学橋（Mathematical Bridge）は，ケム川（River Cam）をはさんで広がる同カレッジを結ぶ木の橋で，当時は釘を使わず幾何学的原理に基づいて建造されたとされているため，再建された今でもその名がある（第4章の中扉の写真）。

⑥ コーパス・クリスティ・カレッジ（Corpus Christi College）

1352年創立で31カレッジ中6番目に古い。創立者は珍しいことに街の人々の団体。シェークスピアの時代の劇作家であるクリストファー・マーロウ（Christopher Marlowe）の居室がある。

⑦ ピーターハウス（Peterhouse）

1284年創立で31カレッジ中最も古い。創立者はイーリーの司教であるヒュー・ド・バルシャム（Hugh de Balsham）。オックスフォード大学最古のマートン・カレッジ（Merton College：1264年頃の創立）にならって作られ，当時の聖ペテロ教会の横に建築して名もそこから採った。1285年には王から独立の勅許を得た。現在も当時の建築が一部残る。中心部のカレッジ群の南端に位置する。

⑧ ゴンヴィル・アンド・キーズ・カレッジ（Gonville and Caius College）

1348年創立で31カレッジ中4番目に古い。創立者はエドマンド・ゴンヴィル（Edmund Gonville）という僧で，当初は聖職者養成の機能を持っていた。ジョン・キーズ（John Caius）は16世紀にこのカレッジにいた物理学者である。出身者には人の循環系を発見したウィリアム・ハーヴィ（William Harvey）やDNA二重螺旋構造の発見者の1人のフランシス・クリック（Francis Crick），現在教授を勤めるスティーヴン・ホーキング（Stephen Hawking）などがいる。日本人では明治期の外交官稲垣満次郎がここの出身である。

Q9：現金の両替を頼む時は何と言いますか。

⑨　トリニティ・ホール（Trinity Hall）

1350年創立で31カレッジ中5番目に古い。創立者はノリッジ主教のウィリアム・ベイトマン（William Bateman）で，法学を旨として創立された。有名な教員にはヴァージニア・ウルフ（Virginia Woolf）の父親がいる。

⑩　セント・キャサリンズ・カレッジ（St Catharine's College）

1473年創立で31カレッジ中9番目に古い。創立者はキングズ・カレッジのカレッジ長（Provost）であるロバート・ウッドラーク（Robert Woodlark）。St Catharineは学問の守護聖人。会計担当事務長（Bursar）にジョン・アデンブルック（John Addenbrooke）がおり，彼の遺産で大学のアデンブルック病院（Addenbrooke Hospital）が創立された。

⑪　ジーザス・カレッジ（Jesus College）

1496年創立で31カレッジ中10番目に古い。創立者はイーリーの司教であるジョン・オールコック（John Alcock）。有名な出身者には詩人のサミュエル・コールリッジ（Samuel Coleridge）や小説家のローレンス・スターン（Lawrence Sterne），経済学者のマルサス（Thomas Malthus）などがいる。

⑫　クライスツ・カレッジ（Christ's College）

1505年創立で31カレッジ中11番目に古い。創立者はチューダー朝のヘンリー7世の母親であるマーガレット・ボーフォート（Lady Margaret Beaufort）で，St John's Collegeと同じ。有名な出身者には詩人のジョン・ミルトン（John Milton：『失楽園（Paradise Lost）』で有名）や進化論のチャールズ・ダーウィン（Charles Darwin）がいる。

⑬　モードリン・カレッジ（Magdalene College）

1542年創立で31カレッジ中13番目に古い。創立者は大法官のトマス・オードリー（Thomas Audley）。前身はケンブリッジで唯一の修道僧の宿舎で，創立時はマグダラのマリア（Mary Magdalene）に捧げられながら後に世俗のカレッジとなった。ゆかりの人物には小説家のトマス・ハーディ（Thomas Hardy）や詩人のT. S. エリオット（T. S. Eliot），『ナルニア国物語（The Chronicles of Narnia）』のC. S. ルイス（C. S. Lewis）等がいる。

⑭　エマニュエル・カレッジ（Emmanuel College）

1584年創立で31カレッジ中15番目に古い。創立者はウォルター・マイルドメイ（Sir Walter Mildmay）。修道院跡に建った。チャペルはペンブローク・

カレッジのチャペルに続くクリストファー・レンのケンブリッジにおける第2作。ピューリタンの傾向があり渡米した者も多く，その中にハーバード大学の創立者であるジョン・ハーバード（John Harvard）もいた。

⑮　シドニー・サセックス・カレッジ（Sidney Sussex College）

1596年創立で31カレッジ中16番目に古い。修道院跡に建った。創立者はサセックス伯爵夫人フランシス・シドニー（Lady Frances Sidney）。出身のオリヴァー・クロムウェル（Oliver Cromwell）の頭部が埋められていることで有名。理系に強い。

⑯　ホマトン・カレッジ（Homerton College）

1768年にロンドンで創立，1895年にケンブリッジに移転，31カレッジ中17番目に古い（ケンブリッジ大学の一員となったのは1976年なのでそちらを見れば30番目）。創立者は英国国教会に反対するプロテスタント信者たち。教員養成に強い。学生数ではケンブリッジ大学で最大である。

⑰　ダウニング・カレッジ（Downing College）

1800年創立で31カレッジ中18番目に古い。街の中心部にあるカレッジでは最も敷地が広い。新古典主義によるギリシア風の建物が特徴。創立者はジョージ・ダウニング（Sir George Downing）。

⑱　ガートン・カレッジ（Girton College）

1869年にケンブリッジ近くのヒッチン（Hitchin）で創立，1873年にケンブリッジへ移転した。31カレッジ中19番目に古い。女子学生専用だったが，1979年から男性も受け入れられ，現在は男女比がほぼ等しい。創立者はエミリー・デーヴィス（Emily Davies）とバーバラ・ボディション（Barbara Bodichon）。日本人の出身者に憲仁親王妃久子様がおられる。

⑲　ニューナム・カレッジ（Newnham College）

1871年創立で31カレッジ中20番目に古い。一貫して女子学生専用。出身者には女優のエマ・トンプソン（Emma Thompson）がいる。創立者はヘンリー・シジウィック（Henry Sidgwick）。

⑳　セルウィン・カレッジ（Selwyn College）

1882年創立で31カレッジ中21番目に古い。同名の英国国教会主教を記念して創立され，英国国教会とのつながりが深い。カレッジ群の東端にあり，ニューナム・カレッジの北向かいに位置する。

Q10：両替所にあるGBPという表記は何ですか。

㉑　ヒューズ・ホール（Hughes Hall）

1885年創立で31カレッジ中22番目に古い。ケンブリッジ女性教師養成カレッジとして創立された。現在では男子学生も受け入れている。ヒューズは初代カレッジ長（Principal）の名前から。カレッジ群の南東端に位置する。

㉒　セント・エドマンズ・カレッジ（St Edmund's College）

1896年創立で31カレッジ中23番目に古い。エドマンズの名は13世紀のカンタベリー大司教から。元々はローマ・カトリックの学生用で，今もチャペルはケンブリッジで唯一カトリック様式。カレッジ群北端近くにある。

㉓　マレイ・エドワーズ・カレッジ（Murray Edwards College）

1954年創立で31カレッジ中24番目に古い。旧称ニュー・ホール（New Hall）。女子学生用として3番目のカレッジ。ロス・エドワーズ（Ros Edwards）による寄付で初代カレッジ長ローズマリー・マレイ（Rosemary Murray）に合わせて改名。カレッジ群の北端近くにある。

㉔　チャーチル・カレッジ（Churchill College）

1960年創立で31カレッジ中25番目に古い。ウィンストン・チャーチル（Sir Winston Churchill）を記念しての創立。理系大学院生が主力。大学で初めて寮に夫婦同室を認めた。カレッジ群の北西端の位置を占める。

㉕　ダーウィン・カレッジ（Darwin College）

1964年創立で31カレッジ中26番目に古い。トリニティ，セント・ジョンズ，ゴンヴィル＆キーズの3カレッジが創立した大学院生専用のカレッジ。クイーンズ・カレッジの南向かいのダーウィンの子孫の居住地に建てた。

㉖　ルーシー・キャヴェンディッシュ・カレッジ（Lucy Cavendish College）

1965年創立で31カレッジ中27番目に古い。創立者はルーシー・キャヴェンディッシュ（Lucy Cavendish）で，新キャヴェンディッシュ研究所創立者の義娘。21歳以上の女子学生のみのカレッジ。郊外北西部，ケトルズ・ヤードの少し西にある。

㉗　ウルフソン・カレッジ（Wolfson College）

1965年創立で31カレッジ中27番目に古い。大学そのものによって創立され，1973年にアイザック・ウルフソン（Isaac Wolfson）による財団によって財政的に独立した。海外からの大学院生が中心。カレッジ群の南西端にある。

A10：Great Britain pound（英国ポンド）のこと。pound sterlingとも。

㉘　クレア・ホール（Clare Hall）
　1966年創立で31カレッジ中29番目に古い。創立者はクレア・カレッジのマスター（カレッジ長）とフェロー。大学院生専用カレッジで，カレッジ群の西側の外縁，大学図書館の近く，ロビンソン・カレッジ（下記㉚）の南隣にある。

㉙　フィッツウィリアム・カレッジ（Fitzwilliam College）
　1966年創立で31カレッジ中29番目に古い。1869年に，カレッジに所属する経済的余裕のない学生のための場所として，フィッツウィリアウム博物館の近くに設立され，1966年にカレッジ格を得て，現在のカレッジ群最北端に移転した。

㉚　ロビンソン・カレッジ（Robinson College）
　1977年創立で31カレッジ中最も新しい。創立者はデイヴィッド・ロビンソン（Sir David Robinson）で，最初は自転車販売で財を成した実業家。創立に当たり多額の寄付をした。カレッジ群の西側の外縁，大学図書館の向かいにある。

㉛　フィッツウィリアム博物館（Fitzwilliam Museum）
　大英博物館の分館といった規模と佇まいの立派な大学博物館である。無料。1816年の創立で，リチャード・フィッツウィリアム（Richard Fitzwilliam）子爵が遺贈した美術品と基金がもとになっている。1848年に一般公開され，収蔵品を増やしつつ現在に至っている。建物，収蔵物ともに一級品である。

㉜　ケトルズ・ヤード（Kettle's Yard）
　芸術愛好家のジム・イード（Jim Ede）氏のコレクション（20世紀芸術家のベン・ニコルソン（Ben Nicholson），バーバラ・ヘップワース（Barbara Hepworth），アンリ・ゴーディエ＝ブルゼスカ（Henri Gaudier-brzeska），ヘンリー・ムーア（Henry Moore）等）が一般家庭の家屋だったところに展示されている。1966年にこのコレクションは大学に寄付され，その維持に大学も一部責任を負っている。無料。

㉝　考古学・人類学博物館（Museum of Archaeology and Anthlopology）
　ペンブローク・カレッジの隣のセジウィック・サイト（Sedgwick Site）にある。世界の人々や文化の多様さがわかる。キャプテン・クック（Captain Cook）が収集した太平洋の品々や，すさまじい高さのトーテム・ポールなどが目玉と

Q11：トラベラーズ・チェックを見せて換金する時は何と言いますか。

写真25　評議員会館　　　　　　　　　写真26　栄誉の門

なっている。無料。2011年には改装中で，2012年に再開館した。
　㉞　**セジウィック地質学博物館**（Sedgwick Museum of Earth Sciences）
　同じくセジウィック・サイト（Sedgwick Site）にある。展示物は，鉱物，恐竜関係，古生物，地球，ダーウィン・コレクションなど，おびただしい数にのぼる。無料。
　㉟　**動物学博物館**（Museum of Zoology）
　ペンブローク・カレッジの隣のニュー・ミュージアム・サイト（New Museum Site）にある。骨格をはじめ動物の標本が多数ある。無料。近くの建物にある，物理学者ラザフォードのあだ名であるクロコダイルを彫り込んだ壁も見逃せない。
　㊱　**科学史博物館**（Whipple Museum of the History of Science）
　望遠鏡，てんびんをはじめ，多数の種類と個数の，時代物の科学器具が見学できる。無料。
　㊲　**極地博物館**（The Polar Museum）
　スコット極地研究所（Scott Polar Research Institute）が運営しており，極地

探検の歴史や科学について，写真，装備などを展示している。無料。

㊳ **古典期考古学博物館**（Museum of Classical Archaeology）
ギリシア・ローマから持ち帰った像や建造物の一部などのレプリカを中心にした展示である。無料。

㊴ **評議員会館**（Senate-House）
1720年代に建てられ，英国では珍しいコリント式の古典主義建築である。学位授与式等の行事で使用される。授与式で学生はアカデミック・ガウンを着用する。大学評議委員会（Regent House）が重要案件で投票するときもここで行われる。Senateは修士以上の学位保持者の総称で，1926年までは大学評議委員会の名称だった。学年末の試験結果もここに掲示される。

㊵ **栄誉の門**（The Gate of Honour）
ゴンヴィル・アンド・キーズ・カレッジにある門で，学位授与の際に同カレッジの学生がここを抜けて評議員会館へ向かう。日時計が塔屋に設置されている。

㊶ **大学図書館**（University Library）
カレッジからの紹介状がなければ立ち入ることができないため，夏期講座の研修生の利用は無理だが，外観だけなら見ることができる。この図書館は，大英図書館（The British Library），オックスフォード大学ボドレアン図書館（Bodleian Library），スコットランド国立図書館（The National Library of Scotland），ウェールズ国立図書館（The National Library of Wales），アイルランドのトリニティ・カレッジ図書館（The Library of Trinity College, Dublin）とともに，英国で出版するすべての書籍が収められる英国納本図書館（national copyright library）である。紹介状を持って受付に行くと，写真撮影があり，その場で利用者証を発行してくれる。内部は巨大で，日本語の書籍の部屋も充実している。そこでは日本人スタッフが働いている。学問の牙城の中でも中枢部であり，見学する筆者も緊張した。

㊷ **ケンブリッジ大学附属植物園**（University Botanic Garden）
駅近くに広大な敷地を持つ。温室や野外での標本木などが充実し，丁寧に見て歩けば1日を要するのではないかと思われるほどである。庭園を楽しむという利用方法でも十分に楽しく過ごすことができる。ケンブリッジ大学の附属施設としては珍しく有料。

Q12：日本へのお土産の無税扱いを頼む時は何と言いましょう。

㊸ 聖メアリー教会（Great St Mary's Church）

この教会はケンブリッジ大学全体の教会（the University Church）となっていて，塔上からの眺望が有名である．1478 年に始まり，評議員会館ができるまでは学位授与式が行われていた．英国国教会の教区教会ではあるが，大学より財政支援がある．建築様式としてはイースト・アングリア（East Anglia）の典型的なもの．またケンブリッジの地理的中心地とみなされている．

㊹ DNA 二重螺旋構造発見の銘板

ペンブローク・カレッジの隣のニュー・ミュージアム・サイトにある．発見者のワトソン&クリック（Watson & Crick）のいた旧キャベンディッシュ研究所（Cavendish Laboratory）のところにある．パブ「イーグル」（The Eagle）にはDNA二重螺旋構造発見の銘板（外と席上の2ヵ所）があり，発見者が構造を構想した時に使ったパブである．この他にクレア・ホール（Clare Hall）の敷地内に，かなりデフォルメされているが，野外抽象彫刻のような螺旋構造の像がある．

㊺ キャヴェンディッシュ研究所（Cavendish Laboratory）

キャヴェンディッシュ研究所は，総長（Chancellor）を務めたキャヴェンディッシュ公爵の寄付により，1874 年に電磁気のマックスウェル（James Clerk Maxwell）の指揮の下で設立され（初代所長となる），以後ラザフォード（Ernest Rutherford）などが所長を務めている．多くのノーベル賞学者を輩出した．1897 年の電子の発見，1932 年の原子分割，1953 年の DNA 二重螺旋構造の発見等の功績がある．1974 年に市中心部から郊外へ移転した．

6.7 ケンブリッジの歴史

ケンブリッジには 2000 年前には居住者がいた．侵攻したローマ人たちもケンブリッジに居を構えたが，ローマ人が撤退してからしばらくすると居住者がいない期間がしばらく生じた．9 世紀になるとデーン人（the Danes）が侵入してきて，ケンブリッジを交易の地とした．この当時，町を流れる川はグランタ川（the Granta：現在のケム川）と呼ばれ，そこにかけられた橋に因んでこの地は Grantabridge と呼ばれるようになったが，後に大きな音変化が生じて Cambridge と呼ばれるようになった．

ノルマン大征服でノルマン朝が開かれたとき，ケンブリッジにもキャッスル・マウンド（Castle Mound）に城が築かれ，交易都市として栄えた。そして聖職者も多く入植し，教会が建てられた。

13世紀になって大学が創立されたが，町の人々との折り合いは必ずしも良くなく，騒乱が起きたこともあり，町の人々が大学の書類を燃やす事件が起きたりもした。その後町はさらに交易地として発達し，穀類の売買が盛んとなった。

6.8 ケンブリッジの街

ケンブリッジの街の中を歩いて出くわす様々な場所について研修のHPで取り上げているが，そこでの記述を含めてまとめておく。

① バックス（The Backs）

カレッジがケム川沿いに並んでいるが，その対岸に裏庭のように広がっている林。林と言っても木がところどころに立っているものであり，地面は芝生と通路になっているだけで，特に何か珍しい点があるわけではない。しかし，定冠詞theが付き，大文字で始まるだけで，世界中の裏手（back）と呼べる地の中で，ケンブリッジにあるここだけを指すことになる。ちょうど，the Cityと言うとロンドンの中の金融街区だけを指すのと同じである。

② パンティング（punting）

ケム川でのボート漕ぎのこと。6.11.7を参照。

③ 広いシンプルな公園

英国での公園と言えば，日本であれば信じられないくらいの広さを持つ芝生の空地である。花壇があることも多く，多少の遊具やプールなどがあるところもある。そこで人々は日光浴やサッカー遊びなどをしてゆったりと過ごす。

④ ケンブリッジ・グッズ

ケンブリッジ大学関連グッズはいろいろとあり，ネクタイ，タイピン，カフスボタン，Tシャツ，ラガーシャツなどには，ケンブリッジ大学全体もしくは各カレッジの紋章（crest）がデザインとして入っている。この他，マグカップや筆記具などを入れれば枚挙に暇がない。さらには，各カレッジのポーターズ・ロッジには，各カレッジの歴史書や聖歌隊のCD等もある。ペンブローク・カレッジの紋章

Q13：旅程を見せて最も有利な切符を頼む時は何と言いますか。

の入ったものは，各校からの夏期プログラム参加者が多いので，品切れになることがある。

⑤　フィッシュ・アンド・チップス

英国と言えばこれという食べ物であるが，ファースト・フード店で気軽に食べられはするものの，品質がばらばらである。最も高品質なのは，魚料理レストランの専門店で出すものであろう（例えばフィッツウィリアム博物館向かいのロック・ファイン（Loch Fyne））。

⑥　ケンブリッジ民俗博物館（Cambridge & County Folk Museum）

古い民家を使ったもので，民俗史上の様々な品々を展示しており，それぞれの部屋自体も昔の暮らしぶりを教えてくれる。信仰や迷信の類に関する品々も置いている。こちらは大学の博物館ではなく，自治体の施設である。

⑦　キャッスル・マウンド（Castle Mound）

ケンブリッジシャーの役所の前にある小さな丘で，ノルマン朝草創期に城が建造された。キャッスルヒルとも呼ばれる。市内で最も標高が高い。ここからの市街の眺めがよく，過去の研修生たちは早起きして，夜明けの景色を楽しむ伝統ができている。

⑧　米軍墓地（American Cemetery and Memorial）

郊外にある広大な墓地で，土地は大学が寄付した。第2次世界大戦における太平洋および北西ヨーロッパ地域での戦闘で命を落とした米兵が眠る。米国が海外に24持つ墓地の1つである。英国では他に第1次世界大戦の米兵戦死者が眠る墓地がロンドン郊外にある。

⑨　オープントップ・バスツアー（open topped bus）

オープントップの2階建てバスで市内を巡るツアーで，20-40分毎の運行のバスを自由に乗り降りできる。市内の見所を回るのに便利だが，やや遠い大学のボートハウスが並ぶあたりや，郊外の果樹園や米軍墓地などにも行くことができる。運行しているのは，世界の多くの都市でバスツアーを運行している City Sightseeing という会社である。

⑩　ペンブロークのグラウンド（Pembroke Sports Ground）

ペンブローク・カレッジは歩いて15分ほどのところに大きなグラウンドを持っている。テニス・コートも併設されている。各カレッジは必ずしも本体の敷地と隣接していないところにグラウンドを持っているところが多い。この他ラグビー場などは大学のクラブのものとして立派なものが存在している。

⑪　ゴルフ

英国はゴルフの発祥の地かもしれず，盛んなだけあって，日本では考えられな

い安さでプレーできる。郊外のパー 3 のショートホールばかりのハーフコースで，道具を借りても 10 ポンドしない。

⑫　音楽

　夏期でも時折カレッジや街中のチャペルでクラシックや聖歌隊のコンサートが行われることがある。例年 Cambridge Summer Music Festival が開催されるのだが，7 月中旬から 8 月上旬の日程なので，研修期間とは合わない。

⑬　演劇

　カレッジの庭等の場所で，地元の役者による野外のシェークスピア劇が行われることがある。街中のポスターや観光案内所でチェックできる。普通は夜 8 時くらいからだが，夏季でも夜となると防寒着が必要なことが多い。また，街の中心部にある ADC Theatre では，地元や学生の役者による様々な趣向のシェークスピアを含めた演劇が上演され，エマ・トンプソン（Emma Thompson）もかつて出演していた。

⑭　ケンブリッジ・カトリック教会

　街中にある大きな教会。最近では Our Lady and the English Martyrs Church と呼ばれているようである。建物は 19 世紀のゴシック・リバイバルの様式による。

⑮　写真・DPE

　ブーツ（Boots）という店が扱う。現地研修で写真コンテストを実施することがあり，きれいなプリントを作る場合に便利である。デジカメの情報をストアする大容量の付属メディアを予備も含めて持っていくとよい。

⑯　パブ

　英国では飲酒は 18 歳以上。ビールは Newcastle Brown Ale, Old Speckled Hen あたりがお勧め。豪州製ながら日本のビールに近い Fosters やプレミアム系のビールに近いベルギー製の Leffe もおいしい。発泡リンゴ酒（cidre）の Strongbow, Woodpecker, Scrumpy Jack, Aspall Suffork Cidre, Magners なども美味。梨のサイダー（pear cidre）も最高。飲料は黙っていると one pint（568ml）来るので，いろいろ味わいたい人には half a pint（284ml）がお勧め。

　キャンパス内にバーがあるが，酒量は自分を失わない程度に。原則として平日 20-23 時頃の営業。高級品はない。外部のパブとしては The Anchor, The Eagle, The Mill 等が近い。これらは平均的なパブだが，駅近くの Live and Let Live（写真 28）では，よそのパブであまり見ない銘柄のローカルなビール（定期的に銘柄を入れ替え）やフレーバー・ビールやラム（特に honey rum がお勧め）やバーボンなどがたくさんあり，飲料にこだわっている。ここは大手系からでなく，各地の中小の醸造所から仕入れているいわゆる free house である。食べ物のおいしいパ

Q14：ロンドンへの往復乗車券が欲しいときは何と言いましょうか。

写真27　パブ The Free Press　　　写真28　パブ Live and Let Live

ブは警察署の裏にある The Free Press（写真27）。これら2軒をはしごする pub crawl を世話教員が現地で開催する。

⑰　酒類

　　酒屋でポルト（Port Wine）を購入するとよい。葡萄酒で20度以上の甘い酒だが，ある程度以上の価格であれば大変おいしい。

⑱　スーパー等

　　スーパー・マーケットは英国各地にある Marks & Spenser と Sainsbury's がケンブリッジにもあるが，営業時間は日本のスーパーよりも短く，日曜日は特に短い。ドラッグストアの Boots や Superdrug にも御世話になる。コンビニ的な店としては Sainsbury's Local や駅内の Simply Food（Marks & Spencer）などがあるが，24時間ではない。紅茶の専門店，日本食を売る店などは世話教員に尋ねて欲しい。

⑲　郵便局

　　現地から日本に物を郵送するとき，Royal Mail の Airmail の Small Packet だと2kg までを限度とし25ポンドくらい（書籍はこれより安く6kg まで）。大きさは3辺の和が90cm まで。Post Office で荷造り用段ボールを買う。テープ等はついていないので自分で別途買うことになる。所要4-5日だが，費用を抑えて Surface Mail にしてしまうと自分の方が先に着く（数ヵ月かかる）。詳しいことは Royal Mail の HP を調べること。2kg 以上や計90cm を超えるものは，Royal Mail のグループ会社で Parcelforce Worldwide というところのサービス（Post Office で扱う）が使える。重さと大きさによりどれで送るかは Post Office の係員がアドバイスしてくれる。Royal Mail, Post Office, Parcelforce Worldwide は互いに別会社。クレジット・カードは使える。

第 6 章　現地研修

⑳　書店

　まず本屋で折りたたみの小さな 1 ポンド程度のケンブリッジ中心部のカラー地図を買うとよい。土産物としては写真カレンダーをお勧めする。古本屋もあちらこちらにある。

㉑　喫茶

　カレッジを出て右すぐの Fitz Billies の cream tea がクロテッド・クリームもスコーンも紅茶もおいしいとのこと。他に近くにある Aunties's Tea Shop もよいそうだ。

㉒　レストラン

- うどんの Judo：ペンブローク・カレッジからケム川に向かう途中左側。和中折衷的。
- 魚介料理の Loch Fyne：特筆もののおいしさ。特にフィッシュ・アンド・チップス。
- 和食の Teri-Aki：親子丼が良く，うどんは微妙である。寿司あり。値段は手頃。
- 和食の Wagamama：ラーメンや焼きそばがよさそう。値段は手頃。
- 和食中華の J Restaurant：店の感じは高級。寿司はまずまず。値段は高め。
- イタリアンの Bella Pasta：パンティング乗場の近く。はずれがない。
- ギリシア料理の店でおいしく安いところがあります。
- この他ピザ屋もハンバーガー屋（日本よりおいしい）もある。
- 宿舎の近くに屋台のハンバーガー屋が出る（18 時以降）。これがおいしい。
- 米が恋しいときはイタリアンやスパニッシュでリゾットやパエリアがよい。
- ロンドンの手頃な和食として「さくら」「東京ダイナー」をお勧めする。

㉓　自転車

　市内の店（近くの Grand Arcade というショッピングモールの 1 階の自転車店に hire の曜日毎の営業時間が書いてある）でレンタサイクルを借りてもよいが，キャンパス内で駐輪してよいか，よいとすればどこに駐輪してよいかは現地で確認のこと。宿舎には駐輪施設がある。また，鉄道の自転車持ち込みについては希望者が自分で調べること。

6.9　英語科目

　英語科目は 2010 年まで，学術英語と文化英語に分かれていた。学術英語では，フォーマルなエッセイを書くことができるようになることを目的に，様々

Q15：ツアーでホテルへの迎えを頼む時は何と言いましょうか。

な訓練を行った。文化英語では，英国の文学史を学んだり，詩作を試みたり，英国人の気質を表す英語の使い方を学ぶ等，様々の内容が含まれていた。

英語科目の構成については，現地プログラムの終わりに実施される研修生へのアンケートや，世話教員からの講評，担当した講師からのフィードバック等に基づいて，これまでも調整が続けられて来たが，2011年については，3人の講師により英語科目が構成され，2012年度からは再び2人の講師により構成されることになった。

研修生は，オリエンテーション日に実施されるクラス分けテストにより，2〜3のグループ（赤，緑（，青））に分けられ，それぞれが10〜16名程度のクラスになる。それぞれのクラスについて，1人の講師が75〜90分1コマの授業を担当する。例年トータルの時間としては30時間である。

2011年度の3人の講師の担当内容の区分けは，学術英語，文化英語，歴史／政治の英語であった。歴史と政治の英語が新しい展開であるが，このような「堅い」英語をしっかり操作できるようになることは，学術に資する目的で英語を学ぶ者にとって，学習や訓練の内容に含まれることが大変望ましいので，まずは歓迎できる内容である。

担当する教員は，ペンブローク・カレッジが選任する。これまでの研修の歴史の中で世話教員が関係者の許可を得て授業を見学した限りでは，研修生を盛り立ててより多く語らせる力量の感じられる教員が多い。その点ではペンブローク・カレッジ側の目利きには信頼が置ける。

いずれの授業においても，研修生にしてみれば，あらゆる機会をとらえて担当教員に語りかけ，自分をしっかり覚えてもらえるようにアピールすることが大切である。発言してこそ授業に参加できていると言えるという英語圏の文化をここでは学んで欲しい。極端な言い方をすれば，とにかく手を挙げ，あてられてから発言の内容を考えればよいというつもりでもよい。

課題も多く，世界標準のかなりきつい授業である（研修生のレポートから：弱音を吐きたくなる場面もあったが，歴代の先輩方が経験してきた厳しさを我々も乗り越えることができてよかった）。その成果か，食堂では仲間同士でも英語で話すようになるグループも出てくる。

① 学術英語

九州大学の英語科目の目標は学術英語であり，学術を修める手助けにするた

めの英語学習ということになるが，本研修もその九州大学での英語教育に資する目的を持っているため，現地研修で実施される英語科目もその中心は学術を目的としたものになる。

学術英語を看板に掲げた科目では，学術的な書き物を適切に書くための訓練や単語・表現の学習，論理的に考え議論を行う訓練といったものが多く含まれることになる。基本的には毎回アカデミック・ライティングの課題が出される。

中には単純作業に近いものもある。単語を覚える，学術的作文に適切な表現と日常的な表現を対照させて覚える，例文を作りながらディスコース・マーカー（*however, on the contrary* のような，論理展開を表すつなぎ表現）を覚える，といったものがそうである。

しかし，担当教員の力量により，かなりの部分が楽しい訓練に仕立てられている。例えば，グループ内で必ず嘘をつく人を決めて質問を受け，嘘つきが誰であるかあててもらうタスクなどがある。また，漂流している船に乗っている様々の職業の人々のうち，沈まないようにするのに誰を放り出すことにするかのブラックなディスカッションなども，非現実のロールプレイとして楽しい。あるいは，ある事件を想定し，それについての裁判を演じる法廷劇なども面白い。教員から与えられた設定のもとに，かなりの準備をして用意をしなければ上演できず，判事，陪審員，原告，被告などに分かれての本格的なものである。2011年組の場合は，大学で剽窃（plagiarism）を犯した学生の行動についてがテーマとして与えられた。担当講師は法学を修めた方なので，かなり厳しい準備が必要であっただろう。また，これに刺激を受け，法学部等からの研修生が，PAの手配により，ケンブリッジ市内の裁判傍聴を試みた例もある。

最後の授業ではプレゼンテーションが課される。その準備のため，主題を決めて街頭インタビューを試み，地元の人々の意見を調査しなければならない。外国で見知らぬ人に声をかけ，手早く用件を伝え，回答をもらわなければならないので，勇気と機転が必要である。また，グループ内でしっかり分析した上で取りまとめ，最後はスクリーン投影用のプレゼン資料を制作しなくてはならない。昨今は高校で情報科目があるので，資料自体はかなり見栄えのするものが出来上がる。

その2011年の最後の授業を筆者は見学した。学生は3人，3人，4人で3つ

Q16：鉄道不通時の代行バス停の位置を聞くには何と言いますか。

のグループに分かれている。第1グループのタイトルはQuality of Lifeで，日本人5名，外国人15名の回答比較をするものである。医療，教育，労働時間，といった質問項目によるアンケート結果が議論された。第2グループのタイトルはThe University of Cambridgeで，土地の方々がどれだけケンブリッジ大学についての知識があるかを調べた。項目は，カレッジの数，最も財政豊かなカレッジ，ノーベル賞受賞者の数，ニュートンのリンゴの木の場所，最古のカレッジ，最新のカレッジ，クロムウェルの頭部の埋められているカレッジである。結果の分析が発表された。第3グループのタイトルはSurvey on Concern in Japan（ConcernよりInterestがよい）で，日本の訪問回数，日本人の印象，今の日本の首相，日本のどの都市に将来行きたいか，サムライはいると思うか，何か日本語を知っているか，日本製のものを持っているか，日本に親しみを感じるか，日本のどんな文化にインパクトを感じるか，最も好きな日本食は何かという質問項目でのアンケートの分析であった。なかなか国際学会発表のようなてきぱきとした運びとはいかず，拙い場面も多いが，汗をかく体験をすることが大切である。

このように堅い主題の科目の中でも，研修生の口を開かせる工夫がちりばめられている。

② 文化英語

研修生が週末に各地を訪問した経験の中から話題を選んだ上で行う英国の歴史や文化に関係した話し合いを導入として，次第に用意された内容に移っていく。基本的には与えられた材料を読み解き（表等からの情報の取り出しも含む），意見交換やディスカッションを行うスタイルで進行する。

導入として，例えば，英国人の特質について学ぶ。レストラン等ではあまり苦情を言わずに我慢すること，控え目にものごとを語ること（understatement），天気に対するコメントで対話を始めること，列をよく作り我慢すること，バーゲンが好きなこと，長時間働くのが好きではないこと，皮肉が好きなこと，言葉によるユーモアが好きなこと，言葉と本音が異なることが多いこと，会話中の沈黙が嫌いなこと，田舎が好きなこと，どたんばまで動かないこと，よく謝ることなど。そうした情報を得た後で，英国人や日本人の特質について話し合う。

2011年の場合，この後にこの授業の本題に入った。最終的に授業の参加者

で1冊のジャーナルを制作する。そのために必要な準備や訓練が授業で行われる。ジャーナルは編集担当を2名置き，他のメンバーは寄稿する。内容としては，本の書評，ブログのレビュー，有名な絵を真似たパロディー写真，映画評，特集記事といったものについて2人1組で担当し，研修でのPA企画行事の評価については1人3つずつ記事を書き，1つずつが選ばれてジャーナルに掲載される。いわゆるプロジェクト型の授業である。

また，1人30秒程度でケンブリッジ内の好きな場所についての解説を発表する課題が与えられ，研修生は訪問ルートを考えながら発表順を組んでおく。それを扱う授業回では，街に出て，発表順にその地を回り，教員は1か所について30秒程度のビデオ・クリップを撮影する。編集後の姿を見るための上映会を，プログラムの最終試験実施後に行うのが通例となっている。

その他議論の話題としてはパーソナル・スペース，時間厳守，キスのマナー，ジェスチャー，余暇に何をするか，映画とテレビの暴力シーン，ある製品がすたれた背景など，文化的項目がずらりと並ぶ。こうして異文化を学ぶことが文化英語の目的の1つとなっている。全体で議論することもあれば，2人組を作って1対1で議論を進めることもある。

その他の内容について，過去の実施例をいくつか述べれば，まず詩作があった。いくつかの詩を鑑賞した後で，韻を踏むなどの最低限の条件を満たす詩を作ることが，最終的な課題として求められた。

また簡単な英国の文学史を概観することもあった。英語教師である筆者には，シェークスピア（Shakespeare）やブロンテ姉妹（Brontë Sisters）やワーズワース（Wordsworth）は基本であるが，ほとんどの研修生にとっては新しい世界なので，知的刺激を受けるものと思われる。

新聞英語を扱うときもあった。実際の英字新聞を見ながら，新聞英語の特徴についての説明があった後，見出しから内容を想像する訓練，新聞風にニュースを短い表現で表す訓練などを行う。

さらに，英国に留学する場合に受験するIELTSという国際英語検定試験に関する説明があることもある。

③　歴史／政治の英語

これは2011年に新規に実施されたものであり，2012年には実施されていないので，他の科目に比べ記載できる内容は少なく，概略を記すのみとする。

Q17：入口で人とかちあったら何と言って譲りましょうか。

まず授業の冒頭で，ロンドンの歴史中心の授業とするか法律・政治を中心とした授業とするかを研修生が決める。
　法律・政治を中心とした場合には，英国の政治・法治のシステムについての話が中心になる。筆者が見学した授業日では，英国の立法や政治のシステムについて，様々なタイプのエクササイズを通して理解を深めていくことを基本としていた。その中で民主主義とは何か，政党とは何かといったことも考えていく。作業としては，法案可決プロセスの各ステップの並べ替えといった知的作業が多く含まれる。その他の授業日では，閑話休題的に，政治を批判したオペラを聞いて穴埋めをする作業などもあった。また，専制主義とは何かといった話題についてのディスカッションが毎回あった。
　ロンドンの歴史を中心にした場合には，ローマが支配した時代，アングロ・サクソンが支配した時代，ノルマン朝の時代，チューダー朝・スチュアート朝の時代，18世紀以降の時代と区分して，担当することになった部分につき，最終的に原稿なしでプレゼンができるように，資料を読み解いたり，調査をしたりといった作業を行う。その他の作業の例としては，例えばロンドンのミレニアム・ブリッジについての資料を読み教員の質問に答える，二手に分かれて19世紀20世紀のロンドンについてのクイズ合戦をするなどが挙げられる。
　そうした授業の進行の中で，いろいろな形の演習が挿入される。サイコロでテーマと時間を決めてスピーチを行うのもその1つである。同じ資料の異なる箇所に虫食いがあるものを持った同士が，相手に質問をしてその回答により穴埋めをしていくといったものもそうである。この他，2枚の類似の絵を互いに見せずに言葉で情報を交換して相違点を当てるタスクなども楽しい。英語ならではの熟語（call a spade a spade（ありていに言う），a happy medium（妥協），dig in one's heels（自分の意見を譲らない）等）を習ったり，文法指導があったりもし，演習内容の豊かな授業である。
　研修生には慣れないタイプの英語訓練であることは間違いないが，チャレンジングなものに挑戦することが成長をもたらすのであり，確固たる存在価値のある授業である。2013年以降にどうなるかはわからない。
　④　写真コンテスト，ニュース・フィルム
　さらに，時間外の課題として，写真コンテスト，ニュース・フィルム，ビデオ・クリップの制作が加わることがある。どの科目でこれらについての説明等

A17：After you.（Go ahead. とも）

があるかは年によって異なる。制作にあたって現地の人々の助けを借りるのに英語を駆使する必要があるので，英語科目の一環とみなすことができる。出来上がった作品については，写真であれば最後のフォーマル・ホールの直前の修了式の後で披露され，ニュースやビデオ・クリップについては特別に時間帯を設定して全員で鑑賞するのを通例としている。年によっては制作に時間がかかり，仲間といっしょに徹夜の作業をするなど，強烈な思い出に残るものになることもある。日本でもこれだけ熱中してくれるなら，英語授業もどんなに身のあるものになるだろうかと考えさせられてしまう。

⑤ 過去の担当者

過去の担当者を，筆者とペンブローク・カレッジ国際プログラム・オフィスの資料の限りで記し，記録としておく。

- 1996 年：不明
- 1997 年：Ms Catherine Beaton, Ms Linda Baer, Mr Gideon Malone
- 1998 年：Ms Francesca Woodburn, Ms Jenny Varney, Ms Sally Henderson
- 1999 年：Ms Cessi Woodburn, Mr Chris Henton, Mr Gideon Malone
- 2000 年：Ms Ros Millis, Mr Alion Cane
- 2001 年：Ms Alison Tomura, Ms Anna Barnes, Ms Leyla Tureli, Ms Judith Braid
- 2002 年：Ms Emily McMullen, Mr Ros Mills, Ms Mary Woolley
- 2003 年：Mr Sthen King, Ms Katie Roberts, Ms Mary Woolley
- 2004 年：Ms Katherine Wells, Mr Mick Gammidge, Ms Ros Mills
- 2005 年：Ms Katherine Wells, Mr Gonzalo Melchor
- 2006 年：Ms Jacqueline Thomas, Ms Stephanie Cross
- 2007 年：Ms Jacqueline Thomas, Ms Jenn MacDonald
- 2008 年：Ms Jacqueline Thomas, Ms Jenn MacDonald
- 2009 年：Ms Jacqueline Thomas, Mr Peter Evan
- 2010 年：Mr Peter Evan, Ms Bridget Vincent
- 2011 年：Ms Jacqueline Thomas, Ms Sharyn Meade, Mr Michael Gilbert
- 2012 年：Ms Hilary Day, Ms Lucy Maciejowska

Q18：食品パッケージにある best before って何のことでしょう。

6.10 専門科目

6.10.1 開講の目的

　本研修はかつて「ケンブリッジ大学英語研修」と称していたが，現地研修には専門科目もあり，世界の学問の牙城を舞台とするため，学術一般に対する意識を高めてもらうことも目的としており，2009年組から「ケンブリッジ大学英語・学術研修」と名乗るようになった。英語の端的な力をつけるだけの目的であれば，日本国内のスパルタ塾にでも通った方が経済的であろう。しかしこの研修では英語だけのつもりで参加することは許されない。面接の際にその点は徹底しているつもりである。

　従って現地研修における専門科目は，学術一般への誘いを目的としたものであり，またケンブリッジという世界でも有数の学府を舞台とした学術講義を体験して欲しいという世話教員側の意図も反映したものである。

6.10.2 開講科目と担当教員

　研修生は様々な学部から集まるので，現地研修での専門科目は，人文科学，社会科学，自然科学の3つを用意しており，その中から1科目を選択してもらう。4〜5月頃に希望順位を研修生から提出してもらうが，大多数の研修生は第1希望が叶い，第3希望に割り当てられるケースはごくまれにしかない。

　担当講師はケンブリッジ大学に籍を置く教員や研究者，もしくは同大でPh.Dを取得したか博士課程に在籍している方となっている。例年どの講師もフォーマル・ホールに出席してくださることが多く，また研修生と接する機会を多く持ってくださる。

6.10.3 人文系専門科目

　人文系専門科目は，これまで長いこと『ケンブリッジの美術と建築（Art and Architecture in Cambridge）』が実施されてきている。

　合計12時間程度となっているが，少なくとも初回が教室での授業となることがある他は，現地へ出かけて実物を前にしての講義となる。担当は長いことサラ・ベイリス博士（Dr Sarah Baylis：ケンブリッジ大学でPh.Dを取得）にお願いしてきている。現地研修が行われるケンブリッジについて，建築や美術の観

A18：賞味期限のこと。例えばBest before 31/03/2013.

写真29　英語科目：授業風景　　写真30　美術と建築：授業風景

点から理解を深める授業となっている。

2011年の場合の各授業回の内容は以下のとおりである。

① 導入

第1回。自己紹介やケンブリッジの印象についての話し合いから始まって，授業の概要説明，各授業回の集合地点の説明，ノートの取り方と関連語彙の増やし方の説明がある。

② キングズ・カレッジ・チャペルと聖メアリー教会

第2回。King's College Chapel と Great St Mary's Church が見学先。内容としては，キングズ・カレッジに関して，イングランドの建築におけるゴシック様式の進化，キングズ・カレッジの創立と街への影響，チューダー朝の歴代の王とキングズ・カレッジの建築物を扱い，聖メアリー教会については，ユニバーシティ・チャーチ（University Church）としての役割，建造物を通しての信仰（洗礼盤（font），説教壇（pulpit），祭壇（altar），聖書台（lectern）等）を扱う。この他，ケンブリッジの街としての発達にも言及する。

③ フィッツウィリアム博物館

第3回。The Fitzwilliam Museum が見学先。ここでのテーマは，19世紀の新古典主義による建築（柱の様式等），創立者フィッツウィリアム子爵，ヨーロッパ大陸巡遊旅行（grand tour：英国貴族の子弟が教育の終わりに行った旅行），英国における芸術品の収集家と鑑定家および鑑賞力の重要性，英国の絵画と彫刻である。たまたま筆者はこの回を見学させてもらったのだが，実際に建築物や彫刻や絵画を目の前にしての解り易い解説があり，どのように作品を読み解

Q19：粘って値切るのにいい表現はないでしょうか。

くかを考えるきっかけとなり，またケンブリッジもしくは英国における美術の特質についての理解が進む講義であると感じた。

④　ペンブローク・カレッジ・チャペル，栄誉の門，評議員会館

第4回。ペンブローク・カレッジ・チャペル（Pembroke College Chapel）と栄誉の門（The Gate of Honour）と評議員会館（Senate House）が見学先。ペンブローク・カレッジのチャペルについては，建築における古典主義の進化とクリストファー・レン（Sir Christopher Wren）の生涯が扱われ，建築物の部分の名称の講義があった。評議員会館については，他の近隣の建築物との相違が指摘され，その役割の解説があった。栄誉の門については，様々な建築様式を混合したコスモポリタン的な様式を持っており，その解説があった。

⑤　ケンブリッジ民俗博物館

第5回。ケンブリッジ民俗博物館（Cambridge & County Folk Museum）が見学先。ローマ人の居留から現在までの街の歴史，地元の産業と交易，街と大学の関係，近郊の低湿地域（Fenland），地元の要人（20世紀半ばに館長を務めた郷土史家のイーニッド・ポーター（Enid Porter）と，*Hobson's choice*（選択の余地のない状態の意）という表現に名前が残っている16-17世紀の運送業者のトマス・ホブソン（Thomas Hobson））が扱われる。

⑥⑦　トリニティ・カレッジ図書館，ケトルズ・ヤード

第6回と第7回の連続。トリニティ・カレッジのレン図書館とケトルズ・ヤード（Kettle's Yard）が見学先。トリニティ・カレッジ図書館については，そのデザインと設計者であるクリストファー・レンについて扱われる。中はアイザック・ニュートンの遺髪，『プリンキピア』の原本，A. A.ミルンの『熊のプーさん』の原稿などが日本でもおなじみのところだ。ケトルズ・ヤードでは，所有者のジム・イード（Jim Ede），20世紀の芸術家・彫刻家のブルンクシ（Constantin Brancusi），ベン・ニコルソン（Ben Nicholson），ヘップワース（Dame Barbara Hepworth），ゴディエ＝ブゼスカ（Henri Gaudier-brzeska），ウィリアム・コンドン（William Congdon），アルフレッド・ウォリス（Alfred Wallis）について扱われ，生活様式として芸術品を収集・陳列しケトルズ・ヤードに住むことについて言及される。

⑧　グレート・セント・メアリー教会（聖メアリー教会）

第8回。University Churchたる聖メアリー教会へ出かけて，それまで7回

の授業を通して見聞してきたことの復習を行う。塔の上からはケンブリッジ市街が一望のもとである。

6.10.4 社会系専門科目

伝統的に近代英国の社会と歴史に焦点をあてた講義が展開されてきている。2011年の講義題目は、『1800年以降の近代英国の成り立ち（The Making of Modern Britain）』というもので、他の専門科目と同様の合計12時間程度の授業時間数で成り立っている。2011年の講師は、2010年に引き続き、2009年まで数年にわたり九大グループのProgramme Assistant（当時の名称はTeaching Assistant）を務め、博士課程に在学中のアレックス・ミドルトン氏（Mr Alex Middleton）である（2012年度に担当されるときはPh.D取得済）。英国の歴史を研究している専門家で、気さくな人柄で受講者をひきつけている。基本的に講義ではあるが、学生に質問を投げかけながら進む形式をとる。

① 導入

第1回。授業方法や試験についての説明があり、基本項目について言及がある。それらの一部を紹介しておく。1800年当時の英国の課題、2011年における英国の課題、英国における4つの国、憲法、君主、政府、庶民院、選挙法改正、貴族院、政党制、首相、総選挙、連立政権、国家公務員、英国国教会、新教徒（non-conformist）、オックスフォードとケンブリッジ、BBC、出版、階級、世界での英国の役割、英国の性格。

② 最初の産業化国（The First Industrial Nation）

第2回。扱われる項目を順に追っておく。なぜ英国で発生したか（帝国、経済的安定、戦争、平和、石炭、教育、水力）、人口の顕著な増加、都市化、マルサスの罠（Malthusian Trap）、農業革命（牧畜、囲い込み）、交通革命（有料私有道路、運河、鉄道、蒸気船）、産業技術（ニューコメンの蒸気ポンプ、ワットの蒸気機関、アークライトの水力紡績機、ハーグリーブズのジェニー紡績機、クロンプトンのミュール紡績機）、工場のシステム、子供の労働、鉄橋、1851年の万博、反対派（ラッダイト、シャフツベリー卿、ラスキン、カーライル）、第2次産業革命。

③ 大英帝国（The British Empire）

第3回。扱われる項目は以下の通りである。帝国（主義）の定義、帝国発生

Q20：色違いの商品の有無を尋ねるには何と言いましょうか。

の原因，2種類の帝国（移民先と支配地），アメリカと西インド諸島，アメリカ独立戦争，インドへの進出，キャプテン・クックと豪州・新西蘭，囚人植民地，ナポレオン戦争，19世紀の帝国支配，帝国と交易，アボリジニ問題，帝国の技術，帝国と情報，帝国の人種イデオロギー，布教の失敗，西インド諸島と奴隷，インド大反乱，アフリカへの進出，ボーア戦争，植民地の独立運動，スエズ動乱，帝国の国内問題，帝国と経済，帝国と政治，コモンウェルス。

④　ヴィクトリア朝の芸術革命（Artisitic Revolution in Victorian Britain）

第4回。フィッツウィリアム博物館に出かけての屋外講義であった。扱われる項目は以下の通り。風景画，ジョシュア・レイノルズ（Joshua Reynolds），トマス・ゲインズボロ（Thomas Gainsborough），ホガース（William Hogarth），ラファエル前派，ダンテ・ロセッティ（Dante Gabriel Rossetti），産業化への批判（貧困，労働者を描く），アート・アンド・クラフト運動（ウィリアム・モーリス（William Morris）），そして中世主義（バーン＝ジョーンズ（Sir Edward Burne-Jones））。

⑤　ヴィクトリア朝の宗教と科学（Religion and Science in Victorian Britain）

第5回。大きな変化と人々の反応をたどる。扱われた項目は以下の通り。福音主義の復活，高教会派・低教会派・広教会派，オックスフォード運動，国教反対派，カトリック，ライエルと地質学革命，恐竜と古生物学，進化論，ダーウィン，専門化，骨相学，催眠術，降霊術，無神論。

⑥　英国のスポーツ（British Sport）

第6回。スポーツから英国文化を学び，なぜヴィクトリア朝時代に組織化されたのか，それがどのように世界に輸出され形態が変化したかを探る。取り上げた項目は以下の通り。スポーツの組織化（産業革命，パブリック・スクール），スポーツと階級（労働者階級にルールを，階級で異なるスポーツ），スポーツと帝国，サッカー（オックスブリッジで組織化，植民地では独自ルール），ラグビー，イートン校のウォール・ゲーム，クリケット，テニス，競馬。

⑦　教育と大学（Education and the Universities）

第7回。パブリック・スクール，公立学校，大学に分けての講義となる。パブリック・スクールでの項目は，創立時の趣旨，19世紀における変化，イートン校（Eaton College），ハロー校（Harrow School），ウィンチェスター校（Winchester College），ラグビー校（Rugby School），スポーツ，fagging（下級

生を下働きに使う），カリキュラム。公立学校での項目は，大衆教育，日曜学校，工場内学校，貧民学校（Ragged School），1870年初等教育法と Board School（公立小学校），1902年の改定と County Council School，1944年の改定と Comprehensive School。大学での項目は，オックスブリッジ，ケンブリッジ大学（トリニティ・カレッジ，セント・ジョンズ・カレッジ），オックスフォード大学（クライスト・チャーチ，モードリン・カレッジ），入学，カリキュラム，試験，学生生活，ケンブリッジ大学と女性，スコットランドの大学，ロンドン大学，赤レンガ大学，ポリテクニック，出身高校問題。

⑧ 20世紀の英国（Britain in the Twentieth Century）

第8回。この回は筆者が見学した。取り上げられた項目は，ヴィクトリア女王からエドワード7世へ，第1次世界大戦，兵士募集広告（英米の違い），銃後の英国，アイルランド独立運動，1926年のゼネスト，ジャロー十字軍（Jarrow Crusade），第2次世界大戦，徴兵，配給制，労働党政権，貧困から比較的豊かに，消費革命，ティーンエージャー，テレビの登場，エリートへの反発，文化の革命，建築の革命，Festival of Britain 1951，サッチャリズム，フラワー・パワー（Flower Power），新しい労働党（New Labour），2010年代。授業後半は試験対策としてサンプルの問題を検討するなどした。

6.10.5　自然系専門科目

2011年には，2010年までの『天文学』に代わり，『ケンブリッジにおける科学（Science at Cambridge）』が設定された。それまでの一定の範囲の学問領域に絞った講義から，科学全般の広い話題を扱う一般的な科目に変更されたわけだが，このような科目としたのは，せっかくケンブリッジ大学で現地研修を行うわけなので，それを活かすことができるように施設見学をすることなどが十分できるようにと期待してのことでもあった。

この科目は，他の2つの講義科目と同様，12時間分の授業と1回の試験とで構成される。担当はホマトン・カレッジ（Homerton College）のポール・エリオット博士（Dr Paul Elliott）であるが，博士は生物学が専門であるため，授業回によってはお知り合いの研究者に助力を仰ぐ。参考までに，2011年における内容は以下のとおりであった。

Q21：試着室の位置を聞く時は何と言いますか。

写真31　自然科学科目：
　　　　古い大学附属天文台を見学

写真32　社会系科目：授業風景

① 導入

担当教員の自己紹介があった後，コースの導入として重要な科学者を輩出したカレッジや学科等を見て回った。訪問先はトリニティ・カレッジ，クレア・カレッジ，ミュージアム・サイトにある諸学科等。

② 天文学

第2回。この回は筆者が見学したので，幾分詳細を述べることができる。まず，セルウィン・カレッジの室内に設置された，空気で膨らませるタイプの簡易プラネタリウム（スター・ドーム）の中で，このプラネタリウムによる出前プレゼンを得意とする王立天文学会メンバーから，ケンブリッジ大学で天文学の研究をしている3つの部局の紹介，アイザック・ニュートン以降のケンブリッジ大学の歴史上の天文学者の紹介があった後，プラネタリウムで星空を投影しながら，星座や星に関する概説があった。次に，プラネタリウムを出て，3D映像により，星の大きさと特性の比較の講義があった。このあとタクシーに分乗し，セルウィン・カレッジから天文学研究所（the Institute of Astronomy）へ移動する。

天文学研究所ではまず，1838年に設置され現在では研究用の観測には使用されていない古い望遠鏡ドームの内部の見学を行った。ドームの開閉や移動を手動で行う古いタイプの天文台として保存されているもので，焦点距離が19フィート6インチという大型である。現在でも使うことができる。望遠鏡の後は，研究棟の内部を簡単に見学した。ここでこの研究棟にある「カフェ」につ

いて研修生に語ってもらおう。「日本の大学とは違う研究空間に憧れを覚えた。最も印象に残ったのは施設に必ずある「カフェ」である。施設の案内をしてくれた人たちいわく，素晴らしい研究者がケンブリッジから輩出されるのはいろいろな人と話し合いをすることを大事にするから，だそうだ。」

この回の授業については鈴木（2012）を参照。

③　ニュートンとロケット科学

第3回。第2回目の授業では他の方々に説明役を務めてもらったため，担当講師より招待があってこの回も筆者が見学した。学生時代にパンティングのアルバイトをしていた講師が，パンティングをしながらニュートンの生涯と基本的な発見について講義した。舟を降りると，ニュートンの発見した原理を確かめるために，空地で，ペットボトルに水を入れ，空気入れで空気を入れたロケットを飛ばす実験を行い，他にいくつかの実験を野外で実行した。

④　化学工学

第4回。講義室で，化学工学が何に使われているかの概説があった。取り上げられた例は，英国で使われている携帯カイロ，チョコレートの低温液状化（低温で整形できればコストが下がる），脂肪分の少ないチーズ，zebra musselという貝の駆除方法（毒を好物で囲み食べさせる）など。キーワードはコスト削減とスピーディな効果と複数の解決方法の開発といったところである。その後ペンブローク・カレッジ近くの化学工学科（Department of Chemical Engineering）の研究室，ミーティング・ルームを見学した後，そこで行われている研究の簡単なブリーフィングがあった。

⑤　クルード（Cluedo）

第5回。担当講師が講義を担当しているアングリア・ラスキン大学（Anglia Ruskin University）を訪問し，犯罪捜査に使われる科学技術である指紋鑑定，血液鑑定，DNA鑑定等の技術について学んだ。そして架空の犯罪を設定し，様々なデータの提示があって，それらをもとに犯人を割り出すことが宿題として課された。クルードというのは，研修生が殺人事件の登場人物となって犯罪にかかわる手がかりを得て犯人を突き止めるゲームのことである。

⑥　進化とセジウィック・サイトの博物館

第6回。まずは教室で進化論の講義を聞く。担当講師の専門分野が生物学であるから，周辺科学分野に寄り道して，最後に専門分野にたどり着いた形であ

Q22：購入の意思を伝えるには何と言えばいいでしょう。

る。大変わかりやすい例を出して自然淘汰に関する解説があった。その後ペンブローク・カレッジの隣のサイトにある地学博物館（Museum of Earth Science）を見学，25 ほどの質問項目をもらって，答えを博物館内で探すウォーク・ラリー方式で授業が進められた。

⑦ 植物学と附属植物園

第 7 回。ペンブローク・カレッジから南へ歩 15 分ほどにある附属植物園に出かける。広大な敷地の中に様々な植物があるのだが，見学するものを絞り，食虫植物，天井から釣り下がるジャガイモなど，特徴のある植物についての知識を増やした。

⑧ 生物多様性と動物学博物館

第 8 回。ペンブローク・カレッジの隣のサイトにある動物学博物館（Museum of Zoology）を見学，20 ほどの質問項目をもらって，答えを博物館内で探すウォーク・ラリー方式で授業が進められた。第 6 回目のものとあわせて回収され，教員の採点の結果，トップの成績を収めた者には賞品が出るという趣向であった。

これら 8 回の授業を通して，ほんの概略ではあるが，多くの科学者を輩出したケンブリッジ大学での，世界最先端の研究の現場やその歴史に触れる。限られた部分について突っ込んだ講義をする授業ではないが，それは恐らく日本でも出来ることである。せっかくケンブリッジ大学に来ているからには，現場の荘厳なアカデミズムを肌で感じさせ，科学に対する理解を促進して憧れを抱かせ，海外の拠点で勉学する意欲を持ってもらうことが大切である。

6.10.6 PA による復習セッション

正規の授業に加えて，PA たちが，半ば当然のことのように，試験の準備のため，各専門科目についての復習セッション（revision）を企画してくれる。PA は 3 名いて，3 つの専門科目に 1 人ずつ参加しており，試験対策として，授業内容の要約や重要ポイントの解説などをしてくれる。このセッションは通常試験日の前日の夕方以降に企画される。

6.10.7 試験

3 つの専門科目についてそれぞれ試験を実施する。試験時間は 60 分から 90

分程度となるのが通例である。3つの科目の試験は同時に1室で行われる。試験の形態は筆記試験だが，必ず論述（essay）の問題が含まれ，重視される。資料や辞書，ノート等の持ち込みはできない。

　試験の内容は公開すべきものではないので，詳細は述べることができないし，年によって内容が変化する。そこでここでは例として，2011年組の試験の形式について，科目毎に概略を述べることにする。

　人文科学系の『ケンブリッジの美術と建築』の試験は，全体が2つの部分で構成され，数行程度で答える問題が1題10点で5題，4題のうちから2題（1題25点）を選んでそれぞれ論述する問題があった。短い方の問題は，授業で扱われた人物，様式などをきちんと整理しておけばできるはずの問題ではあるが，取り組み方がいい加減だったり，やまをかけるような勉強しかしていないと苦戦するであろう。論述の方の問題は，1つ1つ見て回った芸術品や建築の，個々の詳細も必要であろうが，それらを総合したときに見えてくる特徴や流れといったものをつかみとるような勉強を心掛けていないと，なかなか書けるものではない。学んだことが自分のものになっているかどうかが問われると言えよう。

　社会科学系の『1800年以降の近代英国の成り立ち』の試験は，10の選択肢が与えられ，その中から2題（1題50点）を選択し，論述するものである。授業の中ではテーマごとに話が進むため，各テーマに関する歴史の流れが見えてくるので，取り組みやすい試験のように見えるが，1題につき45分として期待されているだけの分量を英語で記述すること自体が，研修生にとってはこれまでに稀な経験であり，なかなかタフである。内容についても，授業や復習を通じて，きちんと歴史の流れが浮かんで見えてくるまで自分自身のものにしておかないと，その場限りのはずみで何とかなるようなものではない。

　自然科学系の『ケンブリッジにおける科学』の試験は，全体が3つの部分で構成され，四択問題が1題1点で20題，短文での解答問題が1題2点で15題，そして3題から2題選んで書く論述問題が1題につき25点配点される。四択問題は，授業で扱われた項目，訪問した場所，関係する科学者や理論等についての知識を問う問題で，きちんと授業を聞いていればわかるはずだが，こなす分量が多いこと，英語が介在することで，一筋縄では行かないという印象を持つ。短文解答問題は，解答方法が変わるだけで，基本的には四択問題と同

Q23：レストランでは何と言って御勘定を呼びかけましょうか。

種の知識を尋ねている。論述問題は長さが無制限で，かなり一般的な問題の出し方となっていて，講義をテーマごとに大つかみに理解し考える作業をしておかないと，意外に難しい。

　試験と修了式の間には3時間ほどしか時間がないため，担当教員が直ちに採点して最終成績を算出するということはできない。成績は帰国後に世話教員のもとへ送付される。

6.10.8　過去の専門科目

　筆者とペンブローク・カレッジ国際プログラム・オフィスの手元に残っている資料の限りで，過去の専門科目を記録のために挙げておく。

- 1996-1997年
専門科目は未開講
- 1998年
1) A Brief History of Britain (Dr Alan Dawson)
2) Text and Film in the 19th and 20th Centuries (Mr Gideon Malone)
3) English Art and Architecture: A Cambridge Perspective (Mr Richard Swift)
- 1999-2002年
1) Horror Stories and Histories: Gothic Text and Film in the Nineteenth and Twentieth Centuries (Mr Gideon Malone)
2) Tradition and Innovation in British Art and Architecture (Dr John Maddison)
3) Youth and Society in the Post-war Britain and Japan (Dr Sharon Kinsella)
- 2003-2004年
1) Horror Stories and Histories: Gothic Text and Film in the Nineteenth and Twentieth Centuries (Mr Donny O'Rourke)
2) Art and Atchitecture (Dr David Oldfield)
3) Western Perspectives of Japan (Dr Margaret Hillenbrand)
- 2005年
1) Horror Stories and Histories: Gothic Text and Film in the Nineteenth and Twentieth Centuries (Mr Donny O'Rourke)

第 6 章　現地研修

2) Buildings, Lives and Legacies: Art & Architecture in Cambridge (Dr Sarah Baylis)
3) Euro-American Perspectives of Japan (Dr Sharon Kinsella)

- 2006 年

1) Distinguishing Features: Modern Britain through its Films (Mr Donny O'Rourke)
2) Buildings, Lives and Legacies: Art & Architecture in Cambridge (Dr Sarah Baylis)
3) Western Perspectives of Japan (Dr John Weste)

- 2007 年

1) Buildings, Lives and Legacies: Art & Architecture in Cambridge (Dr Sarah Baylis)
2) Western Perceptions of Japan (Mr Jon Grossman)
3) Astronomy: Unveiling the Universe (Dr Robin Catchpole)

- 2008 年

1) Buildings, Lives and Legacies: Art & Architecture in Cambridge (Dr Sarah Baylis)
2) Understanding Contemporary America (Mr Alex Orquiza and Mr Tony Craig)
3) Astronomy: Unveiling the Universe (Dr Robin Catchpole)

- 2009 年

1) Buildings, Lives and Legacies: Art & Architecture in Cambridge (Dr Sarah Baylis)
2) Understanding Contemporary Britain (Dr Tony Craig and Mr Alex Middleton)
3) Astronomy: Unveiling the Universe (Dr Robin Catchpole)

- 2010 年

1) Buildings, Lives and Legacies: Art & Architecture in Cambridge (Dr Sarah Baylis)
2) The Making of Modern Britain: 1800-present (Dr Tony Craig and Mr Alex Middleton)
3) Astronomy: Unveiling the Universe (Dr Robin Catchpole)

- 2011 年

1) Buildings, Lives and Legacies: Art & Architecture in Cambridge (Dr

Sarah Baylis)
2) Understanding Contemporary Britain: since 1800 (Mr Alex Middleton)
3) Science at Cambridge: Past, Present and Future (Dr Paul Elliott)
・2012 年
1) Buildings, Lives and Legacies: Art & Architecture in Cambridge (Dr Sarah Baylis)
2) The Making of Modern Britain: Since 1800 (Dr Alex Middleton)
3) Science at Cambridge: Past Present and Future (Dr Paul Elliott)

6.11　その他の公式行事

6.11.1　レセプション

　現地研修では，研修中に 3 回あるフォーマル・ホール（Formal Hall）の前に，30 分ほどの設定でレセプションが行われるが，食堂スタッフの方に，赤白のワインや，炭酸入（carbonated）や炭酸なし（still）のミネラル・ウォーターを，好みに応じて注いでもらい，立ったまま，研修生，PA，プログラム・ディレクターの先生，随行教員，その日に都合よく参加していただける関係教員，その日のフォーマル・ホールに呼ばれているゲスト（ペンブロークのサマー・プログラムに来ている他校の引率教員等）などが，グラスを片手に語り合う時間である。フォーマル・ホールに備えて，正装で臨む。場所は，晴天であれば図書館前の芝生内で行われることが多い。この芝生（Library Lawn）は普段立ち入り禁止であるが，レセプションの時は立ち入りが許される。雨天の場合は，オールド・ライブラリー（Old Library）やトマス・グレイ・ルーム（Thomas Gray Room）などの屋内で実施される。

　到着日翌日に行われる第 1 回のフォーマル・ホールの前では，集合写真を撮ってからのレセプションとなり，第 3 回のフォーマル・ホールでは，途中で修了証授与式が入るため，全体として 45 分程度かかる。

6.11.2　フォーマル・ホール

　フォーマル・ホール（Formal Hall）というのは正式な様式により行われる晩餐会のことである。いわゆるハリー・ポッターの世界であるが，ケンブリッジ

第6章　現地研修

写真33　レセプション

写真34　フォーマル・ホール

大学のカレッジの中でも，行っているところが少なくなっていると聞く。
　レセプションの後，ホール（食堂）へ入るが，長細いテーブルの中央にホストであるプログラム・ディレクターの先生の席があり，その他は座席の指定が特になく，学生以外は主にプログラム・ディレクターの指示によってなるべく離れて着席し，残った席に学生が座る。テーブルの上にはキャンドルが灯され，はじめから薄暗い室内は独特の雰囲気になる。ところどころに本日のメニューの表が置かれていて，記念に持って帰る研修生もいる。
　着席すると，前菜から料理が運ばれてくる。普段食堂の係を勤めているスタッフが，高級レストランばりの立ち居振る舞いでサーブしてくれる。赤白のワインも注がれる。日本と異なり，いわゆる「いただきます」の挨拶もなく，どこからともなく食事が始まる。料理の品質の方は，普段食堂で提供されるものとあまり変わらないが，時々ハッとするようなおいしさのものも含まれる。事前研修で一通りテーブル・マナーの講習をしているので，自分から見て左右どちら側のグラスを使い，どちら側のパンを食べたらよいか迷うような研修生はいない。
　フォーマル・ホールで大切なことは，とにかく隣り合わせた者同士で話をすることである。学生たちは，ペンブローク側スタッフの方々ととにかく身のあるおしゃべりを楽しむ。英国人は食べ物ごときに注意を払わずに知的対話に夢中になるがごとく振る舞うのをよしとするといった記述をよく目にするが，とにかくよく話す食事会となる。
　メインの料理が運ばれるが，時に他の方々とは別のものをお召し上がりにな

Q25：レストランで注文と違うものが来た時には何と言いましょうか。

る方に出会う。これはベジタリアン用のメニューで，食事が始まるときに，プログラム・ディレクターから食堂スタッフに要請がある。その場でベジタリアン用のメニューに切り替えられるわけで，フォーマル・ホールでは常にベジタリアン用のものも用意してあるということになる。

　続いてデザートとコーヒー・紅茶となる。この時間になると，ホストがスプーンでグラスを打ち鳴らす。するとおしゃべりに夢中だった人々が一気に静まる。その変化は印象的。ここからホストによる挨拶等が始まる。

　最後にミント・チョコレートが出るのがペンブローク・カレッジのしきたり（英国ではよくある）らしい。包み紙にペンブローク・カレッジのクレスト（紋章）が描かれているので，よい記念となる。

　最後に散会が宣言されるまでは写真撮影および立歩きは禁止だが，宣言がなされた後は余韻に浸り，おしゃべりの続きをするグループ，記念撮影をするグループ，カレッジ内のパブに行くグループ，疲れて帰るグループ等様々である。

　フォーマル・ホールは，研修生にとって特によい思い出となる。他ではなかなか味わえない雰囲気であり，正装で臨む行事も珍しく感じられるであろう。ペンブローク側スタッフには，黒いアカデミック・ガウンを着用している方々もおられる。

6.11.3　ハイ・テーブル

　本来のホールにも仮設テントのホールにも，誰でも食事ができる区画の他，フェロー（fellow）と呼ばれる教員もしくは客人だけが食事のできるハイ・テーブル（High Table）という区画がある。サマー・スクールの期間中では最近中断されているが，以前は夏季にも夕方に頻繁にあった。そこでは別メニューでの晩餐会がフェローの主催で開催される。それがあった場合には，フェローや客人たちの入場に際して銅鑼が鳴らされ，一般区画にいる者たちは全員起立して迎え，ホストのフェローはラテン語により短い祈祷を捧げ，それが終わると全員着席となる。フェローたちは黒くて裾の長いアカデミック・ガウンに身を包んで現れる（映画『ハリー・ポッター』のスネイプ先生の姿を想像するとよいだろう）。フェローや客人たちの食事が済むと，再び銅鑼が鳴らされ，ラテン語での短い祈祷の後，彼らは別室へ引き上げる。

A25：This is not what we ordered.

筆者も過去にハイ・テーブルへ何度も招待されたが（こちらは礼服だけでガウンは持たないので着用しない），まずはその「別室」（シニア・パーラー (Senior Parlour) というフェローと客人専用の談話室である）へ出向き，あらかじめ参加者の自己紹介がある。国連大使とか，外務省の高官とか，米国の大学からの世界的研究者とか，筆者と比べて段違いに偉い方々に取り囲まれ，いきなり日銀総裁の最近のポリシーについてどう思うかとか，ソマリアでの学校復興について意見はどうか等々，世界の時事問題についての話に巻き込まれるので，大いに緊張する場面である。一歩間違えると針のむしろの大汗状態になる（実はこの状態を学生にもそれぞれ別の形でケンブリッジで経験して欲しいというのが，本研修を運営している目的の1つである）。そしてハイ・テーブルが終わってシニア・パーラーへ戻ると，このパーラー以外ではあまり見たことのない特製の葡萄酒（デカンタに入っているので銘柄は不明だが恐らく高級なポルト）が回される。回る方向その他作法にも伝統があるようだが，こちらはまわりの方々と同じ振る舞いをするだけで汲々となる。また，ペンブロークの刻印のある缶に入った甘味のないビスケット（Bath Oliver Biscuits）が振る舞われる。さらには特段豪華な果物のタワーがテーブルの真ん中に陣取っていて，慣れたフェローたちはぞんざいにそれらをほおばるが，こちらは下手に食べればただの下品になってしまうから困ったものである。頃合いを見計らって，夜いつ終わるともない2次会をお暇するのだが，フェローたちは社交にこれだけの時間をかけて，研究の時間や家庭生活はいったいどうなっているのだろうと思った。

6.11.4 クリーム・ティー

平日の授業の空時間にあらかじめクリーム・ティーの時間が設定される。通例ではトマス・グレイ・ルーム（Thomas Gray Room）に，ティー・バッグとポットに入ったコーヒーとお湯，スコーン（scone），クリーム，ケーキ，ティー・カップ，カトラリー（ナイフやフォーク類）が持ち込まれ，研修生とPAと世話教員，都合のつく関係教員，およびゲストが交流する場となる。

2011年の場合，ゲストは，ペンブローク・カレッジのプログラムに学生を派遣している明治大学のジェームズ・ハウス教授，1997年の第2回のプログラムの研修生で三菱重工業からペンブローク・カレッジに留学で派遣されてい

Q26：掘出物は何と言いますか。

た池松崇氏と夫人の桂子さん（この方は研修創設者廣田稔先生の御令嬢でもある）であった。過去を振り返ってみると，様々な関わりを持つ方々が広く招待されてきている。

　紅茶自体はティー・バッグでもあり，紅茶やスコーンの品質を楽しむというよりも，伝統的なお茶の時間を体験し，先生方やゲストの方々と交流することを主目的としたものである。

6.11.5　グランチェスター

　現地研修の期間中の週末の1日は，研修生全員と世話教員とプログラム・アシスタントとで，隣村のグランチェスター（Grantchester）へ出かけるのを恒例としている。恒例になる以前はバス旅行を実施していた。

　そのバス旅行について寄り道をしておく。1998年にはカンタベリー大聖堂（Canterbury Cathedral）とイングランドで最も美しいと言われるリーズ城（Leeds Castle），1999年にはオックスフォード（Oxford）とストラットフォード・アポン・エイボン（Stratford-upon-Avon），2000年にはペンブローク・カレッジが所有するフラムリンガム城（Framlingham Castle）を含むサフォーク（Sufalk）地方，2001年には焼き菓子で有名なベイクウェル（Bakewell）と領主の館であるチャッツワース・ハウス（Chatsworth House），2002年にはスタムフォード（Stamford）のバーレー・ハウス（Burghley House），2003年にはライジング城（Castle Rising）やホルクハム・ホール（Holkham Hall）を含むノーフォーク（Norfolk）地方，2004年にはロンドンのグローブ座（Globe Theatre）へ出かけた。しかし，残念ながら研修のコスト低減のため，それ以降のバス旅行は取りやめとなった。

　さて，グランチェスターという名前は，2つの部分から成り立っている。ケンブリッジという名前はケム川の橋という意味だが，このケム川は昔グランタ川と呼ばれており，これがグランチェスターの名の前半部分の由来である。後半のチェスターは，ローマが英国を支配した時代の宿営地の意味であり，他にも関係した地名は多い。例えばウェールズとの境に近いところにあるそのものずばりの名前を持つチェスター（Chester）は，ローマ時代の街道が行き着くところにある競馬や城壁やチューダー朝の町並みで有名な町である。その他，プレミア・リーグのチームと産業革命で有名なマンチェスター（Manchester）

第 6 章　現地研修

写真 35　The Orchard
（グランチェスター）

写真 36　The Orchard で集合写真

も同じである。ついでにボロ（borough）はアングロ・サクソン時代の砦・城市の意味で，エジンバラ（Edinburgh：burgh は borough の異形），スカボロ（Scarborough）などの例に見られる。

　ケンブリッジからグランチェスターまでは，ゆっくり歩いて 1 時間といったところで，はじめは木々の中の徒歩・自転車専用の舗装された小道を行くが，途中からはキングズ・カレッジが所有するグランチェスター・メドウ（Grantchester Meadow）という放牧地の中にあるケム川のほとりの自然の小道を，牛の落し物を避けながら歩く（雨の日には日本にいない黒い大型のナメクジが現れる）。自然河川のほとりの広々とした牧草地はのどかで，多くの人々が思い思いに憩っている。川にはケンブリッジでレンタルしたボートやカヤックを漕ぐ人々もおり，熱い日には川水浴客も多い。何もないといえば何もないこの田舎ののびやかなハイキングは，普段壮絶なペースでスケジュールをこなす日本の生活からは想像もできない御馳走である。空を見れば，コンスタブル（Constable）などの描く絵の中にあるような，日本と異なるように思われる大きな青空と逆巻く雲が見られる。

　グランチェスターは小さな集落であるが，最大の見所は果樹園を野外喫茶店としている The Orchard である。この果樹園には 19 世紀にケンブリッジ大学の学生が訪れ，ぜひここでお茶を飲みたいと懇願したところから始まったもので，現在では多くの人々が訪れる。大きなスコーンをクロテッド・クリーム（clotted cream）とジャムでいただくのを中心に，各種の紅茶，軽食の類があ

Q27：具体的な金額に負けてほしい時の表現はどうしますか。

245

る。リンゴの木々の下にテーブルとデッキチェアがあり，時期によっては時に蜂にジャムを狙われながら，自然との一体感を感じつつ，ワイルドにいただく。2010年には日本人女性がスタッフが加わっていた。

　グランチェスターは，グランチェスター・グループで有名である。1909年から1914年頃にこの地に集った知識人たちのことで，詩人のルパート・ブルック（Rupert Brooke），哲学者のバートランド・ラッセル（Bertrand Russell）とウィトゲンシュタイン（Ludwig Wittgenstein），小説家のE. M. フォースター（E. M. Forster）とヴァージニア・ウルフ（Virginia Woolf），経済学者のケインズ（Maynard Keynes），それに画家のオーガスタス・ジョン（Augustus John）で構成されていた。これらの偉人たちの活動に思いをはせながらの時間には意義深いものがある。敷地の内部にはブルックの小さな博物館もある。

　The Orchardの近くには彼の詩に登場する牧師館（vicarage）もある。他には趣のあるパブや，午後だけ営業する茅葺屋根の民家の喫茶店など，良い時間を過ごせる場所となっている。

　2010年までは現地で研修創始者廣田稔教授のグランチェスターについての講義（特に詩人ブルックの戦地からグランチェスターを思う詩）があったが，2011年からはハイキングへの出発前にカレッジ内で実施している。

6.11.6　世話教員の行事

　グランチェスターへのハイキングも世話教員主催の行事だが，それは全員参加の行事である。オプションとしてのものには，パブ・クロールがある。

　米語ではbar hopping，英語ではpub crawlという「はしご」を実施している。因みに学生たちがパブ・クロールで次々とはしごをする慣習めいたものがあったようで，その様子を看板の絵に掲げたパブもある。異文化学習の一環として行っているもので，2軒回る。ケンブリッジ市内には50軒余りのパブがあり，英国でも単位人口当たりのパブがかなり多い土地柄である。

　1軒目は住宅街の中のThe Free Pressというところで，土地の人だけが行くようなローカルなパブであり，平日夕方6時から伝統的家庭料理を出す。ここでは様々な英国料理を味わう。特に魚の燻製や肉料理がおいしく，英国の食べ物はまずいという偏見が吹き飛ぶ。確かにフランス料理のような繊細さは期待できず，英国人の中には食べ物に気を遣わないのがいいという風潮もないで

はないが，私達の抱く偏見のかなりの部分は，日本人が英国に対して抱くステレオタイプ的な見方によっている。

2軒目に移動するまでに，通りかかったパブで，beer garden の説明をする。パブの裏庭の席を指し，日本での使い方と異なることを指摘する。

2軒目は1軒目よりもさらに住宅街の奥に入り込んだところにある地元住民専用的なパブの Live and Let Live である。観光客が目をつけるような場所にはない。看板に free house とあるが，これは大手系からの仕入れではなく，各地のインデペンデントな醸造所のローカル・ビールを独自に仕入れていることを意味する。この他ラム酒の品揃えがよく，日本では気軽に味わえない味を堪能できる。

食べ物を注文せずに飲み物だけで済む英国式のパブ自体が研修生にとってはカルチャー・ショックであろうが（日本にも角打ちがあることはある），これがいかに英国の文化の中に溶け込んでいるかを肌で理解できる。

6.11.7 PA 企画行事

PA（programme assistant：2009 年までは TA（teaching assistant）と称し，さらに以前はスチューデント・チューター（student tutor）と呼ばれた）は，九州大学グループに3人程度割り当てられる世話役の現地学生たちで，ほとんどの場合はペンブローク・カレッジの学部生もしくは大学院生である（ペンブローク・カレッジとの共同夏期講座を持つキングズ・カレッジの学生を始め他カレッジの学生が混じることもある。2012 年は珍しく他カレッジの学生のみだった）。出迎えから見送りまでの間，さまざまな支援をしてくれる。講義科目に同席して後刻の復習の世話をしてくれたり，独自の企画で楽しませてくれたり，研修プログラムの様々な場面でアシスタントとなり，寮に一緒に住み込んで，常時研修生たちの面倒を見てくれる。PA は7月末頃，国際プログラム・オフィスが選出する。この PA たちの資質が現地研修での充実度に大きな影響を与える。全力で任務にあたってくれる PA たちの場合は，こちらが申し訳なく思えるほどの働きを見せてくれる。特に 2011 年組のときは素晴らしく，中でも医学部の学生の献身的な働きには感心した。また例年の PA の多くが参加学生と同年代とは思えないくらい，社会や学問に対するしっかりとした見識を持ち，はるかに大人びて見える。教養がまさにあふれているのだが，ケンブ

Q28：分割払いを希望する時にはどう言いますか。

リッジ大学にはいわゆる教養科目はなく，入学直後から専門科目に取り組む。また16歳で義務教育が終わった後大学に入学するまでの2年間の学校生活でも，大学入試に相当するGCE（General Certificate of Education）のA-levelの受験科目である3科目中心の勉強になる。これでいったいいつ教養を身につけるのだろうかと思うが，彼らは時事問題や芸術文化に至るまで，実によく知識があり見解を持っている。知識人の自覚があれば，教養は自分で身につけるものだということなのであろう。こうしたPAたちが参加学生に対して良い影響を及ぼさないわけがない。模範とすべき姿に接した研修生たちは，帰国後もフェイスブックやメールでの交流を続けている。

こうした優秀なPAたちが，研修生の空き時間を利用して，様々な参加行事を組み立ててくれる。その中にはプログラムの一部として参加を義務としているものもあるが，多くは任意参加の行事である。従って，すべてに参加しようとせず，休養や睡眠時間の確保に努めるよう，研修生にはあらかじめ指導している。過去には過労で入院したケースの他，集団的な発熱や風邪の発生があったこともある。

また，PAたちにとって，こうした行事の企画運営の他，講義科目に出席して，受講者に各種のアドバイスや補助的指導を行うことも業務に含まれている。従って，PAに余計な用事を依頼しないように研修生には釘を刺しておく。簡単な相談に応じてもらうのは構わないが，宿泊先の手配などはトラブル等の緊急事態でないかぎり遠慮してもらう。どうしても必要があった場合は深謝して欲しい。

以下にPA企画の行事の主なものを挙げる。

① インタラクティブ・ツアー（interactive tour）

これは例年全員参加行事として実施されている。2011年の場合は，2時間ほどの間に，街の中心部を歩き，あらかじめ指定された問題の答えを発見していく学習ツアーである。訪問先としては下記のようなところが選定された。

• オールド・キャベンディッシュ・サイト（The Old Cavendish Site）：あだ名がクロコダイルだった物理学者のラザフォードに因み，建物の外壁にクロコダイルが掘り込まれているところがある。
• ワトソン・クリックがDNA二重螺旋構造を発見したのを記念した銘板（plaque）がある。

第6章　現地研修

- イースト・アングリア（East Anglia）で最古の建物を持つ聖ベネット教会（St Benet's Church）がある。
- スティーヴン・ホーキング（Stephen Hawking）教授が設置したコーパス・クロック（The Corpus Clock）という金色の時計がある。巨大な虫が時間を食べている。
- キングズ・カレッジのチャペルの塔間に，ヴェトナム戦争時学生が登りPeace in Vietnam という横断幕を張った。以後登塔防止突起が設置された。
- ケンブリッジ大学や各カレッジ関係の衣類を扱う店のライダー＆エイミーズ（Ryder and Amies）。各カレッジがそれぞれカラーや紋章を持っていることが一目瞭然。
- スーパー・マーケットのセインズベリーズ（Sainsbury's）。
- シドニー・サセックス・カレッジ（Sidney Sussex College）。クロムウェルが学んだことで有名。彼の頭部がチャペル入口近辺に埋められている。
- トリニティ・カレッジ（Trinity College）。正門上に創立者ヘンリー8世の像が。右手にあった王笏は1960年代に学生に別のものと交換された。
- ニュートンのリンゴの木。ニュートン家のリンゴ園にあった木。その背後にはニュートンが使っていた部屋。
- セネート・ハウス（The Senate House）横の門と日時計。この建物は卒業式に使用される。キリスト教式に行われるが，非キリスト教徒の場合は無宗教式で実施される。1958年に学生の一団が一晩で屋根に車を載せた。大学が降ろす方法を考えるのに1週間かかったとのこと。
- クレア・カレッジ（Clare College）。クレスト（crest：紋章）を飾る金色の涙は，創立者クレア女史の夫3人が早世した悲しみを表している。
- 数学橋。ケム川をはさんだクイーンズ・カレッジの2地区を結ぶ橋で，ニュートンがボルトや釘なしで設計し，分解した人々が元に戻せなくなったのでボルトを使ったとの伝説があるが，それは事実ではない。

② パンティング（punting）

　古くからあるカレッジは，ケム川をはさんで敷地を持っており，それらのカレッジを眺めながら舟でゆっくり往復するパンティングは，天気がよければ特に爽快である。パンティングの乗場はペンブローク・カレッジの近くにもあり，道中の解説をしてくれる漕ぎ手（chauffeur）付のものと自分で漕ぐもの

Q29：緊急時に警察を呼ぶ表現は何でしょう。

写真37　パンティング　　　　写真38　バーベキューも

(self punt) とがあるが，手すりも何もない舟の端に立って棒1本で川底を突きながら進むため，かなり操船が難しく，漕ぎ手付のものが無難である。PAが学生料金で団体の手続きをしてくれるとかなり安くなる。

　コースとしては，クイーンズ・カレッジの数学橋をくぐるところから始まって，チャペルの荘厳なキングズ・カレッジ，庭が美しいクレア・カレッジ，トリニティ・カレッジのレン図書館，ため息橋を中心としたセント・ジョンズ・カレッジと見る。途中両岸に思い思いに憩っている人々と手を振り合い，鳥たちを眺め，他の舟とぶつかりながら，楽しく時間の止まったような舟遊びであり，豊かな時間を感じる。モードリン・カレッジ（Magdalene College：このカレッジ名はなかなか読めない。スティーヴン・ホーキング教授のいる Gonville and Caius College の Caius（キーズ）も読めない）のところで折り返し，来た水路を再び辿る。漕ぎ手はケンブリッジ大学の学生アルバイトであることが多い。

　この他，行き交う舟がほとんどないグランチェスター方面のパンティングもありうる。

　③　映画の夕べ（film night）
　日本人の学生にも比較的なじみのある英国製映画をDVDで鑑賞する。映画に字幕なしでついていくのは，英語力増強の最終段階に近いが，知っているストーリーであれば，流れはわかるものであり，1つ1つのセリフもわかることがある。

　④　バーベキュー
　セルウィン・ガーデンズの庭が広く，バーベキューを行うこともできる。全

員参加の行事になり，ますます連帯感が強まっていく。

　⑤　パブ・クイズ（pub quiz）
　ジュニア・パーラー等にプロジェクタを持ち込んでのクイズ合戦である。パブ・クイズというのは，英国のパブでよくある行事で，パブが日を決めてお客を相手に行うクイズ大会のことであり，その形式を真似たもので，研修生の全員参加を原則としたものである。

　研修生はいくつかのグループに分かれ，グループ対抗戦となる。問題のカテゴリーとしては，一般，ケンブリッジ，英国，国旗，映画，スポーツ，写真などがある。それぞれのグループが得意カテゴリーを登録して得点を倍にするなど，工夫が凝らされることがある。

　問題の例としては，以下のようなものがある。英国人の考える常識として興味深い。

　1）　一般
　CIAのCは何の略か／「モナ・リザ」は誰が描いたか，今どの都市にあるか／世界最長の河川は／携帯電話会社のNokiaはもともとどこの国のものか／オーケストラのリーダーが演奏する楽器は／インド洋と大西洋の両方に接する国は／スイスの首都は／世界で最も背の高い哺乳類は／Snという化学記号は何を表すか／ビートルズのすべてのメンバーを書け

　2）　ケンブリッジ
　ペンブローク・カレッジの創立年は／キングズ・パレードのゴールデン・クロックはどのカレッジのものか／ケム川の別名は／シドニー・サセックス・カレッジに頭部が埋められているのは誰か／今あるカレッジで最も古いのは／九大のサマー・スクールの最初の年は何年だったか／九大グループ専属PA3人のうち最も若いのは／PAとプログラム・ディレクターのうちイタリア系なのは／PAとプログラム・ディレクターのうち婚約しているのは／PAとプログラム・ディレクターのうちアフリカ生まれなのは

　3）　英国
　スコットランドの首都は／ウェールズはイングランドから見て東西南北のどこにあるか／英国最年少の首相は／英国には国がいくつあるか／スコットランドの旗にある2つの色は／英国伝統の食事はどれか（パスタ，炒め物，フィッシュ・アンド・チップス）／ウェールズのシンボルは何か（犬，竜，兎）／英

Q30：品物を日本へ送ってもらう時の表現はどうしましょう。

仏海峡はイングランドとどの国を隔てるか／オックスブリッジと言ったらケンブリッジ大学とどの大学のことか／アイルランド共和国の首都は

　4）　国旗

　　国旗を見てどの国のものか当てる。省略。

　5）　映画

　　『トイ・ストーリー2』のカウガールの名前は／Hakuna Matataはどのディズニー映画の歌か，意味は，何語か／『リロ・アンド・スティッチ』でohanaの意味は／ニモは何の魚か／『シュレック』のロバの名前は／『ジュラシック・パーク』『ET』の監督は誰か／バットマンの本名は，スーパーマンの人間名は／ハリー・ポッターを演じたのは誰か／スチュアート・リトルは何の動物か／『タイタニック』の主題歌を歌ったのは誰か

　6）　スポーツ

　　渡米前にベッカムが所属していたチームは／アメリカのテニス・プレーヤーのウィリアム姉妹の名前は／クリケットではゲーム開始時にフィールドに何人いるか（11人，13人，14人）／バレーボールには何人いるか（5人，6人，7人）／2016年のオリンピックを開催する国は／シャトルコックを使うスポーツは／2006年のサッカー・ワールド・カップの優勝国は／オリンピックのシンボルに輪はいくつ／ゴジラと呼ばれるヤンキースの選手は／2002年にサッカー・ワールド・カップを日本が共催した相手国は

　7）　写真

　　写真を見てフル・ネームを答える。マドンナ，J. K. ローリングズ，エリザベス2世，トニー・ブレア，ヘンリー8世，ジャッキー・チェン，アブラハム・リンカーン，ヴィクトリア・ベッカム，ヴィクトリア女王，ジョージ・W. ブッシュ

　⑥　スポーツ（sports）

　　ペンブローク・カレッジは，歩15分ほどのところにスポーツ・グラウンドを持っており，サマー・スクールの学生も自由にサッカー場，テニス・コート，ラグビー場を利用できる。屋内のスカッシュだけは予約が必要となっている。また，カレッジの芝生でクロッケー（Croquet：日本のゲートボールの親戚）を楽しむこともある。この他，郊外へボーリングをしに出かけることもある。

⑦　外食の夕べ（restaurant night）

近隣のレストランへ夕食に出かけるもので，これまでインド料理，タイ料理，イタリア料理，ポルトガル料理，日本料理など，実に様々な店に出かけている。

⑧　ロックバンド＆カラオケ

ネットワークでロック音楽を呼び出しながらのイベント。例年かなりハード・ロック系の曲が多い。

⑨　博物館めぐり（museum trips）

PAの先導で，ケンブリッジにあるいくつかの博物館に分かれて足を運ぶ。授業の中で，もしくは個人でも出かけられるものなので，滞在中にかなりの数をこなすことができるであろう。

⑩　演劇

劇場や野外劇に出かける。シェークスピアのメジャーな作品等，見るものは比較的なじみのあるものになることが多い。これもかなりの数の研修生が参加する。2011年組の場合，ADCシアター（ADC Theatre）というところへ『マクベス（Macbeth）』を鑑賞に出かけた。現代版アレンジをした上で中世英語を用いていたようで，鑑賞する側は大変だったようである。またこの劇場はケンブリッジ大学出身の役者は必ず出演していたところのようで，2011年組のときもキングズ・カレッジの学生が舞台に上がっていたとのことである。

様々なカレッジで野外劇としてシェークスピアが上演されることがあるが，夜間はかなり冷える。

⑪　ミニ旅行

隣町のイーリー（Ely）へ出かけることが多い。自転車をレンタルして出かけた例外的な年もあったが，たいていは鉄道かバスで出かけている。イーリーは，イーリー大聖堂とクロムウェルの生家が見所で，運河沿いでゆっくりするのも気持ちのよいところである。2011年からは，空いている午後を利用して研修生全員が出かけている。

⑫　最後のダンス（bop）

修了式，お別れのフォーマル・ホールと続いた後で，防音施工された部屋でのダンスがPA企画の行事として行われるのが恒例となっている。2012年の場合はなかった。

Q31：お釣りが足りない時には何と言いましょうか。

最後に，歴代のPAを，筆者とペンブローク・カレッジ国際プログラム・オフィスの資料の限りで挙げ，記録としておく。

- 1996年：Ms Katherine Beaton, Ms Francesca Woodburn, Ms Vicky Ferrar, Mr Will Gould
- 1997年：Ms Victoria Lezemore, Ms Seiko Hidaka, Mr Paul Saffer
- 1998年：Ms Anna Barnes, Mr Peter Huxley, Ms Meena Lakshmanan, Mr Paul Saffer
- 1999年：Mr Peter Cordingley, Mr Matthew Hughes, Ms Jodie Ginsburg
- 2000年：Mr Matt Fairweather, Mr Iain Forrester, Ms Tricia Mundy
- 2001年：Mr Dan Hawthorne, Mr Saul Margo, Ms Jessica Watkins
- 2002年：Mr Tom Marks, Ms Katherine Schon, Ms Miranda Steam 他1名
- 2003年：Mr Chris Jones, Mr Tom Marks, Ms Katherine Schon, Ms Miranda Steam
- 2004年：Ms Miranda Steam, Mr Alex Middleton, Mr Tom Marks, Mr Chris Jones
- 2005年：Ms Claire Dickinson, Mr Alex Middleton, Mr James Sharp
- 2006年：Ms Francis Barker, Mr Alex Middleton, Mr Peter Sugden
- 2007年：Mr Alex Middleton, Ms Lyndsay Coo
- 2008年：Mr Alex Middleton, Ms Lyndsay Coo, Mr Andy Corstophine
- 2009年：Mr Alex Middleton, Mr Andrew Jones, Ms Lyndsay Coo
- 2010年：Ms Katie Anderson, Ms Francesca Sanders Hewett, Mr Jonathan Wall
- 2011年：Ms Ashleigh Reid, Ms Georgia Clements, Mr Omar Hausien
- 2012年：Ms Anna Deak, Mr Oliver Raizon, Ms Rebecca Hallett

6.12 試験およびフィードバック

　行事の最終日は，午前中の試験から始まる。専門科目の試験であるが，90分程度の制限時間の間に，記述式を中心とした問題を解く。事前研修で高速かつ大量のライティングの訓練を計画に入れて実行してきたかどうかがこういう機会に差を生む。問題は入門的内容ではあるが，決して楽な問題ではなく，現地研修で精一杯復習してはじめて太刀打ちができる。

A31：I'm afraid I have been shortchanged.

午後は英語科目の中でグループごとに制作したビデオ等の鑑賞となる。年によって，ケンブリッジの案内や，ニュース・フィルムなど，内容に違いがある。全員の集合の人数確認をするのに，個数をあらかじめ数えておいたお菓子が配布されたのには感心した。この後ペンブローク側が現地プログラムに対するアンケートを実施する（2012 年組からは帰国後ウェブで実施）。

研修生たちは急ぎ寮へ戻り，フォーマル・ホールに向けて着替えをするが，時間があれば，翌日の出発に備えての荷造りに着手する。ここで荷造りをしておかないと，翌日 9 時 30 分までの部屋の退去に間に合わない。この後は 6.18 の修了式へとつながっていく。

6.13 週末旅行

近年 3 回の週末があり，3 日間旅行できる週末，2 日間の週末，1 日が自由になるがもう 1 日は全員でグランチェスターへ出かける週末という，3 種類の週末に分かれる。事前研修の間に，それぞれの週末ごとに方面別のグループが立ち上がり，グループ内で合意形成を図りながら，次第に旅程を固め，宿泊や移動等の手配を行い，訪問先についての勉強を重ねる。

3 日間の週末は遠出のチャンスであるため，スコットランド方面に出かけるグループが多い。移動時間の節約のため，夜行列車でロンドンを出発し，1 日目の朝から観光に入る。昨今は生まれて初めて寝台列車に乗る学生が多いが，快適に眠れるという者が多い。1 日をエジンバラに充て，1 日をハイランド方面のバスツアーかグラスゴー方面の観光に費やし，残る 1 日を帰路上のダーラムやヨークへの寄り道に充てるのがパターンである。しかし，エジンバラ国際フェスティバルの華であるミリタリー・タトゥ（Millitary Tattoo）の開催期間に合わせて，2 日間の週末にスコットランドへ向かうグループも多い。この他，湖水地方と合体させるパターンもあり，ロンドンに 3 日間集中というグループがあるかと思えば，カンタベリー・ドーヴァー・セブンシスターズ方面とバース・コッツウォルズ方面を組み合わせるグループもあり，様々である。

2 日間の週末や 1 日だけの旅行日の行先は千差万別である。注意が必要なのは，寺院関係が日曜日に見学できないところが多いことであり，このことが旅程の立て方の注意点となる。

Q32：トラベラーズ・チェックが使えるかどうか確認する表現は？

人気があるのはやはりエジンバラを中心としたスコットランド，湖水地方，ロンドン，バース・コッツウォルズ，セブンシスターズを中心とした南海岸である。

6.14　現地で感じる異文化

海外で研修を行うからには，異文化体験が1つの大きな目的である。何を発見し体験するかは個人によって異なるものと思われるが，筆者がこれまで感じている主なものを述べておく。但し，ここで挙げる日常的なものの他に，社会や国際関係にも目を向け，英国とて負の側面を多数抱えていることにも気がつくのが理想的であるが，ここではそうした内容にまでは触れない。

① 街の英語

日本で教材として聞く英語は比較的理解しやすいが，街で現地の人々同士が交わしている会話は聞き取れないことが多く，はじめはショックを受けるものである（研修生のレポートから：カレッジ内においては比較的会話の内容を理解することができた。その一方，店や道ばたで耳にする英語には，太刀打ちできないこともしばしばだった）。

② 自転車の文化

英国では自転車に乗る人々の多くがヘルメットを着用し，車道を走行し，右左折の手信号を励行している。日本よりもよほどきちんとしていると言える。また，自転車の後ろに赤ん坊を乗せた車輪付のカプセルをつなげて牽引している光景に時折出会い，日本では見られないだけに驚く。

③ 気候

夏も最高気温が15～25℃くらいで，セーターが欲しいと思うこともあり，汗をかかない英国を羨んだりする。快適なのは湿度が低いお蔭でもある。また一日で四季が体験できるとも言われるように，晴れていたかと思えば雨が降る。しかしその雨も滅多に長続きしないので，傘をさして歩く人は日本よりもはるかに少ない。また夏でもほとんど蚊に悩まされることがない。

④ よく待つ

窓口等で待つときに誰も文句を言わずに実に辛抱強く待つ。筆者も水族館でクレジット・カードのトラブルに見舞われたお客の対応で，営業時間の残りが

1時間を切ったというのに15分入場を待たされた。そのお客の後には筆者を含めて3人しか待っていなかったので，日本でなら後のお客への入場券販売を先にしてトラブルにあったお客を後回しにするところだろうと思う。

⑤　人々の気質

英国の人々は実に気持ちがいい。もちろんロンドンの一角のように殺気立っているところもあるのだが，田舎を歩いていると，民家のお婆ちゃんが見知らぬ旅人の筆者にまでにこやかに挨拶をしてくれる。人とぶつかりそうになったときにも頻繁に謝る。よく英語圏ではsorryを安易に使うなとアドバイスを受けるが，英国人たちは日常的な場面では連発している。ドアで互いに譲り合うのも徹底している。

⑥　家々

英国には，米国式の広々とした敷地にゆったりとした家が建つというよりも，日本式の狭いところに建てたような家が多く，しかも長屋式のものが多い。しかし奥深くに庭があったりする。カーテンがなく，通りから簡単に中が覗ける家も多い。日差しが強くないのだろう。ガレージのある家は少なく，住民には路上駐車が認められていることが多い。

⑦　街の花と庭

街路の至るところに，街灯の柱のようなものや建物の窓枠から花のポットが吊り下げられていたり，花壇が多いなど，歩いていて花に囲まれている感じがある。一般の家屋の狭いスペースの小さな庭に花が咲き，まるで何もしていない敷地が許されないかの如くである。

⑧　ベジタリアン

菜食主義が尊重される社会になっている。たいていのレストランではベジタリアン用のメニューを用意したり，一見大丈夫のように見えるメニューにも肉類等がわずかでも混じっているかどうかの表示がしてあったり，といった配慮が見られる。

⑨　駐車料金

英国の駐車場には，週末になると料金が安くなるか無料になるところがある。観光客を迎える時のサービスのつもりのようだ。日本であれば逆に料金が上がるところであろう。

Q33：別れ際の「お会いできてよかったです」は何と言う？

⑩　柵がない

　断崖絶壁の上まで行ける遊歩道があっても，落下防止柵はふつう設置していない。日本であれば，事故の際に責任を問われるかもしれないということで，自治体が柵を設けるところであろう。英国を含む西欧世界では，個人主義と引き換えの自己責任ということなのであろう。

⑪　博物館と美術館

　ロンドンをはじめ，実に様々な博物館と美術館が入場無料であり（寄付を推奨しているところが多い），芸術行政の在り方が日本と違うのだなと思う。芸術関連の国民1人あたりの国家予算が1桁違うのであるから当然であろうが，かなり政府には重荷になっているようではある。

⑫　保存鉄道

　近代化と成長を急いだ日本にあまり残されていないのが保存鉄道で，英国では，有志により保存されて蒸気機関車により運行されているものを中心として80路線近くがある。英国では，鉄道を保存すべき文化遺産とみなす風土があるということであろう。

⑬　旅の形態

　日本からの観光客は，筆者を含めて，短時間にできる限り多くの観光ポイントをこなそうとして躍起になる傾向にあるが，現地の人々は長期滞在でゆっくりするのが常である。観光ポイント早回りのツアーに参加したら東洋人ばかりだったなどという笑い話は本当のことである。

⑭　水と自販機

　夏でも灼熱状態にはならないので，冷えていない水を持ち歩いて飲む光景があちこちに見られる。日本とは異なり，きちんと冷えている飲料水が好まれたり，要所要所に清涼飲料水の自販機があるということはない。

⑮　パブ

　日本の居酒屋であれば，ビールを1杯だけ飲んでおしまいというわけにはいかないが，英国のパブでは飲み物だけというのが普通である。暑さゆえののどの渇きのために一気に飲み干すといった需要は少ないので，味わい系の常温のビールが多い。

⑯　鉄道

　日本と異なり，運休や遅れが多い。座席指定は発車3時間前まで。自由席指

A33：Nice meeting you.（会った際になら Nice to meet you.）

定席の区別がなく，予約で全席埋まる列車もある。予約を受けない運行会社（train operator）もある。特急や普通といった列車の種別や「のぞみ」「かもめ」といった列車の愛称はなく，長距離列車でもローカルな列車でも運賃は同じだが，曜日や時間帯等によってかなりの割引がある。長距離列車の中には，列車の外側にあるハンドルを回さないとドアの開かない車両もある。ロンドンの地下鉄は現金で単純な片道切符を購入すると高い（カードを作るか一日券を買う）。運転士の不足を理由とした運休があり得る。

⑰ バス

バス停に立っているだけではバスが素通りしてしまうことが多い。バスが接近したら手を差し伸べて乗車する意思をはっきり示す必要がある。また，車内で次の停留所の案内などはないので注意しなければならない。ほとんどが乗車時に行先を告げて料金を運転台で支払うシステムである。

⑱ 街並み

家屋が石材等長年持つ素材でできているため，日本のようにばらばらの外観の家が林立するという状況にはない。王侯貴族等により一度に統一されたデザインで建築された街並みの場合は，特にその美しさが羨ましい。それが空襲を免れて残っている場合が多いということでもある。

⑲ 大学

ケンブリッジ大学だけを見ても，普段踏み入ることのできない芝生の区画，学生用のバー，専用のチャペルと専属のオルガニストや聖歌隊，マンツーマンに近い専門分野の指導体制など，日本の大学とは違う部分が多く見られる。

⑳ 信号

信号機の位置が日本よりも低い。歩行者用信号が短いが，渡り切るまで車は待ってくれる。

㉑ 交通上の習慣

横断歩道で渡ろうとすると車が必ず止まってくれる。そのかわり横断歩道がないところでは，交差点でまっすぐ渡る歩行者よりも曲がってくる車が優先。ラウンドアバウト（ロータリー）では，直進車よりもそれより早く交差点内に入った右折車が優先。法定速度はかなり高いがそれだけによく守られている。それよりも速度を出そうとすると，実際問題として日本のドライバーの感覚としては怖い。従ってめいっぱいの力で走ることになり，疲れる。

Q34：相手に会ったことがあるような気がする時は何と聞きますか。

㉒　酒場の営業時間

日本の居酒屋のように，パブが終夜営業しているようなことは滅多にない。以前は法律で23時までの営業であった。酩酊者が歩いている光景も日本よりはるかに少ない。

㉓　チップ

レストランやパブで，レジの横にチップ用のツボがある場合はそこに入れることができる。パブなどでは必ずしも払う必要はない。テーブルでウェイターに支払いをするような店では，カードでの支払い額の調整かテーブル上に置くことでよいように思う。タクシーではチップが必要。意外に忘れるのはバスツアーを降りるときである。

㉔　日曜日

日曜日と言えば，日本では観光も商売もかきいれ時であるわけだが，英国では安息日であり，午前中を中心に勝手が違うことが多い。例えば，ローカル線を中心に鉄道の本数が少ないか線区によっては運休となり，スーパー・マーケットは12時から16時までなどという変則営業となり（一部法律による），ホテルの朝食の時間帯も平日に比べて遅くなる。

㉕　食事の時間帯

地方のB&Bなどでは，朝食が8時半からなどというところが多く，日本のように7時から可能なのは都市部のホテルくらいである。レストランも昼は12時より前に開店するところは少なく，夕食も18時に行けばたいていすいていて，19時半くらいからが混む時間帯である。全体に生活が日本よりも夜型と言えるのかもしれない。しかしオフィスや店の開店や閉店の時刻は早い。

㉖　ろうそくの消し方

英国ではろうそくを息で吹き消すことが多い。誕生日のケーキなどで見られ，フォーマル・ホール終了時の後始末でも息で消す光景を目にする。日本では息で吹き消すのに抵抗を感じる向きが多いであろう（仏壇のろうそくであればなおさらである）。日本では息が穢れているという考え方があるのであろう。このように，異文化を経験することで日本文化の特質を認識することもある。

㉗　照明

古くからの建物は窓が小さい上，照明に蛍光灯をあまり用いないため，夜間の室内は暗いと感じることが多い。しかし夜は暗いのが当然で，暗さを楽しむ

文化があるとも言えるであろう。

㉘　動物の分布

　ケンブリッジの街には普通にリスが見られる。牧草地もあるので，街の中心部近くにも牛が見られる。また滅多に見られないが，キャンパスにはりねずみ（hedgehog）が見られることがある。キャンパスや家の回りに猫も見られる。

㉙　利用地の多さ

　日本の国土の利用率は3割程度だが，英国では，地形が比較的フラットなので，牧羊地や小麦畑など，9割以上の利用率になる。人跡未踏の密林といった趣のところは大変少ない。

㉚　盗難

　残念ながらロンドンの一部などをはじめ，治安がいいとはいえない地区もあり，財布をカウンターの上に置いたり路面にバッグを置いたりして目を離し，盗難にあったという話をよく聞く。世話教員が事前にかなり注意を与えるようになる前は，毎年のように盗難の報告があったものだった。体験して欲しくないことではあるが，これも異文化体験である。

㉛　スーパー・マーケット

　人々の日々の生活を垣間見るのに絶好である。日本よりも自動精算システムが普及していること，有人のレジでもベルト・コンベアに商品を置いて次のお客の品物との間に区切りの棒を置く店が多いこと，複数のレジがあっても並ぶときは1列という方式の店も多いこと，文化を反映してチーズの量り売りのコーナーがあったりすること，パッケージが日本のものよりも大きいこと，冷凍デリ商品が多いこと，日本にない商品がある（例えば酢の一種でフィッシュ・アンド・チップスに使うモルト・ヴィネガー）ことなど，気づくことが多い。

㉜　若く見える

　スーパー・マーケットで酒類を買おうとするとき，または夜間営業の店に入ろうとするときなどに，年齢確認書類（パスポート）の提示を求められることがある。筆者も茶目っ気のある店員から一度求められたが冗談だと笑われた。二十歳前後の日本人学生は，現地では中学生に見えるので冗談にはならない。逆に現地の学生は同じような年齢でも大変大人びて見える。

Q35：突然お悔みを述べることになったら何と言えばいいですか。

㉝　複数言語表記

ウェールズでは道路標識等がウェールズ語と英語の2ヵ国語表記になっているのが原則である。一口に英国といっても，歴史的に様々な民族や言語が互いに影響を及ぼし合ってきたのだということに思いをはせることになる。

㉞　自動車の違い

研修生はレンタカーを借りられる年齢でないことが多く，レンタカーでの外出は控えるように指導しているので，自動車に乗ってこそわかることを体験することは少ないかもしれないが，行き帰りにバスに乗車するわけであるし，タクシーを使えば乗用車の運転を目にすることになるわけで，右ハンドル左通行でありながら，ハンドルの右にワイパーのレバー，左にウィンカーのレバーという日本と逆の配置，圧倒的にマニュアル車が多いこと，メートル法が浸透しているのに道路案内の距離表示や時速表示などがマイルになっていることなど，様々に気が付く日本との相違点があるはずである。

6.15　研修生にとっての英国の魅力

研修生にとって，英国の魅力とは，研修申込みのきっかけとして感じているものと，事前研修でより英国を深く知るにつれて認識するようになるもの，現地で発見するものなどに分かれるが，いずれにせよ大切にしたい部分である。

①　ケンブリッジの見所

滞在先であり，思い入れも深く，長い歴史を積み重ねた大学町の様々なものが見所となって研修生の目に映る。詳しくは6.6と6.8に譲るが，事前研修でも十分に情報を得ていくことになる。

②　食文化

研修生が事前に楽しみにしているものの筆頭はフィッシュ・アンド・チップス（Fish and Chips）である。英国のcodは，日本（特にタラのとれない地域）で売っているタラとはまるで違う魚のように感じられる。英国ではcod, haddock, plaiceの順に素材として高級とみなされている（plaiceが最高級）。また，特に女性の場合はフル規格のアフタヌーン・ティーを楽しみにする研修生が多い。しかし一般に英国の食事は決しておいしいとは言えないというイメージがあるので，事前研修を通じてそのイメージを払拭して，実態に近いイメージを

A35：Please accept my condolences on your father's death.（例）

持ってもらうようにしている。現地研修でも，カレッジのホールや街のレストラン等でこうした偏見が解消される。確かに大陸の国々のように，食べ物に心血を注いで楽しむというところはあまり感じられないが，英国の風土に合ったきちんとしたおいしい料理はいくらでもあるものである。

③ 買物

英国から買って帰る土産品としては，紅茶，ビスケット，スコッチ・ウィスキーなどが定番であるが，ロンドンやその他の街の中心部の野外に展開するマーケット等での掘り出し物を探すのも楽しいであろう。またロンドンでは，ハロッズ（Harrods），フォートナム・メイソン（Fortnum & Mason）等の格式の高いデパートを見学するのも一興である。ケンブリッジでは，各カレッジや大学全体の紋章（crest）をあしらった商品がよく売れる。

④ 観劇

現地研修では，ケンブリッジ市内の劇場に出かけることもできるが，週末にロンドンの大劇場でミュージカルを鑑賞する研修生が多い。オンラインで予約できることが多いので，気軽にスケジュールを組むことができる。シェークスピアのグローブ座（The Globe Theatre）の他，ロンドン市内のウェスト・エンド（West End）にあるいろいろな劇場で，「オペラ座の怪人（The Phantom of the Opera）」「キャッツ（Cats）」「ミス・サイゴン（Miss Saigon）」「スターライト・エクスプレス（Starlight Express）」「レ・ミゼラブル（Les Miserables）」などが上演されてきた。

⑤ 芝生

英国には綺麗な青々とした芝生が多く，公園などで寝転がるのが気持ちいい。大学の中のコート（court）という芝生を植えた区画が有名であるが，こちらは原則として立入禁止の場所が多い。

⑥ 庭園

日本でよく耳にするイングリッシュ・ガーデンというものへの憧れを持つ場合に，庭園は気になる存在である。自然な造りが日本人の価値観にもしっくり来るので，一層興味を持ちやすい。しかし自由に旅行できる日数が限られているため，ケンブリッジ大学の植物園やクレア・カレッジの庭を訪問するのがせいぜいで，本格的な庭園を訪問するのはなかなか難しい。5.6.2 ㉒の「英国の園芸文化」を参照。

Q36：一緒に写真に入って欲しい時はどう言って頼みましょうか。

⑦　散歩

ケンブリッジに滞在し始めると，歩くことがこんなに楽しいのかと思うようになる。夏でも汗をかくことが少ない上，街中でも自然に囲まれて信頼する仲間と一緒に歩くので，全く苦にならない。万歩計を持つ研修生に聞いてみると，1日1万数千歩歩いているという。バスに乗るであろうところを毎日歩くことによって日々新しい発見があるので，歩かないともったいないと感じるようになる。

⑧　大聖堂：教会

英国に見られる大聖堂は，日本の木造建築とは違った重厚感を持つので，日本でガイドブックや写真集を見た段階から強い興味を持つのが普通である。ロンドンのウェストミンスター寺院やセント・ポール大聖堂はたいていの研修生が訪問するが，地方で研修生が週末旅行中によく訪問するところとしては，ダーラム大聖堂，ヨーク大聖堂，カンタベリー大聖堂などがある。打ち壊されたところとしては，セント・アンドリュース修道院跡（スコットランド）やファウンテンズ修道院跡（ヨークの北西）が趣深いが，後者は公共交通機関で行くのは無理である。

⑨　城郭

最も多くの研修生が訪問するのはエジンバラ城であろう。その他にはドーヴァー城，ウィンザー城の訪問者が多い。意外なところでは，ハイランドにバスツアーで出かけるグループが訪問するネス湖畔のアーカート城がある。5.6.2㉙の「英国の城郭」を参照。

⑩　宮殿

ロンドンのケンジントン宮殿やエジンバラのホーリールード宮殿もあるが，何と言っても一番人気はバッキンガム宮殿である。衛兵交代式はいつも黒山の人だかりである。ウィンザー城でも楽隊こそないものの衛兵交代は見られるが，観客はいない。また，ウェストミンスター宮殿は国会議事堂となっており，内部の見学をめざす研修生もいる。

⑪　ハリー・ポッター

J. K. ローリング（J. K. Rowling）による「ハリー・ポッター（Harry Potter）」のゆかりの地を求めて外出する研修生もいる。よく選ばれる訪問先は，ケンブリッジからロンドンに行くときに利用するキングズ・クロス駅（King's Cross

第 6 章　現地研修

Station）の $9\frac{3}{4}$ ホーム，オックスフォード大学クライスト・チャーチのグレート・ホール，ホグワーツ（Hogwarts）のモデルであるグロスター大聖堂などである。その他，ハイランドの鉄道路線を走るジャコバイト号（The Jacobite）やエジンバラ市内の J. K. ローリング（J. K. Rowling）が通った店など，数々のスポットがある。最近はワーナー・ブラザーズ・スタジオ・ロンドンに「ザ・メイキング・オブ・ハリー・ポッター」ができた。

⑫　パブ

パブと言えば英国を連想するのが普通だが，日本でパブと呼ばれているものとはかなり違う。英国では 18 歳から飲酒可能なので，研修生にとっては特に利用に問題はないが，日本人学生は若く見えるので，パスポートを年齢確認書類として持参した方がよい。カウンターでの清算，日本の居酒屋と異なり食べ物を注文する必要がないことなどを含めて，日本にはなかなかないタイプの文化であり，体験に値する。6.11.6 を参照。

⑬　世界遺産

世界の世界遺産の中で英国のものは地味ではあるが，それでも研修生にとって，ロンドン塔，ウェストミンスター宮殿／寺院，ストーンヘンジ，エジンバラ旧市街等は人気があり，訪問地選択のひとつの基準になっているようである。5.6.2 ㉕の「英国の世界遺産」を参照。

⑭　スポーツ

部活動その他で特定のスポーツに思い入れのある研修生も少なからずいる。例えばテニスをしている研修生はウィンブルドンのローン・テニス博物館へと向かい，サッカー好きの研修生はウェンブリー・スタジアム（Wembley Stadium）等へ出かける。この他，これまでのところは該当者がないが，ラグビー選手であればラグビー校に向かい，ゴルフ好きであればセント・アンドリュースに向かうであろう。英国には研修生をひきつけるスポーツの聖地が多い。5.6.2 ⑯の「英国のスポーツ」を参照。

⑮　歴史の地

最近は高等学校で本格的な世界史を選択しない学生も少なくないが，標準的な世界史の知識のある研修生であれば，メイフラワー号が出発したプリマス，タイタニック号が出航したサウサンプトン，ノルマンジー公ウィリアムが攻め入ったヘイスティングズ，ウェセックスの首都ウィンチェスター，産業革命の

Q37：時差ボケが治っていない時は何と言いますか。

マンチェスターなど，歴史上有名な場所が英国にはふんだんにあり，興味を持つことであろう。

⑯　童話の世界

英国には児童文学ゆかりの地が多くある。ロンドンの南には A. A.ミルン（A. A. Milne）の『熊のプーさん（Winnie the Pooh）』に登場する様々なスポットを含むプー・カントリー（Pooh Country）があり，湖水地方には『ピーター・ラビット（Peter Rabbit）』のビアトリクス・ポッター（Beatrix Potter）の生家があり，ロンドンのパディントン駅にはマイケル・ボンド（Michael Bond）の『くまのパディントン（Paddington Bear）』の銅像があり，オックスフォードにはルイス・キャロル（Lewis Carroll）の『不思議の国のアリス（Alice in Wonderland）』のショップがあり，ノッティンガム北郊には『ロビン・フッド（Robin Hood）』のシャーウッドの森（Sherwood Forest）がある。

⑰　文学の世界

文学部の研修生であれば文学の世界にも関心があるであろう。アーサー・コナン・ドイル（Sir Arthur Conan Doyle）のシャーロック・ホームズ（Sherlock Holmes）の博物館がロンドンのベーカー街にあり，エミリー・ブロンテ（Emily Brontë）の『嵐が丘（Wuthering Heights）』の舞台がハワース（Haworth）にあり，ディケンズ（Charles Dickens）の家がポーツマスやロンドンにあり，ワーズワース（William Wordsworth）の足跡が湖水地方にあり，シェークスピアの香りがストラットフォード・アポン・エイヴォンにあり，トーキー（Torquay）ではクリスティ（Dame Agatha Christie）を思い出す。5.6.2 の⑧「シェークスピアについて」，⑨「英国の文学の概要」を参照。

⑱　古い町並み

日本でいつの頃か英国のコッツウォルズがブームになったことがあった。何か大きな観光要素があるということではなく，昔ながらの田舎が残っている地域であるからだと考えられる。その他，ヨークのシャンブルズ（Shambles）のような中世の狭い商店街の雰囲気の残る街，チェスターのメイン・ストリート（the Rows）のようにきらびやかなチューダー朝風の建物が並ぶ街路，ロンドンの多くの街のように両脇にびっしりとアパートが並ぶ道など，英国と言われて思い浮かべる光景が様々あり，それらをこの目で見たいという思いは研修生の誰にもあることであろう。

第6章　現地研修

⑲　クラシック音楽

研修生の中には九州大学のオーケストラのメンバーなど，クラシック音楽に特別の思いを抱く者もおり，ロンドンのロイヤル・アルバート・ホールでのBBCのプロムスというコンサートに出かけ，当日並んで立見券を入手して楽しむパターンが定着している。その他，ロンドンの地下鉄の通路での当局公認の演奏，ケンブリッジの街で行われているクラシックの路上演奏のレベルが高いのに驚かされる。また，英国各地の教会で行われるパイプ・オルガンのコンサートや聖歌隊の合唱なども聴きごたえがある。5.6.2⑭の「英国のクラシック音楽事情」を参照。

⑳　パブリック・スクール

パブリック・スクールは，有力な大学へ進学するための全寮制の私立学校であり，日本で言えば中高生くらいの年齢の幅の生徒を受け入れ，学費が高いため，貴族等，比較的裕福な層を対象としている。最初に創立されたウィンチェスター校（Winchester College）の他，イートン校（Eaton College），ラグビー校（Rugby School），ハロー校（Harrow School）など多数ある。その生活は多くの研修生が「ハリー・ポッター」のシリーズで想像していることであろう。休業期間中にツアーで見学できるところもある。

㉑　豊かな自然

英国の自然と言って思い描く光景は千差万別であろうが，ドーヴァーやセブンシスターズの壮麗なホワイト・クリフ，ハワースの嵐が丘の荒涼とした風景，スノードン山の綺麗な山肌，といった名の知れた個別のポイントの他，英国各地に見られる，地形が緩やかで護岸工事が全く施されていない自然のままの河川，木洩れ日の爽やかな林，目のくらむような断崖，ハイキング用の趣深い小道（footpath），ヒースが一面に咲く丘，山々の神々しい光景，一面の小麦畑の上の広い空に逆巻く雲，どこまでも続く湿地帯など，様々な光景が思い起こされる。

㉒　ビートルズ

誰も知らない者のない存在だが，ロックやポップスに深い興味のある研修生であれば，アルバムが録音されたスタジオのあるロンドンのアビー・ロード（Abbey Road），初期に活動したリヴァプールの街などが一種の聖地となっているだろう。

Q38：乾杯の発声をする時は例えば何と言えばいいでしょうか。

㉓　ブランド
　英国には，ウェッジウッド（Wedgwood），バーバリー（Burberrys），ローラ・アシュリー（Laura Ashley），ダンヒル（Dunhill），ポール・スミス（Paul Smith），ボディショップ（The Body Shop），マッキントッシュ（Mackintosh：米アップル社のパソコンは Macintosh），リーボック（Reebok），アクセサライズ（Accessorize）等の高級・有名ブランドがあり，ロンドンのリージェント街（Regent Street）のように世界各国のブランド店が集まるような場所もあって，買物を楽しみにする研修生もいるようである。

㉔　ロンドン
　ロンドンは機会を改めても訪問が容易なので，遠方を訪ねることを勧めているが，それでも現地研修中に3回ある週末をすべてロンドンに充てる研修生もいる。それだけの魅力があるということであろう。

㉕　イングランド
　南部では，ドーヴァー，カンタベリー，セブンシスターズが研修生のよく出かける先となっている。西部では，バース，ストーンヘンジ，ソールズベリー，コッツウォルズによく出かける。北部では，湖水地方，ヨーク，ダーラムに人気がある。

㉖　スコットランド
　エジンバラ市内，グラスゴーが研修生のよく出かける先となっている。ハイランド地方へのバスツアーの利用者も少なからずいる。またエジンバラではミリタリー・タトゥを鑑賞する研修生が多い。

㉗　ウェールズ
　ウェールズへ出かける研修生は少ない。研修の歴史の中で数人がスノードン山やコンウィ城方面へ出かけているのみである。ペンブローク・カレッジの名の由来になっているペンブロークシャーにも出かけてみて欲しい。

㉘　島嶼部
　グレート・ブリテン島の近くだけに限れば，スコットランド沖のシェトランド諸島，オークニー諸島，アウター・ヘブリディーズ諸島，インナー・ヘブリディーズ諸島があり，アイルランド島との間にマン島，大陸との間にチャンネル諸島，ポーツマスの近くにワイト島があるが，特に北方の島々の光景には，普段見聞きすることが少ないだけに，興味を抱くところであろう。だが残念な

第6章 現地研修

がらこの研修ではワイト島以外の島嶼部への旅行は許していない。

6.16 ビジネス・ミーティング

　現地研修期間中に，カレッジ側と世話教員との間のビジネス・ミーティングが行われる。多くは近隣のレストランで食事をしながらということで，儀礼的な側面もあるが，翌年の日程等，実質的に契約に至る前の下交渉を行う機会でもある。

　ペンブローク・カレッジ側からは国際プログラム主事（Director of International Programmes）のアラン・ドーソン博士（Dr Alan Dawson）と国際プログラム・オフィス係員のニック・ゴドフリー博士（Dr Nick Godfrey）と九州大学プログラムのディレクター，世話教員側からは筆者と研修創始者の廣田稔教授が参加するのを通例としているが，同僚志水俊広准教授に同行を願っているときは参加していただく。

　まずは翌年夏の現地研修への受け入れが叶うかどうかの正式な確認を取る。もし万一受け入れ不可能ということになれば，既に始めている申込書の受け付けを中止し，既に申込書を送付した研修参加候補者にも中止を伝えなければならない。そのような可能性は今のところほとんどないものと考えているが，過去の研修生からこの研修の継続が望まれていること，この研修があることを前提に九州大学への進学を決める学生がいることを考えると，万が一にも中止の事態が生じて欲しくない。従って，九州大学グループとしては，研修生の熱心さと学力，世話教員の丁寧な対応をもって，1年1年の生き残りをかけてアピールしていかなければならない。早稲田大学や明治大学等が加わり，2011年から北京大学という高い英語力と知性を持った学生を誇る中国ナンバー・ワンの大学が加わって，ペンブローク・カレッジの受入体制は限界に近いものと思われるが，40にのぼる海外の大学から引き合いがあるそうで，九大の枠の確保には神経を遣わなければならない。

　また，九州大学以外のグループは，九州大学グループよりも多人数の学生で構成され，九州大学グループは人数も不安定であったため，夏期講座の中でなかなか扱いにくいグループであるという自覚がある。現に，2009年までは宿泊，食事，授業ともにペンブローク・カレッジの敷地内で研修が行われていた

Q39：ハンバーガー店の店員が言う表現の定番と言えば何でしょうか。

が，2010年からは宿舎が敷地外の寮に移動となった（2012年組は敷地外の寮に固定のため最大受入数33名となり，2013年組以降は32名となった）。しかし宿泊がペンブローク・カレッジ所有の敷地外の宿舎ではなく，他のカレッジに委託（早稲田大学や明治大学はこのパターンである）という形も可能性としてはありえ，またさらに食事や授業等も他カレッジに委託となる可能性すら否定できない。こうなってくるとペンブローク・カレッジとの一体感が弱くなることが危惧されるが，人数的に小規模であれば，確かに顧客としては発言力が弱くなる。2009年までは日本大学に続く長さの歴史を持っていることで，ある程度優遇されてきたと言えるが，今後とも現在の地位を保つために，引き続き研修生をしっかり選び，事前研修で鍛え質を高めていかねばならない。

　同じ効果があるならば，研修場所はケンブリッジ大学ペンブローク・カレッジでなくてもよいという声が聞こえて来そうだが，その声は一見正論ではある。しかし研修生は，やはりケンブリッジだからということで頑張り，楽しみに思い，いつまでも思い出に残りやすいという感想を述べているので，同じ効果を他で達成しようとするのは，可能ではあってもかなりの努力を必要とすることになるであろう。また異なる年度の研修生同士が同じ思い出を共有できるということからも，同じ場所にこだわるのには意味がある。

6.17　教員同士の反省会

　現地研修の終了間際には，必ず世話教員である筆者と，九州大学プログラムのディレクターとの間で，翌年に向けての反省会が実施される。その時点では，研修生を対象にしてペンブローク・カレッジが実施したアンケートの分析結果が出ている。少なくとも2011年のときは全く否定的コメントは寄せられなかったそうである（2012年からはアンケートが帰国後ウェブで実施となった）。

　反省会で，改善が望ましいと合意される項目があれば，ディレクターから国際プログラム・オフィスへ取り次いでもらうことになる。因みに，2011年組についての反省内容は以下のようなものであった。

　2011年組は英語科目を3つに分け，コース・ディレクターを含む3人の教員が教えた。それは，コース・ディレクター自身が忙しい統轄の役割の他に少しでも授業を担当して，より親密に研修生と関わることが目的であったが，教

員の人数が増えると，1人の教員が担当する授業回数が減る。授業で十分な指導が行われるためには，科目が2つであった方がよいとも言える。そのあたりの選択をどうするのか，今後検討していくこととなった。2012年組は2つとなった。

　また，2010年組へのアンケートからの反省で，2011年組は英語科目での課題を幾分増やしたのだが，それが期間の後半に重なってしまい，かなり研修生は忙しい思いをしたようである。それが後述の風邪につながった1つの原因だったとも思われる。適正課題量について考慮の余地があるということで一致した。

　2011年組の講義科目については，いずれも否定的反応は研修生からなく，授業をそれぞれ見学した筆者の目から見ても，担当教員の交代や授業内容の抜本的見直しなどの大きな改善が望まれる授業はなかった。特に2010年組までの絞られた分野の講義であった自然科学系の科目が，科学の分野を広くカバーした内容に変更されたことは正解であり，あとは2年目に向けて微調整をするのみであろうということになった。

　2011年組では現地研修最初の週末に持って来た隣村のグランチェスターへのハイキングは，2012年組から従前に戻し，研修最後の週末に持ってくることとした。これは，研修期間に見残したケンブリッジのスポットを研修生が回る時間を残すためである。グランチェスターは半日で済むので，希望者は残った時間をケンブリッジに充てることができるようになる。

　2011年組はほぼ全員，PA企画行事として，時間割上偶然全員に共通して半日空いた日を利用して，隣町のイーリーへ出かけた。これを2012年組からは，現地研修の時間割に最初から正式に組み込まれた行事に格上げして実施する方向でペンブローク側が検討することとなった。これはいわば2004年度まで実施していたフィールド・トリップの復活という形になる。フィールド・トリップは，研修費用の抑制のために中止していたのだが，交通費だけなら一人2ポンド程度で済むため，十分実施可能ではないかと思われる。

　スワイプカードに設定する初期の金額については，外食の機会が少なくない研修生の食事のペースからすると，かなり余るペースではあるが，減らすことのないよう，筆者から要望をしておいた。2011年組の研修生は食事以外にもかなりカードを使用して残額を少なくしたので，金額維持の上で助かると言え

Q40：予約の人数を知らせる表現はどうしましょう。

ば助かるのだが，無理矢理に消費仕切れない量の買い物をするのもカレッジ側に迷惑がかかる可能性がある。因みに初期額を低くしても研修費用は値下げできないとのことである。

あとは，宿舎の水道のパッキングが緩いところや，錠の機能がやや不完全なことが時々見受けられるため，宿舎を九大グループが使い始める前に水回りや錠の点検をしておいて欲しい旨も要望したが，本来の学生が退去した後ですぐに国際プログラムの研修生が入居し，九大グループの直前にも入居者がいるため，なかなか難しいようである。

2011年組の特徴として，後半に風邪をひく者が増えた。英国自体がここ数年来の寒い夏（後半は最高気温が16℃といった日がかなりあった）であったこともあるが，後半に英語科目での課題が集中して忙しくなったことも要因として挙げられるだろう。

なお，この1対1での反省会の他，現地研修の途中で，コース・ディレクター，英語科目担当者，講義科目担当者が一堂に会してのミーティングも行われることがあり，指導に必要な情報交換等が行われる。

なお，プログラム・ディレクター（2009年まではコース・ディレクター（Course Director）と称した）は九州大学用プログラムの統括役として，大変重要な役割を果たしている。筆者とペンブローク・カレッジ国際プログラム・オフィスの手元にある資料の限りで，御氏名を挙げて記録としたい。

- 1996-2003年：Mr Clive Trebilcock, Dr Alan Dawson
- 2004年：Dr Alan Dawson
- 2005年：Dr Alan Dawson, Ms Leyla Tureli
- 2006-2011年：Ms Jacqueline Thomas
- 2012年：Ms Hillary Day

6.18　帰国準備

帰国の日が近づいて来ると，世話側としてはいくつかしておくべきことがある。6.22にも詳細が記されている。

帰国時の国内線の預け荷物は2個までだが，1個につき23kgまでなので

A40：There'll be three of us.（例）

(それを超えると超過料金が必要になる)、荷物の重量をチェックさせるため、体重計を宿舎のロビーに置く年もあった。

また、契約上出発当日は9:30までに宿舎を出なければならないので、午後の出発時刻まで、荷物を保管しておいてもらう部屋の手配が必要になるため、国際プログラム・オフィスへ依頼し、九大グループのディレクターやPAと当日の動きについて打ち合わせを行う。

このようにして帰国日の手配を行った後で、要領を掲示物にまとめて宿舎に帰国日前日朝までに掲示する。研修生たちは試験準備で多忙であり、滞在が残り少ないことから特殊な精神状態になっているため、念のためにグランチェスター行きの日か試験のために集合したところへ口頭によるアナウンスをさせてもらい、夜のフォーマル・ホールでも一言触れることになる。

6.19　修了式

試験が終了し、研修生が製作したビデオの上映会が終了し、そしてペンブローク・カレッジ側の実施するアンケート調査が終了した後は（2012年からはweb上で実施することとなった）、宿舎に戻って帰国の準備と、フォーマル・ホールに向けた着替えを行うことになる。

2011年組の場合、まずは当日18:45にトマス・グレイ・ルームに集結し、ドリンク・レセプションがあった後、修了式に移る。コース・ディレクター、英語科目担当講師、講義科目担当講師、PAが勢揃いし、研修生1人ひとりが氏名を呼ばれ、修了証（certificate）を手渡され、各関係者1人ひとりと握手する。もちろん1人ひとり拍手が沸き起こり、誇らしい、輝かしい瞬間である。

修了証に書かれている文面を記録しておく（次頁は2011年組のModern Britainを履修した学生の場合）。

Q41：レンタカーを借りる、返すは何と言うでしょう。

*17ʰ Kyushu University Summer School
at Pembroke College, 2012*

Certificate of Completion

This is to certify that

████████████

of Kyushu University successfully completed the Summer School at Pembroke College, Cambridge, between 20 August and 11 September 2012.

The programme, supervised by the College, included a compulsory component of English Language instruction and one academic lecture course entitled:

Art and Architecture

Dr Alan Dawson
Director of International Programmes

10 September 2012

2012年組人文系専門科目選択者の修了証

16th Kyushu University Summer School at Pembroke College, 2011

Certificate of Completion

This is to certify that Taro Yamada of Kyushu University successfully completed the summer school at Pembroke College, Cambridge, between 17 August and 8 September 2011. The programme, supervised by the College, included a compulsory component of English language instruction and one academic lecture course entitled: Modern Britain.

Dr Alan Dawson
Director of International Programmes   7 September 2011

修了証は，この後のフォーマル・ホールやその後のダンスのときは邪魔になる。そこで世話教員が集めて保管し，宿舎に帰った時点でコモンルームへ並べておくことを原則としている。

6.20 最後のフォーマル・ホール

現地研修期間中に3回あるフォーマル・ホールのうち，最後の3回目はお別れの晩餐会となる。それまで2回のフォーマル・ホールと同じように途中までは進むが，九州グループの統括者であるプログラム・ディレクターがスプーンでグラスを鳴らして一同に静粛を求めると，関係者の挨拶が始まる。まずはディレクターから，現地研修に関わった英語科目担当教員，専門科目担当教員，PAら1人ひとりに言及して，九州大学グループへの貢献を讃える。そして九州大学グループが，ペンブローク・カレッジに来ているグループの中でもいかによく準備をして，懸命に現地研修に取り組んだかに対して，大きな賛辞を与えてくれる。そして現地教員の誰かが立ち上がり，ディレクターの良き仕事ぶりに対して賛辞を送る。

続いて，九州大学グループ側からの挨拶がある。まずは研修の創設者である廣田稔教授から，格調の高い内容の，現地スタッフへの御礼の言葉が述べられる。続いて，もし筆者以外に九州大学から参加している教員がいれば，その方から御挨拶をいただく。最後に筆者が起立し，まずは日本から持参したグループからのお土産品を現地で御世話になった方々へここで贈呈する（年によってレセプションの時にお渡ししてしまう場合もある）。これまでに持参したものは，和風の扇子，寿司等の蝋細工のミニチュア，九州大学のロゴマークが入ったしおりやボールペン，博多の風景が描かれた和風の手拭い，英語で収録された日本の童謡のCD，日本の風景の絵葉書など，年によって様々である。そして，以前はこの後スピーチをしていたが，次第にスピーチによる御礼は廣田稔教授に譲り，例年歌を歌って意を伝えるようになった。長い事前研修から始まって，努力を重ねて「これまでの人生で一番いい時間を過ごした」研修生（研修生自身の表現）たちが，グランド・フィナーレを迎えて，感動も最高潮に達したところで，記念となる歌を歌わせていただくのは最高の栄誉である。研修を世話したすべての労力が報いられる気がする。これまで歌った歌とその

Q42：pub crawlとは何でしょう。

写真39　修了式　　　　　　　　写真40　夜間のディスコ・パーティ

意図は次のとおりである。

- 2007年：「さくら」（森山直太朗）：巣立ちの歌で，青春にエールを送る歌として凛々しい。英語に訳して歌った。
- 2008年：「さくら」（森山直太朗）：2007年に引き続いての選曲だが，日本語で歌った。
- 2009年：*God Save the Queen*：英国国歌。私たちを迎え入れてくれる英国に対する敬意の表出であり，政治的な意図はみじんもない。
- 2010年：「言葉にできない」（オフコース）：「あなたに会えてほんとうによかった　嬉しくて　嬉しくて　言葉にできない」まさに実感である。
- 2011年：童謡の「ふるさと」を英語で歌った。歌詞はグレッグ・アーウィン（Greg Irwin）のものによった。この曲は日本や日本人を最も的確に表していると思う。
- 2012年：*You Were There*：村松崇継作曲によりロンドンをベースにした少年コーラス・ユニットのリベラが歌う讃美歌。この研修の幸せに対して神に感謝したい気持ちであることを表したかった。

この後，年によっては研修生が短い出し物をしてくれることがある。過去には，ヴァイオリンの独奏，ピアノの独奏，合唱などがあった。

A42：いわゆる「はしご酒」のことです。

6.21 ディスコ・パーティ

PAの企画行事として，例年，フォーマル・ホールの後で，ジュニア・パーラーでしばし憩った後，地下室を利用したディスコ・パーティがある（2012年組の場合は学内パブに出かけたので今後は行われないかもしれない）。日本人もはじけるとこうなるかという見本になる光景が繰り広げられる。世話教員は無理だが，研修生はロックで激しく踊ることができる。午前1時には終わるが，ここから眠らない夜を過ごす者，疲労が出たか荷造りがまだで寮へ戻る者に分かれる。

6.22 帰路出発日

6.22.1 さらばケンブリッジ

前晩が研修生によって就寝時間が異なっていても，朝は契約上9時30分までに宿舎のセルウィン・ガーデンズを引き払わなければならない。それまでに荷造りは終了しているはずであるし，長時間のフライトがはさまって入浴がしばらくできないため，出発日の朝にシャワーを使うのが賢い。部屋の明け渡しは9時30分である。ロンドン発の航空便のヒースロー空港出発時刻が例年19時35分前後のため，貸切バスのペンブローク・カレッジ出発は午後1時15分と設定している。その関係で，ペンブローク・カレッジ内に一時スーツケースの類を保管しておく部屋が別に必要になるため，宿舎を出た後は，荷物を持ってカレッジまで移動しなければならない。宿舎がカレッジ敷地内からセルウィン・ガーデンズへ移動した2010年には，全員歩いて移動したが，2011年の研修生たちの多くは自分達でタクシーを手配した。費用は日本でいう小型1台で5ポンド弱というところである（これにチップを上乗せする）。

宿舎を引き払う時刻は研修生によって異なるが，九大グループ関係者だけが3週間を過ごした建物を後にするのに，自分が最初に出るのも最後に出るのも何か感慨深いものがあるだろう。カレッジに着くと，あらかじめ指定された部屋に荷物を運び込む。2011年の場合は，授業で使用したカレッジ敷地向かいのクリス・アダムズ・ハウスの1階の1室であった。この建物自体への立ち入りに関係者だけが持つスワイプカードが必要な上，荷物を次々運び込む9時

Q43：「列を作る」は何と言うでしょう。

写真41　別れ　　　　　　　　　　写真42　別れ

30分から10時までのみ部屋の鍵を開けておくので，セキュリティ上特に問題はない。

　ここから昼食をはさんで荷物をこの部屋へ再度取りに来るまでは最後の自由時間となる。例年は最後のケンブリッジの街を楽しむために繰り出していく研修生が多かったが，2011年も書店へ向かう者たちもいたものの，少なくともこの時間の後半は，カレッジのジュニア・パーラー等でおしゃべりをしたり，仮眠を取ったり，ビリヤードをしたりする者が多かったように見受けられる。昼食にスワイプカードが使用できるのは，本来の契約上は宿舎の使用が終了する9時30分にあわせて朝食までなのだが，午後に出発する現実を考慮して，毎回カレッジ側から昼食への使用が黙認されていた。しかし2012年組からは契約上可となった。そのため，カレッジの食堂やカフェで食事を取る者が多い。また，次の食事が機内で午後9時前後になるため，スワイプカードの残額処理を兼ねて，それまでに食べる軽食を買い込む研修生も多い。カードの残額の返金はないので，カフェでお土産に箱入りの紅茶を購入する者もいる。ただあまり駆け込み需要で急激に在庫状況に大きな影響を与えるような買い方は慎みたいものであり，普段から計画的にスワイプカードを使用することが望ましい。

　12時20分頃には荷物を保管した部屋の鍵を開けてもらい，研修生が次々と荷物を受け出して，12時45分までには，荷物をスタッフに指示された場所に置き，バックゲートに集合する。2011年の場合，そこにはプログラム・ディレクターのジャッキー先生，英語科目担当のシャロン先生とマイケル先生，そ

A43：form a queue（英国でなければform a line）

第6章　現地研修

して3人のPA オーマ，ジョージア，アシュリーがいた。研修生から御礼の寄せ書きを贈るなどの最後の交流があった後，バスが到着して荷物をトランクに収納する。

そして最後のお別れである。カレッジ側関係者は歩道上にバスと並行に並び，研修生1人ひとりが，順にカレッジ側関係者1人ひとりと別れの挨拶をしてバスへ乗り込んでいく。彼らの多くは感涙を隠さない。筆者はこのシーンでの撮影係のようなものだ。きっと彼らにとって大切であるだろうこのシーンをカメラに収めながら，長かった研修に思いをはせ，最高潮に達しているだろう彼らの思いを感じながら，このような事業を主宰できる幸せに，筆者自身も万感の思いを持つ瞬間である。

全員がバスに乗り込むと，筆者も関係者に別れを告げ，バス内の人数を確認して運転手に出発を告げる。バスが発進しても，車内から研修生たちが，歩道上から関係者たちが，互いが見えなくなるまで手を振る。その直後，一言筆者から，この思いを今後に活かし，受けた恩恵を将来他の人に返していけるようにと挨拶し，後は研修生たちが眠るに任せる。興奮のままに徹夜した者たちはもちろん，昨晩少しは寝ている者も含め，まず例外なく眠りに落ちる。

6.22.2　英国出国

ケンブリッジからヒースロー空港第3ターミナルまでは，およそ1時間50分ほどで着く。研修生はバスから降りて荷物をトランクから取り出す。筆者は座席を見て回り，忘れ物がないかどうかを確認する。過去にバスやカレッジや宿舎など，様々なところに忘れ物があった。ペットボトルやお菓子の包み紙なども持ち出す。運転手にチップを渡し，空港ターミナルの建物内に入る。他の旅客の邪魔にならないところにグループで固まり（それでも時々移動を空港職員から命じられる），筆者は航空会社カウンターの状況を確認に出かける。年によってチェックイン開始時刻の案内にばらつきがあるが，概ね4時頃には始まるので，エコノミー席の場合どこに列を作ったらよいか航空会社職員に尋ねるのだが，並ぶ列の作り方を指導するのは空港職員の仕事らしく，どのような並び方をしても職員が飛んできていろいろと指導を受けることになる。

免税手続きを受ける品物を預け荷物に入れる場合は，本来こうしてチェックイン開始を待つ間に免税手続きのカウンター（VAT Refund）に行ってくると

Q44：「列に並ぶ」は何と言うでしょう。

よいのだが（因みに手続きに必要なのは，商品現品，航空券（搭乗券），店舗が発行した免税書類，パスポートである），チェックイン・カウンター地区にある手続所はいつでも混雑しており，かなり待つことになるので，団体の場合は，免税対象品を機内持込荷物とし，団体としてパスポート・コントロールを通り抜けてから免税店街にある手続所を利用した方が，個人の都合で全体を待たせることがなくてよい。但し，機内持込荷物として持ち込むからには，機内持込ができる品物に限られる。例えば容器 100cc を超えるハンド・クリームの類は荷物検査で引っかかる。そうなると，その場でその品物を放棄しない限り，別送され，その場で発行される券片にある URL に帰国後アクセスし，指示に従ってその券片にある追跡番号を入力して，送料および手数料を支払った後に自宅へ送ってもらうことになる（因みに心変わりをして放置した場合は，品物は入手できないが支払いの必要もないそうである）。というわけで，機内持ち込みができない品物で免税額の高い品物は購入をなるべく避けた方がよいということになる。

　4 時頃に航空会社のカウンターが開くが，昨今は搭乗 24 時間前から座席の指定がネット上で可能なため，かなりの数の研修生が既に席を決めており，グループ全体での手続時間は以前よりもかからない。2011 年組からは 1 個 23kg までを 2 個まで預けることができるように大幅に制限が緩和されたが，超過料金を支払う者も数名出た。手続きが済んだ研修生は，全員が終わるのを待つ（そのときも邪魔にならないところを選ぶ）。2010 年組は，ここから点呼を経て団体として出国手続きへと進んだが，2011 年組の場合は，チェックインを全員が終えて点呼し 2 階へ上がったところで空港職員に声をかけられ，誘導を受けて最初の関門である搭乗券のチェックを受けた。その後は手荷物検査に進むが，ベルトや靴を脱ぐ厳しい検査である。液体は 100cc を超える容器は認められず，その他にも様々な制限がかかる。例年ここで別室へ検査に連れて行かれる者がいるので，該当事態が発生したら報告してもらうことにしている。塩を麻薬と疑われたケース，何度試みても金属探知機が鳴るケースなどがあり，人目のないところで取り調べを受けるようである。空港内を移動中にこうした事態が起きることもあり，行方不明者が出ないように，世話教員としてはかなり気を遣う。

　手荷物検査を受けた後は全員が終了するまで邪魔にならないところで待機す

A44：join a queue（英国でなければ join a line）

る。というのは，手荷物検査の後に通過するパスポート・コントロールで，団体は一度に切れ目なく通り抜けろと係官からお叱りを受けたことがあったため，以来グループとして通り抜けることとしている。しかし，そうするべくして全員の手荷物検査を待っていると，団体であるとわかった上で，待っていると邪魔だから個人で（individually）パスポート・コントロールを通過しろと命ぜられる年もあり，そのような指示があった場合は個人で通過するように研修生には事前に指導しておく。

　パスポート・コントロールでは，2011年組から，出国のスタンプの押印がなくなった。係官に確かめたが不要だという返事だ。日本人は信用があるのか，何名の団体のグループ・リーダーであると告げてパスポートを係官に渡したが，中も見ずに突き返され，さっさと通れという。毎年違う出国風景にとまどう。

　パスポート・コントロールを抜けると，免税店街区となる。その入口に機内持込荷物についての免税手続所があるので，必要な研修生は立ち寄る。ここはチェックイン・カウンター地区の手続所ほど混んでいない。

　免税店街区はかなり広く，様々な品物を売っている。ここで買えるものはわざわざこの段階よりも前に買う必要はない。それ以前に買ってしまえば，航空機の預け荷物や機内持込荷物の制限に含まれてしまうが，この免税店街区で新たに購入したものは，機内持込荷物の制限から事実上はずされる。また，免税店街区でものを購入する場合には航空券の提示が求められるが，日本の国内線乗り継ぎがあると申告して（係員が提示の航空券が最終目的地へのものであるかどうか尋ねてくるケースも多い），厳封してもらうと，成田での乗り継ぎの諸手続き等がスムーズになる。

　免税店街区で買い物をしたり，待合スペースで休んでいたりするうちに，電光掲示板に利用便についてのゲート情報が出る。すでにチェックインの段階で搭乗券にゲートの番号が印刷されてはいるのだが，電光掲示で出るということは，ゲートが利用便について使用できる状態になったということを意味するので，その掲示が出てから当該ゲートへ向かう。ゲートで点呼を行う。後は機内の人となるのみである。

Q45：「お釣りは要りません」は？

6.23　帰国日

　機内では税関用の申告書を，申告品があってもなくてももらっておく。利用便は順調に行けば午後3時半過ぎの成田到着となる。降機後，入国審査は個々で受け，預け荷物の出てくるターンテーブルで荷を受け出したところで点呼をかける。このとき，写真撮影を行う研修生がいるので注意しなければならない。税関を抜けて空港ターミナル内へ出るまでは撮影禁止である。例年この時点までですでに，冷房の効いた室内なのに暑いという声が上がる。

　税関は，免税範囲を超えるか，未成年が酒類等を持ち込む場合は申告の赤いゲート（つまり免税にならない），それ以外は緑のゲートを選び，申告書を提出し（現地で購入したかさばるものを郵送したようなケースの申告を忘れがちである），パスポートのチェックを受け，必要な場合は品物を提示し，税関を抜ける。抜けた後は右へ回り，航空会社の国内線乗換用の荷物カウンターへ向かう。

　国内線乗換用荷物カウンターでは，成田で分流する研修生がいる場合，ここでお別れする。よくロンドンで預けた荷物は福岡まで手をつけずに自動的に運ばれるのかと聞かれるが，成田の国際線降機後に税関を通過するのに荷物がなくては通過できないので，そんなことはあり得ない。また，国内線は比較的小型の機種となるため，2011年組がそうであったように，国際線からの乗換客の荷物が多くて，「自宅まで航空会社負担で宅配させて欲しい」という声が航空会社からかかることがある。恐らくヨーロッパ線が北米線に合わせて，大幅に預け荷物の制限を緩和したこともこの事態に関係しているのではないかと想像する。宅配では翌々日の配達になるそうだが，今後は預け荷物には急ぐ品物を入れずに，この呼びかけに応じられるようにという指導をしておくとよいかもしれない。この荷物の預けが終われば自由行動である。

　国内線は18時過ぎの出発だが，ゲートからバスでの移動となるため，充分早く待合室に入るように指導しておく。福岡到着は20時過ぎになり，全員の荷物受け出しを待つ。まれに荷物が出て来ない場合があるが，何か問題のある荷物を係員が取り分けている場合があるので声をかけてみる必要がある。2011年組の場合，液体が漏れたのか，バッグの底が濡れている荷物が取り分けられていた。

A45：Keep the change.

第6章 現地研修

　全員の荷物の無事を確認すると，全体でターミナルビル内へと出て，安全なところで集まり，事務的な事項の伝達と，最後の世話教員からの挨拶をして，いよいよ現地研修も解散とする。家族の方の出迎えも何家族かあり，挨拶を終えると，世話教員の引率業務は一応終了する（このあと3ヵ月ほどは整理運動的な業務があるのだが）。

ペンブロークカレッジの寮と内部

Q46：「この席は空いていますか」は？

283

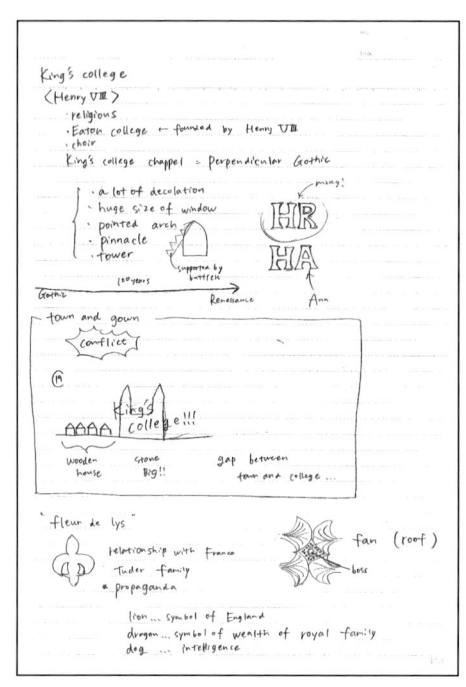

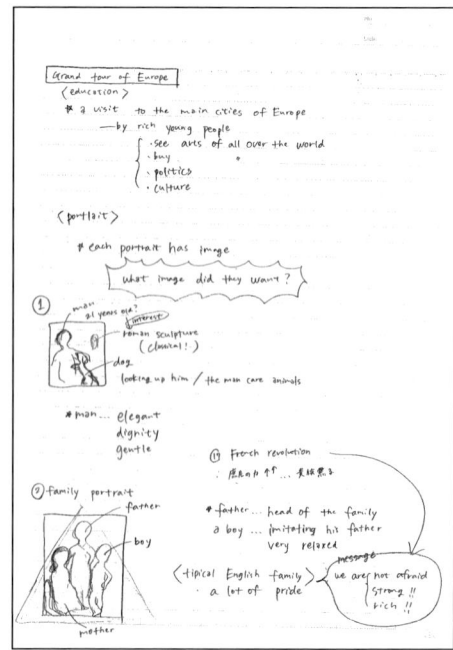

現地専門科目のノート（ケンブリッジの美術と建築）

A46：Is this seat taken?

第 7 章

研修の評価

スコットランドのスカイ島の風景

7.1 レポート等

　日本学生支援機構の奨学金が本研修にショート・ビジット・プログラムとして与えられた場合，世話教員が「研修の成果に関するレポート」「パスポートの出入国欄の写し」「奨学金受領署名」を研修生から集め，報告書を作成し大学を通して同機構へ提出しなければならない。そのために，研修生は帰国早々に対応に追われる。

　これらとは別に，研修生は9月末までに書式分量を自由とした研修の総括のレポートを世話教員へ提出する。研修生によって力点は異なるが，全体として，研修を通じて自分がどのように変化したか，事前研修をどのように乗り切ったか，現地研修の内容をどのように捉えたか，自由旅行の成果はどうだったか，現地の教員やプログラム・アシスタントとの交流はどのようであったか，ケンブリッジの街と大学で過ごした意義をどう感じるか，研修生集団全体としての成長と団結をどう今後につなげていくか，今後どのような国際的学問的貢献を志すか，九州大学の交換留学を含めてどのような国際的アクションを起こしていくか，などなどの分析的総括が展開される。そして何より世話教員を安心させることとして，この研修に対する最大限の賛辞を書き記してくれる。しかしながら，一般に写真は実際の雰囲気を伝え切っていないという不満にしばしば出くわすのに似て，研修生たちが心から感動し，精一杯頑張った者だけが到達する達成感を持ち，最後には別れの嗚咽の中に一生に一度の青春の輝きという幸せを感じた研修であったことは，到底文字で言い表すことができない。

　最後に，レポートに見られた嬉しいコメントをひとつ紹介しておく。「研修に行く前から，卒業論文並みの研修レポートを書きたいと思っていた。それが書けるような研修にしたいと思っていた。」

7.2 現地科目の成績

　現地科目の成績は帰国後1週間ほどでメール添付により，エクセルファイルの形で送られてくる。英語科目と専門科目についてそれぞれ100点法で担当教員が判定した成績であり，試験その他により評価される。これまで60点未満

の不可がついたことはないが，概ね 70 点から 95 点くらいの間に分布する。

　成績が到着次第，研修生には到着の旨を連絡するが，成績の開示を求めてくるのは約半数である。成績開示の請求に対しては，それぞれの科目の素点と，研修生中の順位を調べて知らせることにしているが，請求してこない研修生は，頑張ることができただけで十分であり，順位が低かったらその達成感を損なうと恐れているのかもしれない。

7.3　単位認定

　九州大学の全学教育の言語文化科目においては，海外研修による単位認定の制度がある。検定試験による単位認定とあわせて 4 単位までが認められるのだが，この研修による申請が認められれば，英語Ⅳが 2 単位認められることになる（2014 年度の改正で事情が変わる可能性が高い）。例年申込者数は 1 桁であるが，2012 年組からは原則として認定の余地のある者には申請してもらうこととしている。認定が確定するのは早くても 2 年生の後期末であるため，それまでにはふつう九州大学での英語科目の履修は終了しており，ここで認められた単位を基本的に必修の英語科目の代替にしないように指導している。

　手続きとしては，まず現地研修に出発する直前の 8 月の学習連絡会において任意の様式で世話教員へ研修生から申し込んでもらう。帰国後の申込みや取り下げは受け付けない。それは，現地研修の出来が良ければ申込む，あるいは出来が悪ければ取り下げるというのでは安易であり，申請することによって現地研修により真剣に取り組むということであって欲しいと願うからである。

　現地研修からの帰国後に研修の総括のレポートが研修生から届けられた後で，申込者について認定成績の算定作業を行う。その際に考慮されるのは，現地研修での英語科目と専門科目の素点，総括レポートの評価，事前研修時の平常点，現地研修終盤における成果確認の口頭試問の結果である。

　成績算定が済むと，事前研修と現地研修の簡単な報告とともに資料を作成し，10 月頃の言語文化研究院英語科の教室会議に諮り，認定内容の審査を受ける。さらに 11 月頃の言語文化研究院教務委員会で確認を受け，12 月頃の全学教育運営会議で認められれば（以上が最速のパターンである），当該年度後期付で英語Ⅳが 2 単位分認定されることになる。

Q47：ホテルのオートロックで鍵を持たずに閉めてしまったとき助けを求める表現は？

7.4　研修生による評価アンケート

本節では，2008年組を例にとって，研修生が帰国後に提出したレポートの中に見られる記述を研修生の生の声として紹介し，若干の分析を加えておきたい。これらの生の声は，全般的に本研修に対するありがたい好評価であると思われる（2008年組としているのは当時報告論文を執筆したからである）。

① 事前研修について

1) 研修生の声

英語学習の計画を立てることで，自分に必要な学習を知り目標を持つことができました。／英国に関する発表は大変だったけれどやりがいがあって楽しかったです。／英語の勉強は絶対あきらめずにやるべきだ。そのためには研修前からモティベーションを高めておくべきである。／不安を和らげてくれたのは九大での英語授業や事前研修でした。／事前研修があったおかげで現地での研修は何十倍も充実したものになりました。つらいことはありましたが，それがあってこその研修だと思います。／8ヵ月の準備期間があったこともこの研修を選んだ理由である。／約8ヵ月の事前研修があったからこそ有意義な研修になった。／事前研修で，勉強時間が増えただけでなく，取り組み方が違いました。／ペンブロークに来ている他校の学生は明らかに準備不足でした。

2) 分析

肝心の現地研修の充実感は，事前研修で自分に負担をかけながら準備学習にいそしむ努力に大きく依存しているということであろう。長期にわたる事前学習の機会があることが他の参加校の学生に比べてメリットであることを，研修生自身が自覚しているということでもある。努力の後にこそ本当の充足感を得られるということを身をもって知ることが，その後の人生にとって計り知れない影響を及ぼしているものと思われる。一般論としても，海外英語（・学術）研修には事前研修を組み合わせることが望ましい。

② 現地での英語体験について

1) 研修生の声

英語が国際語であることを心の底から実感しました。／アクセントが違うだけで本当に伝わらないという経験をして，もっと勉強しなくてはと心から感じました。／惨めだ，恥ずかしいと思うことでもっと勉強しなければという意識

が芽生えました。／自分のリスニング力が温室育ちであることを強く思った。
　2)　分析
　これだけの体験は，とても筆者が日本における授業で与えられるものではない。舞台が英語圏に移るということのもたらす効果を見せつけられる思いである。海外英語研修にはそうした意味がある。
　③　現地での英語科目について
　1)　研修生の声
　授業はどれもオリジナリティに富み，よく考えられたものだった。／特にインパクトが強かったのは模擬裁判。／九大生に模擬裁判をやらせてそれなりの形にするのだから先生は凄腕である。／まとまったライティングの課題が出され，英語を書く力の向上に繋がった。／忘れてはならないのがニュース番組の作成である。／はじめの授業がフェア・トレードについて話し合う高度な内容で圧倒された。／準備に大忙し，発表前日はみんなPCルームで徹夜という全力投球だった。／公園で全く面識のない人に英語でインタビューした。／アカデミック・ライティングの形式と使うべき表現を学んだ。／リーディングやライティングがかなり身についたと思う。今度のTOEFLが楽しみだ。／みんなよく話せて焦りを感じたが，同時にこれ以上のチャンスはないと思い返した。／プロジェクトの運営，チームのマネジメントなども学ぶことができた。／信じられないくらいに話が弾んだ。何も指示はされないのに英語の対話能力は格段に上がった気がする。／最終週の協同作業は研修最大の成果でした。ものすごい達成感がありました。
　2)　分析
　類似の授業を日本人教員が日本で実施してもなかなか学生は乗って来ない。英語圏に舞台を移す効果には絶大なものがある。そうしたお膳立ての中で精一杯活動する研修生が感じる充足感の高さは想像に難くない。同じような内容であっても，英語圏で実施することに研修の意味があるだろう。
　④　現地人文科学科目「芸術と建築」について
　1)　研修生の声
　宿題はとても過酷だった。これが外国というものなのかと深く思い知らされた。／先生のレッスンの進め方のうまさに感動した。／歴史は好きではなかったが，この科目を通して歴史の資料を初めて楽しいと思った。

Q48：p.281の「日本の国内線乗り継ぎがある」はどう言いますか。

2) 分析

芸術は関連する側面が多岐にわたるため，きちんと消化しないと良い成績を残すことが難しい。しかも教室を出て現場で行われる授業であり，レベルも高い。研修生のレベルに合わせ過ぎない本格的な授業が含まれれば，正規留学した場合のことを想像することができる。このことも短期海外研修の意義である。

⑤ 現地社会科学科目「英国と米国」について

1) 研修生の声

扱う問題が難しく，読解は困難を極めた。／このレクチャーをもっと受けたかったです。

2) 分析

日本から乗り込んでいく学生の多くが，時事問題，歴史，政治問題等について疎く，世界の問題や歴史を話題とするような授業にはついて行きにくい面がある。しかし世界標準の大学生が持つべき知的常識というもののレベルの高さを実感することも，短期海外研修の意義である。

⑥ 現地自然科学科目「天文学」について

1) 研修生の声

素晴らしい経験の一言に尽きると思う。／授業の準備をしっかりしてくださって恐縮でした。／とにかく難しかった。しかし授業がわからず飽きるということはなかった。／先生の人間性に惹かれ，みんなも別れるのがつらかったようでした。

2) 分析

2011年からは科学一般への内容に講師とともに変わったが，この天文学の講義は，理系の学生でも内容が高度だと感じられるもので，手加減をせず，かなりの準備で授業に臨む教員の姿に，学ぶ側も力が入ったことであろう。受入先の大学の本来の授業がどんなものであるかを少しでも体験できるということは，短期海外研修の重要な役割であろう。

⑦ PAについて

1) 研修生の声

何時間もかけて要点をまとめたスライドを作ってくれた。／PAを見て，もっと真摯に勉強しなければならないと思いました。／彼らにはかなわないと

思った。根本的な頭の良さを見せつけられた。／彼らと知り合うことができて本当に幸せだったと思う。

2) 分析

PAはケンブリッジ大学の現役の学生たちであり，知性にあふれ，努力を惜しまず，研修生の世話をしっかりする姿は，大学生はかくあるべしというよい見本である。このような短期海外研修の現地での世話役には，年齢が近く優秀な学生を充ててもらうことが望ましい。

⑧　ケンブリッジ大学で

1) 研修生の声

建物の入口にホーキング先生の名前が書いてあり，感動しました。／街の中に大学がある感じで，アカデミックで，勉強する気になる雰囲気の街でした。／心の底からケンブリッジ大学の学生を羨ましく思った。／あれだけ素晴らしいところで学べるなら学生もやる気が出るだろう。／近代文明の礎となった大学と思うと，身震いする思いだった。

2) 分析

ケンブリッジ大学が壮麗なのは，財力の豊かな王侯貴族が設立したカレッジが多いからなので，日本の大学が真似をすることは極めて困難である。専属の庭師，調理師，学内パブの担当者まで持つ手厚い環境の中では，勉強しなければならないという気持ちになる。海外研修の場所には，自校よりも優れた環境のところを選ぶことが望ましいであろう。

⑨　研修の仲間について

1) 研修生の声

みんなのモティベーションの高さを思い知らされた。／高い志を持った日本人たちと学び，かけがえのない日々であった。／研修で新たな仲間ができたのも一生の宝ものです。／クラス分けされ週末もばらばらなのに感じる一体感。気づかないうちにみんなで最高の研修を作り上げていたと思います。最高の仲間ができました。／強烈な刺激を仲間から受けた。仲間であることを誇りに思える。／これほどまでに人とのつながりの大切さ，素晴らしさを感じることができたのは，間違いなく人生で初めてだと思います。

2) 分析

7.8に詳述するが，海外研修の企画は多人数の参加を前提とするものなの

Q49：「ロンドンは3回目です。」

で，仲間があってこそ意義深いと思えるような形で運営することが望ましいと言えるだろう。

⑩ 今後について

1) 研修生の声

今までの人生を振り返ると同時に，自分が持っている夢への道を邁進する覚悟を決めることができました。／これからの勉強でこの研修の成果を出せるように頑張りたいと思う。／研修中にこれからの目標を見つけることができた。

2) 分析

異文化の中で自己を相対化し，研修生が進路を多面的に考える機会になるように，海外研修は端的な言語の訓練以上のものになるように企画するべきである。

⑪ 自身の成長

1) 研修生の声

自分は本当に多くのことを学んだし，日々成長して常に自分を高めることができた。／この研修では，自分と向き合うための努力が必要となった。／たくさんのことを学んだと胸を張って言える。／英語だけでなく教養も足りなかったことを痛感した。／大学の講義に対する自分の姿勢が明らかに変わったと思います。／研修後単語を覚える速度が急速に上がりました。

2) 分析

この研修はためになり成長したという充足感が語られているわけだが，事前研修における事前の努力も含め，努力によってこそ成果が感得できるということをしっかり体感してもらえるように研修プログラムを組むことが肝要であろう。

⑫ 世話教員へ

1) 研修生の声

これからも後輩たちのためにこの研修を続けていってくださることを願っています。

2) 分析

同様のコメントは多数寄せられており，筆者が九州大学に奉職する限り，この研修を中止させることはできないという強い使命感を感じている。この種の海外研修には，やはり継続的に取り組む中心人物が不可欠だろうと思われる。

A49：This is the third time I've visited London.

⑬　後輩へ
1）研修生の声
　必ず何かが身につく。そう思ったから最後の1週間は2回徹夜しても頑張れた。それくらいの思いを持って研修に臨んで欲しい。／歴史を学んでおかないと後悔する。
2）分析
　この他にも多数のコメントが寄せられているが，これらの中から事前研修や現地研修の運営方法の改善項目をあぶり出すことができ，実際に改善につなげることができたものもある。海外研修は継続的に実施し，年度をまたいだ研修生同士のコミュニケーションが図られることが望ましい。

⑭　研修全体の評価
1）研修生の声
　いくら書いてもこの研修の楽しさや素晴らしさを表現することはできない。／その1ヵ月間，僕は人生で最高の時を過ごした。／この研修は僕にとっての一生の宝ものです。／今までの人生の中で一番充実していた日々だと断言できます。／研修を終えた今，不安を抱えながら右文先生の研究室に踏み込んだ一歩は，何万歩より価値のある一歩になったと自信をもって言うことができる。／この研修は私に生きていくヒントをたくさん教えてくれた。／先輩のお話からその素晴らしさは予想していたものの，その予想を遥かに超えるものであった。／今考えると，研修の充実感は苦しく逃げたいとの思いを乗り越えたからこそあるように思える。／言葉にして表現することのできないような大切なものを得たような気がします。／1ヵ月という短い間だったとは思えないくらい内容の濃い日々でした。／準備期間の大変さもすべて帳消しになるほどの素晴らしい体験ができました。／これからもきっと私の人生にずっと影響してくると思います。／とてもお金で価値をはかれるものではないと思います。／この機会を逃していたらもう一生経験できなかっただろう。／本当にこの研修は自分の価値観を大きく変えるものとなった。／去年の先輩達が口を揃えて行けるものならまた行きたいと言った気持ちがよくわかる。／研修で得たものを劣化させたくない，その一心で張りのある生活ができています。
2）分析
　1年半という長期間にわたってかかわった世話教員としての筆者には，これ

Q50：「リボンをかけて下さいますか。」

らが決して義理や誇張の産物ではないことがわかるので，何とかこれらの思いを広く人々に伝えたいと思い，本書を執筆するに至ったわけだが，こうした心のこもった感想が寄せられるような研修でありたいと，強く願っている。いまやこの研修は筆者のライフワークである。

7.5 研修の効果測定

7.4に見られるような満足感を研修生が抱いているならば，この研修は十分に成功していると見ることができるとは思うが，数値的な効果測定を試みたこともある。

2008年組の34名のうち，16名が自発的に帰国後の2008年9月22日に九州大学生協が扱うTOEFL-ITPを受験した。このうち14名は2007年12月に九州大学の全1年生を対象に行われたTOEFL-ITPも受験したので，2007年12月に始まった事前研修から2008年9月の帰国までの成果を測定するプレテストとポストテストとして検討するのに最適である。全員が受験できればよかったのだが，この研修はすべて私費によるので，全員参加を強制することは控えた。ポストテストは，この16名が研修の成果を知りたいと言って筆者に求めてきたため，筆者が代表者になって申込みをしたものである。

上記の14名の学部とスコアは表3のようになる。

伸びの平均は16.3と大した数字ではないように見えるが，36点減らした学生は体調がすぐれなかったとのことである。これを除くと伸びの平均は20.3となる。この伸びが研修のおかげであるのかどうかをはっきりさせるためには，この研修に参加しなかった学生のスコアの伸びと比較する必要があるが，それにあてる財力もなく，また研修生でない学生にわざわざ受験してもらうわけにもいかなかった。従ってこのデータだけでは研修がTOEFLスコアの伸びに貢献しているかどうかはわからない。

なお，2010-11年組になると研修生の1年生6月時点でのTOEFL-ITPスコアの平均は520前後となっており，2008年の約480よりもかなり上昇してきている。それだけ競争率が高くなっているということである。

また，2012年組の九大生28人のうち，4回の学習連絡会すべてで単語テストを受験し，かつ世話教員に答案の提出のあった24名について，各学習連絡

第 7 章　研修の評価

表3　研修生の検定試験（TOEFL-ITP）スコアの伸び

	文	教	法	法	経	経	理	理	医	工	工	工	農
pre 479.5	470	477	503	513	467	487	513	447	483	453	443	477	500	483
post 496.0	473	507	517	513	483	500	477	463	517	520	457	517	500	500
伸び 16.3	3	30	14	0	16	13	-36	16	34	67	14	40	0	17

会で実施された単語テスト（『『大学英語教育学会基本語リスト』に基づくJACET8000 英単語』（桐原書店）と『英検 Pass 単熟語 1 級［改訂新版］』（旺文社）から各回同一基準で出題語彙を選定）の平均点を見ると，12 月学習連絡会 15.2，4 月学習連絡会 16.6，6 月学習連絡会 18.9，8 月学習連絡会 18.8 のように推移し，受験者集団全体として点数の上昇傾向が見て取れる。

7.6　記事やラジオ等での言及

　筆者の九州大学での所属は，研究組織としての大学院言語文化研究院と，教育組織としての大学院経済学府産業マネジメント専攻（いわゆるビジネス・スクールで QBS と略称する）である。QBS はラジオ番組を持っており，執筆時点で筆者も月に 1 本程度出演している。2012 年 3 月まではクロス FM の「モーニング・ビジネス・スクール」の枠で，2012 年 4 月からは FM 福岡の「スタモニ・ビジネス・スクール」というコーナーである。

　この番組に出演するときは，通常は英語学習やビジネスに関係した英語を題材としているが，英国やこの研修についても扱っている。リスナー層に九州大学の学生が多数いるとは必ずしも思われないが，結果的に研修の宣伝になるような話をしている。中には，帰国直後の研修生数名を出演させたこともあった。

　この他，九州大学の広報誌『九大広報』，九州大学全学教育広報誌『Radix』『嚶鳴』，出身校の早稲田大学の英語英文学会のニューズ・レター等でこの研修に言及している。

Q51：「どのくらい日持ちしますか。」

7.7　研修生の進路

研修生のうち,「〜年組」毎に3〜5名程度,在学中に九州大学の交換留学(1年弱)に出かける。これまでの留学先としては,英国のグラスゴー大学・ニューカッスル大学・ブリストル大学,米国のライス大学・ワシントン大学,豪州のクイーンズランド大学,香港の香港中文大学,シンガポール大学などである。学位プログラムに自力で合格した者もおり,米国マサチューセッツ工科大学博士後期課程・エール大学博士後期課程などが挙げられる。オックスフォード大学での英語研修に参加した者もいる。このように旺盛な海外志向を持ってくれるということも,研修の1つの成果であろう。

この他,ロー・スクール等への進学を果たす者や,自分の研究分野に最適な指導者を求めて他学へ巣立って行く者も多い。このように学問志向を持ってくれるということは,英語・学術研修の1つの成果であろう。

進学や就職などの報告をもらうことが時々あるが,多くの者は現地研修を2年生の夏に迎えるため,この種の報告はその2年程度後になる。それにもかかわらず,忘れずに報告してくれることは嬉しいことであり,研修がそれに値するものとして受け取られているということも大変ありがたいことである。

7.8　集団研修とする意義

海外へは単独で武者修行に出るべきであって,理想的には日本人の全くいないところで汗をかくのがよく,日本人が集団で研修に出かけるのはお金と時間の無駄遣いではないかという意見を時折耳にすることがある。

しかし,この研修は,単身での武者修行とは趣旨を全く異にするものであり,同列に論じることはできない。確かに英語運用能力そのものを高めることが目的であれば,日本人のいない環境で,生活のすべてを含めて英語漬けになるのがよいに決まっている。それに対して本研修は,英語だけでなく,ケンブリッジ大学という世界最高の学問の府の一端を垣間見,異文化を体験し,集団での協同学習で相互に刺激を与え合い,1人では学び切れないことを発表により互いに学び合うということを目的としている。また,事前研修を長期にわたって実施している。こうして得られた満足感を糧に,研修生の中からさらな

る高みに挑戦し，留学や英語の特訓を志す者も出てくる。決して存在意義の薄い研修だとは思えない。

こうした研修を集団で実施することには，研修生同士の生涯の交流をもたらすという側面もある。人は1人で生きているわけではなく，人間関係の貴重さを思えば，多くの新しい人間関係をもたらしているこの研修に，世話教員の筆者としてはむしろ誇りを感じている。過去に，ウィトゲンシュタインの墓地を探し，人生について研修仲間と語り合うといった研修生もいた。ひとりでは到底できない経験と言えよう。

7.9 研修の要改善点

この研修はバラ色というわけではない。研修生によって評価に温度差も存在する。耳の痛い指摘が行われることもある。世話教員としてはなかなか改善のための方向性を打ち出すに至っていないものが多いのだが，これまで指摘された点の中から主なものの項目だけ挙げておく。

まず，授業の難易度や内容について，易し過ぎる，日本でもできるような内容は望まない，等の指摘が見られる。次にPAの増員やディスカッションの機会の設定など，受入体制についての要望も少なからずある。

さらに，コスト削減による研修料金の値下げの方策の提案も時折ある。世話教員の随行が不要との指摘もあったが，契約上最低1名の世話教員が求められている。

グランチェスター行きも不要との意見もある。2011年に始まったイーリーへの外出との関係もあって，今後調整が必要かもしれない。

過去の研修の伝統を守る部分と修正が可能な部分があると思うが，どれだけのことができるか，頭を抱えている。

Q52：「10個ならいくらにしますか？」

2010年組現地集合写真
(実物には下方に余白があって参加者全員の氏名が記載されている)

A52：How much is it for ten pieces?

第8章

帰国後のことおよびまとめ

ロンドンの騎馬警官隊

8.1 同期の交流

通例，帰国後かつ後期の授業期間が始まる前である9月末頃に，懇親会を研修生が自発的に開催するケースが多いようである．その後も様々に様態や参加人数は変わるが，交流が続いていく．昨今では卒業後でもその交流が継続されている組もあるようである．

単に飲み会を開くということではなく，その後の進路の相談などの，心を許した者同士でのみ可能なことも含まれる．

8.2 年度をまたぐ交流

本研修では，2010年に同窓会を発足させた．これは筆者が呼びかけたものではあるが，規約等の細々したことを抜きにして，過去の研修生を世話人団とし，連絡が互いにとれるような体制を作り，ニューズ・レターを送り，時々同窓会を試みるといった程度の，至極ゆるやかなものとしている．そうでなければ長続きせず，世代を順送りに世話人団を交代していくことは困難と考えたからである．同窓会のHPへは，研修のHPのトップ画面からリンクをはった．

特徴ある活動としては，参加年にかかわらず年代横断的に集まった過去の研修生たちで，九州大学の大学祭において，英国風喫茶に取り組むなどの例がある．将来に至るまで，いわば研修の余韻を楽しみつつ，次のステップへとつなげる活動であって欲しい．

8.3 ペンブローク・カレッジ関係者の来福

残念ながら2010年春で終わることとなってしまったが，九大グループのディレクターを務めた方などを中心に，春頃福岡へ来ていただくことが数年続いた．これは，ペンブローク・カレッジから日本大学に招かれた関係者に，ついでに九州まで足を延ばしてもらったもので，国際線の旅費を負担する力のない九大グループにとっては，日本大学に感謝せねばならないことであった．

場所は九州大学西新プラザとし，前年夏の研修生の半数以上と，その年の夏の現地研修参加予定者数名が集まった．事後の交流を図ることができた．

▶引き続き英語表現を見ましょう．

第8章　帰国後のことおよびまとめ

写真43　筆者自宅での同窓会風景

写真44　大学祭で年組横断的協力が

　この他，筆者が把握していないながら，PA が訪日する機会をとらえて，過去の研修生たちが九州に招くといったこともあるようである。PA が九州大学以外のペンブローク・カレッジのプログラム実施校に招かれて，日本に短期留学する機会が与えられることもある。

8.4　その他

　研修生同士が結婚を迎えることもある。2004 年組の 2 人の結婚式に送った祝電を掲載して関連記述としておく。

　○○△△様・□□様
　　このたびは御結婚おめでとうございます。おふたりは私が企画運営する九州大学の学生を対象としたケンブリッジ大学英語・学術研修の中で知り合い，正式に御結婚の報告を下さり，披露宴に御招待いただいた記念すべき第 1 号です。所属する大学院学府の入学試験のため出席がかないませんが，今後の幸せをお祈りしますとともに，このような御夫婦を私が手掛ける研修から輩出できたことを一生の誇りとし，その喜びを下さったことに対し，厚く御礼申し上げます。

　九州大学大学院言語文化研究院
　ケンブリッジ大学英語・学術研修世話人
　准教授　鈴木右文（すずき・ゆうぶん）

Q53：「日本はどうですか。」

8.5 まとめ

1.2 に記したように，本書には様々な目的がある．しかし，つまるところ，この研修を通して研修生たちが放った青春の光の美しさを何とか人々に伝えたいという思いが筆者を動かしたのであり，それが最も大切な本書の任務である．ここまで手堅く進めてきた本書も，ここで「思い」にシフトしてフィナーレを迎えたい．

ある年，ふだんは斜に構えた生意気盛りの男子学生が翌日で現地研修も終わりというときに，筆者のところにやってきて，似合いもしない真顔でこう言った．「先生，今になって先生が普段言っておられたこの研修のよさがわかったような気がします……」．泣き出すのを我慢するかのような表情だった．

またある年，現地研修も最終盤にさしかかり，例年どおり，日曜日に最後の外出として，隣村のグランチェスターの果樹園喫茶までハイキングをした．現地で解散し，それぞれ残されたわずかな時間を惜しんで，ケンブリッジへ急ぎ戻って買い物をしたりする者たちもいたが，数人の女性のグループが，果樹園喫茶の近くの教会に向かった．誰も他にいない田舎の小さな教会．昨日まであんなにはしゃいでいたように見えた彼女たちが，黙って長椅子に座っている．小さな教会の中にはピアノが置いてあり，ひとりがおもむろにピアノに向かい，椅子に腰を下ろした．やがてゆっくりと手を鍵盤に下ろし，しみいるような音楽を奏で始める．残りの女性たちは目を閉じピアノに頭を垂れて聞き入る．これまでの人生で最もしみいる曲だ．この研修の充足感に，この瞬間を共有する一生の友ができた幸せに，努力の後にこそ得られる高みの感覚に，人生の悦びを自分の力で切り開いた自信に，彼女たちは打ち震えている．誰でも気軽に到達できる境地ではない．もしかしたら一生でこの瞬間だけの特別なものかもしれない．それをプロデュースする仕事をさせてもらえている筆者は幸せ者である．私は生涯をこれに捧げよう．かつて人生は虚しいと虚無感に苛まれた青春を送った筆者が，自分の存在の意味を今かみしめている．本書は筆者自身の誇り高き記念碑である．

あとがき

　本書は資料性を意識して，比較的堅い内容にまとめたつもりである。最後にあとがきくらいは柔らかく取り留めもなく書いてもよいであろう。
　多趣味な筆者は，今後も可能なら映画や鉄道についての著作も考えていきたいと思っているのだが，英国についても興味の対象の1つになってしまったため，本書の他に，柔らかく綴った研修記にも挑戦したいと思っているし，英国各地を旅した経験を活かした著作もと，実に欲張りなことを考えている。
　こうしたことが可能になるとすれば，それは現在の職を得ていることが大いに追い風になっているわけであり，それのもととなった大学院時代の勉学というものがあるわけで，当時御世話になった先生方にはいくら感謝してもし切れない。本来の専門分野である英語学の方では，月例の研究会の他あまり活動ができていない状態であり，本当に心苦しいのだが，英語学以外の分野で様々実行してきていることが，1つ1つでは目立たなくても，合わせ技としては十分世に貢献するものになっているとは思っている。そうしたものの中でこの研修業務は筆者の最大の誇りであり，ライフワークと言えると考えている。今後とも参加する学生に，目の覚めるような生涯随一の体験をする機会を提供し，筆者が生きた証としていきたい。それが，「この研修に参加するために私は九大を目指した」とある研修生に言わしめたこの研修を世話する者の責任であると信じている。

参考文献

Brooke, Chiristopher L. N.（1992）*A History of the University of Cambridge, Vol.4, 1870-1990,* Cambridge University Press.

Cha Tea 紅茶教室（2012）『図説　英国ティーカップの歴史：紅茶で読み解く英国史』，河出書房新社．

Cunnigham, Antonia（1991）*Essential British History : Key Dates, Facts and People Summarized,* Usborne Publishing Ltd (reprinted by Kaibunsha).

Hayashi, Nozomu（2000）*England is Delicious*（Kodansha English Library），Kodansha．（原題「イギリスはおいしい」，清水照代訳）

Leader, Damian R.（1989）*A History of the University of Cambridge, Vol.1, The University to 1546,* Cambridge University Press.

Leedham-Green, Elisabeth（1996）*A Concise History of the University of Cambridge,* Cambridge University Press.

Morgan, Victor（2004）*A History of the University of Cambridge, Vol.2, 1546-1750,* Cambridge University Press.

Searby, Peter（1997）*A History of the University of Cambridge, Vol.3, 1750-1870,* Cambridge University Press.

Taylor, Kevin（2008）*Central Cambridge: A Guide to the University and Colleges,* 2nd edition, Cambridge University Press.

相原恭子，中島賢一，邱景一（2005）『旅名人ブックス 77　イギリス陶磁器紀行』，日経BP企画．

秋山岳志（2010）『イギリス「鉄道遺産」の旅』，千早書房．

阿部泉・辻丸純一・芦澤武仁（2010）『旅名人ブックス 41　コッツウォルズ（第 4 版）イギリスを代表する田園風景』，日経 BP コンサルティング．

阿部悦生（1997）『ケンブリッジのカレッジ・ライフ—大学町に生きる』（中公新書），中央公論新社．

アンダーウッド，ピーター（2010）『英国幽霊案内』（南條竹則訳），メディアファクトリー．

安藤聡（2011）『英国庭園を読む：庭をめぐる文学と文化史』，彩流社．

井形慶子（2008）『少ないお金で夢がかなうイギリスの小さな家』（新潮文庫），新潮社．

石井美樹子（2007）『図説　イギリスの王室』（ふくろうの本／世界の歴史），河出書房新社．

石井美樹子（2010）『イギリス王室 1000 年史』，新人物往来社．

石井理恵子・横山明美（2009）『鉄道でめぐる英国・自然派ホリデー』，新紀元社．

参考文献

石原孝哉・市川仁・伊澤東一・宇野毅 (2012)『イギリスの四季：ケンブリッジの暮らしと想い出』, 彩流社.
板倉厳一郎・スーザン＝バートン・小野原教子 (2012)『映画でわかるイギリス文化入門』, 松柏社.
今井宏 (1993)『ヒストリカルガイド　イギリス』, 山川出版社.
岩井淳 (2012)『複合国家イギリスの宗教と社会：ブリテン国家の創出』(MINERVA 西洋史ライブラリー), ミネルヴァ書房.
岩田託子・川端有子 (2011)『図説　英国レディの世界』(ふくろうの本／世界の文化), 河出書房新社.
上野格・アイルランド文化研究会編著 (1999)『図説　アイルランド』(ふくろうの本／世界の歴史), 河出書房新社.
英国大使館広報部 (1999)『日本人の知らないイギリス―英国人によるとっておきガイド』, 丸善出版.
エリオットゆかり (2012)『ホントはおいしいイギリス料理』, 主婦の友社.
大原照子 (2004)『英国式スローライフのすすめ―簡素で豊かな暮らし方』, 大和書房.
小関由美 (2008)『英国コッツウォルズをぶらりと歩く』(ショトルトラベル), 小学館.
小野修 (1999)『現代イギリスの基礎知識：英国は変わった』, 明石書店.
小野まり (2006)『図説　英国ナショナル・トラスト紀行』(ふくろうの本／世界の文化), 河出書房新社.
小野まり (2007)『図説　英国コッツウォルズ　憧れのカントリーサイドのすべて』(ふくろうの本／世界の文化), 河出書房新社.
小野まり (2010)『図説　英国湖水地方　ナショナル・トラストの聖地を訪ねる』(ふくろうの本／世界の文化), 河出書房新社.
金谷展雄 (2012)『イギリスの不思議と謎』(集英社新書), 集英社.
神山妙子 (1989)『はじめて学ぶイギリス文学史』, ミネルヴァ書房.
川上あかね (2003)『ケンブリッジの贈り物』, 新潮社.
川北稔 (2006)『世界の食文化<17>イギリス』, 農文協.
川成洋・長尾輝彦 (2012)『現代イギリス読本』, 丸善出版.
木谷朋子・辻丸純一 (2003)『英国で一番美しい風景・湖水地方』(ショトルトラベル), 小学館.
北野佐久子 (2004)『イギリスのお菓子：楽しいティータイムめぐり』(集英社 BE 文庫), 集英社.
北野佐久子 (2007)『美しいイギリスの田舎町を歩く！』(集英社 BE 文庫), 集英社.
北野佐久子 (2012)『幸福なイギリスの田舎暮らしをたずねて』(集英社文庫), 集英社.
北村元 (2003)『イギリス人のユーモア：日本人には思いつかない』, PHP 研究所.
木下卓・久守和子・窪田憲子 (2009)『イギリス文化 55 のキーワード』, ミネルヴァ書房.
九州大学大学院言語文化研究院英語共通教科書編集委員会編 (2000)『A Passage to English　大学生のための基礎的英語学習情報』九州大学出版会. (2007 年の第 5 版まで刊行)

桐原春子（2001）『イギリス庭園めぐり』，千早書房．
くりくり編集室編（2006）『イギリスのかわいい本』，二見書房．
小池滋（2006）『英国鉄道物語［新版］』，晶文社．
小池滋（2003）『英国らしさを知る辞典』，東京堂出版．
河野一郎（1991）『イギリス民話集』（岩波文庫），岩波書店．
河野多恵子・中岡洋・小野寺健（1996）『図説　『ジェイン・エア』と『嵐が丘』　ブロンテ姉妹の世界』（ふくろうの本／世界の文化），河出書房新社．
小林章夫（1996）『イギリス王室物語』（講談社現代新書），講談社．
小林章夫（1998）『図説　英国庭園物語』（ふくろうの本／世界の文化），河出書房新社．
小林章夫（1998）『図説　ロンドン都市物語　パブとコーヒーハウス』（ふくろうの本／世界の文化），河出書房新社．
小林章夫（2003）『イギリス紳士のユーモア』（講談社学術文庫），講談社．
小林司・東山あかね（1997）『図説　シャーロック・ホームズ』（ふくろうの本／世界の歴史），河出書房新社．
小山慶太（1995）『ケンブリッジの天才科学者たち』（新潮選書），新潮社．
近藤久雄・細川祐子編著（2003）『イギリスを知るための65章』，明石書店．
佐久間康夫・太田雅孝・中野葉子（2002）『概説イギリス文化史』，ミネルヴァ書房．
指昭博（2002）『図説　イギリスの歴史』（ふくろうの本／世界の歴史），河出書房新社．
佐藤猛郎・岩田託子・富田理恵（2005）『図説　スコットランド』（ふくろうの本／世界の歴史），河出書房新社．
島田佳代子（2010）『英国フットボール案内　Footie Life』，新紀元社．
下條美智彦（1999）『イギリスの行政』，早稲田大学出版部．
下村裕（2007）『ケンブリッジの卵—回る卵はなぜ立ち上がりジャンプするのか』，慶應義塾大学出版会．
ジョイス，コリン（2011）『「イギリス社会」入門：日本人に伝えたい本当の英国』（森田浩之訳）（NHK出版新書），NHK出版．
ジョイス，コリン（2012）『驚きの英国史』（NHK出版新書）（森田浩之訳），NHK出版．
鈴木右文（2009）「海外英語研修の効果と条件—九州大学のケンブリッジ大学英語研修—」，『言語文化論究』（九州大学大学院言語文化研究院）No.24, 19-27頁．
鈴木右文（2010）「英語・異文化学習における英国史学習の試み」，『英語英文学論叢』（九州大学英語英米文学研究会）第60集, 45-62頁．
鈴木右文（2012）「英語による天文教育の試み」，『言語文化論究』（九州大学大学院言語文化研究院），No.28, 51-60頁．
スチュワード麻子（2009）『英国・カントリー　とっておきのティー・プレイスへ：紅茶の国のティールームからB&Bまで』，河出書房新社．
スティーブンズ，アンドリュー（2011）『英国の地方自治—歴史・制度・政策』（石見豊訳），芦書房．
須藤公明・邱景一・辻丸純一・柳木昭信（2009）『旅名人ブックス42　イギリス湖水地方（第3版）ワーズワースの詩とピーターラビットの世界に浸る』，日経BP企画．
スペック，W. A.（2004）『イギリスの歴史（ケンブリッジ版世界各国史）』（月森左知・

参考文献

水戸尚子訳），創土社.
大学英語教育学会編（2005）『『大学英語教育学会基本語リスト』に基づく JACET8000 英単語』, 桐原書店.
高尾慶子（2001）『イギリス人はおかしい：日本人ハウスキーパーが見た階級社会の素顔』（文春文庫），文藝春秋.
高尾慶子（2001）『イギリス人はかなしい：女ひとりワーキングクラスとして英国で暮らす』（文春文庫），文藝春秋.
高尾慶子（2006）『やっぱり，イギリス人はおかしい』, 文藝春秋.
高橋守（2004）『行ってみたい英国庭園　その歴史と名園を旅する』, 東京書籍.
武内和久・竹之下泰志（2009）『公平・無料・国営を貫く英国の医療改革』（集英社新書），集英社.
田中亮三（2008）『図説　英国貴族の城館　カントリー・ハウスのすべて』（ふくろうの本／世界の文化），河出書房新社.
田中亮三（2009）『図説　英国貴族の暮らし』（ふくろうの本／世界の文化），河出書房新社.
田辺雅文・旅名人編集室（2009）『旅名人ブックス 7　ケンブリッジ・東イングランド：アングロサクソンの原風景（第 3 版）』, 日経 BP 企画.
旅名人編集室編（2006）『旅名人ブックス 46　イギリスの田舎町（第 2 版）』, 日経 BP 企画.
ダン，フィルピン（1997）『目でみる世界の国々 48　北アイルランド』, 国土社.
「地球の歩き方」編集室（2006）『イギリス鉄道の旅』, ダイヤモンド社.
辻丸純一（2000）『英国＝湖水地方　四季物語』, 東京書籍.
辻丸純一（2002）『英国で一番美しい村々コッツウォルズ』（ショトルトラベル），小学館.
角田満弘・邸景一・三島叡（2010）『旅名人ブックス 75　セントアンドリュース物語（第 3 版）ゴルフの聖地を訪ねて』, 日経 BP コンサルティング.
鶴岡真弓・松村一男（1999）『図説　ケルトの歴史　歴史・美術・神話を読む』（ふくろうの本／世界の歴史），河出書房新社.
ディーコン, リチャード（1988）『ケンブリッジのエリートたち』（橋口稔訳），晶文社.
土井ゆう子・二宮英児（1998）『英国プライベートガーデンを訪ねて—English Garden』（主婦と生活　生活シリーズ），主婦と生活社.
富田理恵（2002）『世界歴史の旅　スコットランド』, 山川出版社.
中岡哲郎（1982）『イギリスと日本の間で：ケンブリッジの日記から』（同時代ライブラリー），岩波書店.
中矢俊博（2008）『ケインズとケンブリッジ芸術劇場：リディアとブルームズベリーグループ』, 同文館書店.
西川由季子（1994）『ケンブリッジの小径から』, 東京書籍印刷.
林信吾（2009）『イギリス型＜豊かさ＞の真実』（講談社現代新書），講談社.
林望（1995）『イギリスはおいしい』（文春文庫），文藝春秋.
林望（1996）『イギリスは愉快だ』（文春文庫），文藝春秋.

林望（2001）『イギリスはおいしい＜2＞』（文春文庫），文藝春秋．
平岡公一（2004）『イギリスの社会福祉と政策研究：イギリスモデルの持続と変化』（MINERVA 福祉ライブラリー），ミネルヴァ書房．
ファーマン，ジョン（1997）『とびきり愉快なイギリス史』（尾崎寔訳）（ちくま文庫），筑摩書房．
福生武（1996）『世界各地のくらし 11　イギリスのくらし』，ポプラ社．
藤原正彦（1994）『遥かなるケンブリッジ――数学者のイギリス』（新潮文庫），新潮社．
船戸英夫編（1984）『アメリカイギリスものしり百科事典』，日本英語教育協会．
宮永孝（2000）『日本とイギリス：日英交流の 400 年』，山川出版社．
ミルワード，ピーター（2012）『イギリスの田舎を歩く』（橋本修一訳），春風社．
ミルワード，ピーター・小泉博一（2001）『童話の国イギリス：マザー・グースからハリー・ポッターまで』（中公新書），中央公論新社．
村上リコ（2012）『図説　英国執事：貴族をささえる執事の素顔』（ふくろうの本／世界の文化），河出書房新社．
森護（1996）『英国紋章物語』，河出書房新社．
邸景一・須藤公明・柳木昭信・辻丸純一（2009）『旅名人ブックス 66　ヨークとハワース・北イングランド　イギリスの古都とジェーン・エアの世界を巡る』，日経 BP 企画．
邸景一・寺田直子・柳木昭信・今井卓（2006）『旅名人ブックス 78　イギリス庭園紀行　上』，日経 BP 企画．
邸景一・柳木昭信・小嶋三樹・辻丸純一・三島叡（2006）『旅名人ブックス 79　イギリス庭園紀行　下』，日経 BP 企画．
邸景一・寺田直子・旅名人編集室・柳木昭信・今井卓（2006）『旅名人ブックス 83　ロンドン近郊・南イングランド』，日経 BP 企画．
山内史子・松隈直樹（2005）『英国貴族の館に泊まる―ロンドンからの小旅行』（ショトルトラベル），小学館．
山内史子・MOE 編集部（2011）『ハリー・ポッターへの旅：イギリス＆物語探訪ガイド』，白泉社．
山形優子フットマン（2012）『けっこう笑えるイギリス人』，講談社．
山田明子（2003）『ケンブリッジの街から―イギリス留学体験記』，文芸社．
ラヴェラ，グウェン（2000）『思い出のケンブリッジ：ダーウィン家の子どもたち』（山内玲子訳），秀文インターナショナル．
ラヴェラ，グウェン（2012）『ダーウィン家の人々：ケンブリッジの思い出』（山内玲子訳）（岩波現代文庫），岩波書店．
歴史の謎を探る会（2012）『イギリスの歴史が 2 時間でわかる本』（KAWADE 夢文庫），河出書房新社．
ロジャース，メアリー・M（1997）『目で見る世界の国々 45　イングランド』，国土社．
ロジャース，メアリー・M（1997）『目で見る世界の国々 46　スコットランド』，国土社．
ロジャース，メアリー・M（1997）『目でみる世界の国々 47　ウェールズ』，国土社．
渡邉研司（2009）『図説　ロンドン　都市と建築の歴史』（ふくろうの本／世界の歴史），河出書房新社．

〈著者紹介〉
鈴木右文（すずき・ゆうぶん）
九州大学大学院言語文化研究院言語環境学部門言語情報学講座准教授
略歴
1964 年　千葉県に生まれる。
1986 年　早稲田大学教育学部英語英文学科卒業
1988 年　千葉大学大学院文学研究科欧米言語文化専攻修士課程修了
1992 年　東京都立大学大学院人文科学研究科英文学専攻博士課程所要
　　　　年限在籍単位取得の上退学，九州大学言語文化部専任講師
1993 年　九州大学言語文化部助教授
2007 年より現職
著書等
『尾道を映画で歩く』（中川書店，共著，1995），『A Passage to English 大学生のための基礎的英語学習情報』（九州大学出版会，共編，2000），『[最新] 英語構文事典』（大修館書店，分担執筆，2001），『大学英語教育の課題と対話演習授業の新展開』（九州大学大学院言語文化研究院言語文化叢書 1，2002），『尾道学と映画フィールドワーク』（中川書店，共著，2003），『言語科学の神髄を求めて』（ひつじ書房，共編，2006），『オックスフォード言語学辞典』（朝倉書店，分担翻訳，2009），『仮想空間文字チャットによる英語対話演習授業』（花書院，2011）

ケンブリッジ大学英語・学術研修への招待
名門校で学ぶ，暮らす，国際人になる

2013 年 3 月 1 日初版発行

著　者　　鈴　木　右　文
発行者　　五十川　直　行
発行所　　(財) 九州大学出版会
　　　　　〒812-0053　福岡市東区箱崎 7-1-146
　　　　　　　　　　　　　　　　九州大学構内
　　　　　電話　092-641-0515（直通）
　　　　　URL　http://www.kup.or.jp/
　　　　　印刷・製本／大同印刷㈱

ⓒYubun Suzuki, 2013　　　　　ISBN 978-4-7985-0093-5
JASRAC 出 1300148-301

「ケンブリッジ大学英語・学術研修」の
事前研修でも使用された定評あるテキスト

A Passage to English［第5版］
大学生のための基礎的英語学習情報

B5判・126頁・2,000円

九州大学大学院言語文化研究院
英語Ⅰ共通教科書編集委員会 編

本書は大学入学以降の英語の学習において有用な情報を提供することを目的に編纂された。扱われる分野は，英語の学習，発音，英字新聞の読み方，電子メールの書き方，英米文化事情など多岐にわたる。九州大学，西南学院大学，立命館大学，放送大学ほか多くの大学で採用。

役に立つ英語口語表現集

宗正佳啓 著

A5判・120頁・2,000円

「使える英語」を念頭に置いた，口語表現に関する問題集。日常生活でよく使われる口語表現，熟語，ことわざなどを収録。空欄補充の問題を通して英語の口語表現の定着を図れるようになっている。

英文法のポイント

宗正佳啓 著

A5判・114頁・2,000円

英語を話したり，書いたりするときによく間違えてしまう文法項目とはどのようなものか。具体的な例とそれに関する簡潔な解説，そして練習問題もついているので，効率よく文法の学習ができる。また，付録にいろいろな単語の問題もあり，語彙力増強にも役立つ。

（表示価格は本体価格）　　　　　九州大学出版会